HEYNE ‹

W0194815

Marc Bielefeld, 1966 in Genf geboren, zog mit fünf Jahren nach Deutschland. Er wuchs in Hamburg auf, ging nach dem Abitur nach Paris, wo er ein halbes Jahr lang als Tellerwäscher arbeitete. Es folgte ein Studium der Literatur und Linguistik in Hamburg und Washington D.C. Marc Bielefeld lebt in Hamburg und schreibt als freier Autor unter anderem für die *Zeit*, die *Süddeutsche Zeitung, Merian, Lufthansa Magazin* und *Stern*. Bisher sind von ihm erschienen »Wilde Dichter« (2005) und »Die Herausforderer« (2006).

MARC BIELEFELD

WE SPE@K DEUTSCH

... ABER VERSTEHEN NUR BAHNHOF

UNTERWEGS IM DSCHUNGEL UNSERER SPRACHE

WILHELM HEYNE VERLAG
MÜNCHEN

FSC

Mix

Produktgruppe aus vorbildlich
bewirschafteten Wäldern und
anderen kontrollierten Herkünften

Zert.-Nr. SGS-COC-1940
www.fsc.org
© 1996 Forest Stewardship Council

Verlagsgruppe Random House FSC-DEU-0100
Das für dieses Buch verwendete
FSC-zertifizierte Papier *München Super*
liefert Mochenwangen.

Lektorat: Regina Carstensen, München

Originalausgabe 09/2008
Copyright © 2008 by Wilhelm Heyne Verlag, München,
in der der Verlagsgruppe Random House GmbH
Printed in Germany 2008
Umschlaggestaltung und Umschlagfotos: Hauptmann und Kompanie
Werbeagentur, München – Zürich
Satz: C. Schaber Datentechnik, Wels
Druck und Bindung: GGP Media GmbH, Pößneck
ISBN: 978-3-453-60085-0

Inhalt

Vorwort

Eigentlich müsste man den Deutschen einen Preis verleihen. Selten zuvor haben sie ihre Sprache so windschnittig weiterentwickelt und mehr oder weniger reibungslos dem Zeitgeist angepasst. Schaut man sich im Land einmal um, könnte man zu dem Schluss gelangen, dass vielerorts schon kein Deutsch mehr gesprochen wird, sondern so eine Art gepierctes US-Profi-Germanisch mit Nachbrenner im Vokabular und Gel in den Haaren.

Ein Schritt vor die Haustür genügt, sofort ist man umzingelt von sagenhaften Formulierungen, kuriosen Redewendungen und fantastisch aufgemotzten Sätzen. Inzwischen reden die Deutschen vom *Ganzkörperlifting*, können nicht nur telefonieren, sondern *tchibofonieren*, und nach den Passivrauchern existieren nun auch die *Passivtrinker* und *Passivfurzer*. Damit nicht genug.

Heute dürfen wir uns in *Speed-Dating-Port@le einloggen*, und wer ein *Arschgeweih* auf der Haut trägt, ist nicht mehr tätowiert, sondern *gebodmoddet*. Die leicht abstrakte Verbform entstammt dem Modewort *BodMod*, welches wiederum für *Body Modification* steht. Hier muss erst mal einer mitkommen.

In den Sportgeschäften sind indes Stretchhosen zu haben, die unter der Bezeichnung *Hydra-X Lightspeed 4000* verkauft werden. Gemeint sind elastische Turnhosen, die nicht nur so aussehen, als solle man damit zum Mars fliegen, auch ihre Namen klingen nach ähnlich gehobenen Missionen. Und wehe, Sie betreten eine Parfümerie und schauen einmal gezielt in die Regale. Dort stehen Lotionen zur Körperpflege, die so unaufgeregte Namen tragen wie etwa diesen: *Outer Peace Blemish Relief Skin Care*. Die Deutschen mögen solche Wortgebilde. Denn sie wissen nicht, was sie bedeuten.

Doch nicht nur die geschriebene, auch die gesprochene Sprache besticht heute durch völlig neue Ausdrucksweisen. Auf den Straßen latschen Jungen in volljährigem Zustand durch die Gegend, die in einem Satz mit zwanzig Silben viermal das Wort »Dicker« sagen, viermal das Wort »Alter« und zwischendurch dreimal auf die Straße spucken. Das muss man erst einmal hinbekommen. Direkt neben diesen Jungen laufen Mädchen, die einhändig und 24 Stunden am Tag SMS-Nachrichten in ihre Handys tippen, zu einem Bierbauch *Weizenspoiler* sagen, zum Sex *ablaichen* und ein Solarium als *Asitoaster* bezeichnen. Und all dies sind nur wenige Beispiele, die heute flächendeckend im Land zu hören und zu sehen sind.

Deutsche Sprache, irre Sprache. Man möchte weinen, johlen, sich den Bauch halten – und nicht selten kreischend davonrennen. Denn nicht nur die Form der Sprache, auch ihre Inhalte haben sich in völlig neue Sphären verstiegen: Frohsinn im Doppelpack sozusagen. Zwar sind einige Wendungen wie etwa »Geiz ist geil« – um nur ein bekanntes Beispiel zu nennen – grammatikalisch weiterhin korrekt. Ob der Botschaft solcher Höhenflüge aber schlagen viele nur noch die Hände über dem Kopf zusammen.

Experten machen sich natürlich Sorgen um unsere Sprache – oder besser: um die Fragmente, die von ihr noch übrig geblieben sind. Während die einen befürchten, das moderne Deutsch könnte zur größten Seifenoper aller Zeiten ausarten, fragen andere: »Was hat man unserer Muttersprache angetan? Womit hat man sie gedopt?« Vielen kommt das Deutsch nämlich so langsam spanisch vor. Und manche verkünden sogar den rasenden Verfall unseres Idioms. Was ist da draußen los? Was geschieht mit unseren Worten und Sätzen?

Das Thema Sprache boomt. Selten sind so viele Bücher darüber erschienen, und wohl nie zuvor haben sich derart viele Kolumnen mit sprachlichen Absonderlichkeiten beschäftigt. Viele Sprachhüter regen sich insbesondere über den massenhaften Einzug von Anglizismen und Denglisch-Wörtern auf. Gemeint sind die ständig zunehmenden Importe aus England und den USA, wie etwa *E-Mail*, *Podcasten* oder allseits herumgereichte Begriffe wie *Lifestyle* oder *Brainstorming*. Die Bezeichnung »Denglisch« wird im Gegensatz zu »Anglizismen« meistens abwertend benutzt, etwa dann, wenn besonders trendbewusste Mitmenschen von *sophisticated* Restaurants faseln oder von einem *stylischen Outfit*. Ein emsiger Zähler ist auf über 6000 englische Spracheinwanderer gekommen, die das Deutsch heute angeblich vergiften.

Andere Sprachkritiker wiederum haben Angst, dass die Deutschen nicht mehr richtig schreiben und sprechen können und ihre Muttersprache *verlernen*, bevor sie richtiges Englisch *erlernen*. Die nächsten regen sich über grammatikalische Unregelmäßigkeiten auf, über Stilblüten und weiße Schimmel, und monieren, wenn in dem Schriftzug über einem Tante-Emma-Laden der korrekte Umgang mit dem Apostroph abhandengekommen ist.

Solche Einwände sind niedlich. Und streifen höchstens die Oberfläche. Denn wer sich lediglich über all die Anglizismen, falschen Häkchen und lustig geschriebenen *Pitzer Sörvices* empört, muss auf mindestens einem Auge blind sein, wenn nicht gar auf beiden – den gesamten Umfang der rasanten Sprachveränderungen hat er jedenfalls noch nicht erfasst.

Heute wird die Sprache verfremdet und aufgeblasen, was das Zeug hält. Längst erfinden die Deutschen eigenmächtig fremdsprachlich erscheinende Begriffe und schustern sich zirkusreife Sprüche, Namen und Wörter zusammen, wo es nur geht. Hinzu kommen wirre Kürzelsprache, grausamer Beamtenjargon, improvisierte Schreibweisen, maßlose Übersteigerungen oder auch vulgäre Wendungen, die längst salonfähig geworden sind. Anders ausgedrückt könnte man sagen, dass die Kritik an Anglizismen und anderen tödlichen Fällen gerade mal die Spitze des Eisbergs trifft. Inzwischen nämlich sind wir gut und gern ein paar Stadien weiter. Denn betrachten wir einmal das gesamte Ausmaß der sprachlichen Ausuferungen und Skurrilitäten, so blicken wir in einen kunterbunten Narrenkäfig.

Wagen wir also einen Kopfsprung – und tauchen mitten hinein ins Chaos unseres sprachlichen Alltags. Genau dies ist das Ziel des vorliegenden Buchs. Dabei will es im Gegensatz zu vielen anderen Werken, die sich mit Vokabular und Redeweise beschäftigen, keineswegs nur sprachliche Phänomene beleuchten und erklären, sondern sich dort ins Geschehen stürzen, woher die stilistischen Eiertänze stammen. Feldforschung direkt an der Quelle des Irrsinns.

Moderne Actionsportler wie Jogger, Surfer, Biker und Skater etwa haben einen ganz eigenen aggressiven Sprachstil kreiert, der global in dieser Szene funktioniert. Allein schon beim Genuss ihres Jargons werden wir Kalorien verlieren und leichten Muskelkater verspüren. Ein *Must-see*, wie viele heute sagen, sind auch die herrlichen Namen unserer Friseure, die ebenfalls fleißig mit den Wörtern jonglieren und sie zügellos hochfrisieren. Fundgruben für Sprachorgien sind ferner die an Halluzinationen heranreichenden Eskapaden auf all den Flyern für Clubbing-Events, Szenepartys und DJ-Treffen. Wagen wir also auch einen kleinen Abstecher ins deutsche Nachtleben. Und hier erleben wir das US-Profi-Denglisch sogar noch in leicht gesteigerter Ausführung.

Äußerst erheiternd ist ebenso ein Ausflug in die sprachlichen Abgründe der täglichen *Spam-Mails*. Was kommt einem nicht alles unter die Augen, wenn man die nervtötenden Sendungen tatsächlich einmal anklickt und genauer liest? Einfach zu überbieten sind die Inhalte jedenfalls nicht. Vielleicht schafft dies das *ModernLivingDeutsch* der Werber, denn das breitspurige Geschnatter in den Agenturen und PR-Büros führt sich dieses Buch ebenfalls zu Gemüte. Übertreffen kann dies höchstens ein Besuch bei einem unserer Außenposten an der türkischen Riviera. Wenn unser Deutsch nämlich in die Ferien fliegt und die einschlägigen Discos betritt, sind wir vor nichts mehr sicher. Was einem dort zu Ohren kommt, bewegt sich haarscharf an der Grenze des Druckbaren.

Dies sind nur einige Stopps auf dem Streifzug durch unsere sich ständig wandelnde Sprache. Unterwegs wollen wir dabei vor allem eines: uns amüsieren! Was wäre das Leben schließlich ohne Bananenschalen? Ohne Pleiten, Pech und Pannen – und bisweilen herzergreifende Stürze? Dabei wird oft vergessen: Unser täglich Deutsch kann tatsächlich kompletter Unfug sein, oft genug ist es aber auch unglaublich kreativ, komisch, grotesk oder absurd. Und aller Kritik zum Trotz kann das Deutsch sogar feinste Unterhaltung bieten, die sämtliche Comedy-Shows im Fernsehen verblassen lässt.

Keine Sorge, dies ist kein Lehrbuch. Keine Treibjagd aufs Denglisch und auch kein tabellarisches Fehlerbeseitigungskommando. Vielmehr will dieses Buch die vergnüglichen und bisweilen tragischen Abgründe unserer Sprache ausloten – dies natürlich nicht ganz ohne Kritik. Es will Augen und Ohren öffnen für Floskeln, will aufgepumpte Wörter und Sätze enttarnen und soll sensibilisieren für das Sprachgeklingel im Land, das uns inzwischen so geballt umgibt, dass es vielen kaum noch auffällt.

Dabei soll gelegentlich auch diese Frage gestellt werden: Wer sind die Sprachtäter? Greifen sie bewusst zu manch sonderbaren Formulierungen? Verunstalten sie die Sprache absichtlich?

Schließlich sollte dabei eines nicht vergessen werden: Es ist ja nicht die Sprache, die verkommt, wie die meisten erhitzten Gemüter behaupten. Vielmehr sind die Benutzer schuld, die sich begeistert hopsend an ihr vergreifen und uns mit fantastischen Ergebnissen bombardieren. Die fleißig Kulissen schieben und Lack auftragen. Größer kariert kam unsere Sprache wohl noch nie daher.

Doch soll dieses Buch nicht nur Spaß bereiten. Wir wollen zwischendurch schließlich auch etwas lernen. Was zum Beispiel heißt eigentlich *iPod?* Alle kennen das Ding, jeder Zweite hört mit diesem Gerät Musik, aber kaum einer weiß, was die vier kessen Buchstaben eigentlich bedeuten. Interessant sind auch ganz andere Phänomene. Warum etwa werden unsere Fernseher während der Werbung plötzlich lauter und attackieren uns mit unsäglichen Slogans und Sprüchen? Was läuft dabei genau ab? Oder woher kommt der Begriff *Spam-Mail?* Und was, bitte schön, hat er mit gewürztem Schweineschinken zu tun?

Die Sprache ist ein wundersames, ein wunderschönes, aber auch ein ziemlich vertracktes Instrument. Die Sprache kann viel über die Menschen erzählen und vermag sogar Einblicke in den geistigen Zustand einer Nation zu gewähren. Der rumänische Philosoph Emile Cioran sagte einmal: »Wir wohnen nicht in einem Land, sondern in einer Sprache.« Und ein großer deutscher Romanist, Karl Vossler, behauptete einst: »Erst in der Sprache nimmt die Welt ihre geistige Gestalt an.« Solche Aussagen verleihen Wort und Schrift einen ziemlich hohen Stellenwert und dürfen uns gelegentlich sogar zu denken geben. Vor allem bei dem Krach, den die Sprache zurzeit in Deutschland verbreitet.

Stürzen wir uns also mitten hinein ins Vergnügen. Öffnen wir die Wundertüte.

1

Jetzt neu!

*Über die kleinen Effekt-
hascher und Kotzbrocken
in unserem täglichen
Sprachsalat*

Die Hauptdarsteller dieses Kapitels sind nur kleine Ganoven, in der Regel sind sie unbewaffnet. Dafür krakeelen sie aus vollem Hals und springen uns mehr oder weniger frontal an. Oft lauern sie auf den Titelblättern von Magazinen, sie haben sich aber auch in Broschüren und auf Plakaten mehr oder weniger lückenlos im Land positioniert. Diese Taschendiebe zeichnen sich in der Regel durch zwei Eigenschaften aus. Erstens: Sie klingen gut, innovativ und mitreißend. Zweitens: Sie bestehen höchstens aus lauwarmer Luft.

Wenn Sie genau hinschauen, werden Sie diese kleinen Banditen fast überall entdecken. Gemeint sind sprachliche Plattitüden, die schlimmer sind als Kletten und sich nicht ohne Weiteres abschütteln lassen. Sie nerven. Sie pieksen. Ein Tipp, um Sie wieder loszuwerden: Wenn Sie das nächste Mal an diesen kleinen Effekthaschern vorbeikommen, grüßen Sie sie schön – und erinnern Sie sich daran, dass sie meist nur aus aufgeblasenen Möchtegernkarrieristen bestehen. Im besten Fall führt das dazu, dass Sie die derart geschmückte Zeitschrift – oder ein anderes Produkt – wieder zurücklegen und nach etwas Ausschau halten, das noch nicht von den Plagegeistern belagert ist. Das allerdings kann etwas dauern.

Nun aber sofort!

Das kleine Wort *jetzt* ist ein solcher Gauner. Und es hat Hochkonjunktur, fast mafiös kommt es daher. Man müsste ihm im Grunde einen Pokal verleihen, weil es fleißiger ist als jeder Fließbandarbeiter und sich für nichts zu schade ist. Man findet das Wort ständig und allerorten: Kaufen Sie *jetzt!* Rufen Sie *jetzt* an! Sichern Sie sich *jetzt* das einmalige Sparpaket mit den pinkfarbenen Preisen! *Jetzt* hier ordern! *Jetzt* dort kostenlos registrieren! *Jetzt* am Kiosk! *Jetzt* bei Ihrem Zeitschriftenhändler!

Wenn das Wörtchen *jetzt* nicht wär, würden viele Werbe- und Titelblatttexter unter einem Entzug leiden, den man – wie immer, wenn es drastisch wird – nur noch als erdrutsch-artig bezeichnen könnte. Mit Vorliebe taucht es neuerdings in Verbindung mit dem Verb *testen* auf, wobei es manchmal davor, aber auch gern dahinter steht. *Jetzt testen!* Oder: *Testen Sie jetzt!* Es ist unglaublich, was wir derzeit alles testen sollen, und das jetzt und sofort und hier auf der Stelle. Zeitschrif-tenabos, Cremes, Softwarepakete, Joghurts und natürlich die neuesten MP3-Player. Eigentlich müssten wir uns längst als Profitester bezahlen lassen.

Das mittelhochdeutsche Adverb stammt aus dem 12. Jahr-hundert, hieß erst *je zuo* und bald *jeze*, danach kam irgend-wann das erste t dazu, später das zweite. Das Wort besticht durch eine auffällige Einschränkung der Bedeutung auf den gegenwärtigen Zeitpunkt. Für die werbetreibende Wirtschaft und die Berufssprachverwurster ist das Wort deshalb von höchstem Interesse. Kaum ein anderes vermag so dringlich dazu aufzufordern, etwas auf der Stelle zu tun, umgehend zu probieren – und augenblicklich zu kaufen. Hinzu kommt der praktische Umstand, dass das Wort sehr kurz ist und auf Titelblättern und Werbebroschüren kaum Platz einnimmt.

So können es die Sprachverwurster dort gleich mehrfach ins Rennen schicken. Vor Kurzem hatte ich eine Zeitschrift in der Hand, auf deren Titel der kleine Schmarotzer *jetzt* gleich viermal auf sich aufmerksam machte.

Oft findet man dieses Wort hervorgehoben, eingerahmt von roten Kreisen, versehen mit orangefarbenen Sternchen oder mit sonstigen grafischen Kringeln und Bobbeln unterlegt. Es soll den Leser auf diese Weise noch vehementer daran erinnern, dass wir garantiert etwas verpassen, wenn wir die gewünschte Aktion nicht im nächsten Moment erledigen. Alarmstufe JETZT! Begleitet wird das *jetzt* hier und da von einem *sofort*, wie etwa in der Aufforderung, sich unbedingt eine angeblich limitierte Lexikonausgabe zu kaufen: »Jetzt sofort bestellen!« Man könnte auch sagen: *jetzt jetzt* oder *sofort sofort* oder »auf der Stelle auf der Stelle«. Doppelt hält besser, lautet die Devise. Beim Fernsehen werden besonders tolle Filme schon seit Längerem als *Film-Film* angekündigt.

Zum Glück sind all die hilflosen Imperative, die mit dem Wort *jetzt* aufgepeppelt sind, so weit verbreitet, dass wir in Wahrheit seelenruhig abwarten können und alle Kauf-, Test-, Bestell- und Anrufaktionen bis auf Weiteres verschieben können. Das aber, bitte sehr, dalli dalli.

Neuer geht nicht

Alles neu macht der Mai. Schön wär's. Alles *neu* machen heute vor allem Werbe- und Ramschmarktbroschürentexter sowie neofanatische Neuzeitstrategen. Besonders häufig findet sich das Wort auf den Titeln von Magazinen, ungeachtet dessen, dass die Zeitschrift schon seit einem Monat im Regal liegt. Ein Frauenmagazin knallte vor einiger Zeit ein rotes

Neu! mitten aufs Cover, dahinter stand zu lesen: »Heilen mit Gewürzen«. Meines Wissens nach kannten schon die alten Inder, Chinesen und Indianer die Wirkung von Gewürzen als Heilkräfte. Besser hätte es also heißen müssen: »Uralt! Heilen mit Gewürzen«.

Neu ist aber inzwischen vieles, wenn nicht gar so ziemlich alles. Etwa das Geheimnis eines Bauchmuskeltrainings oder von Fünf-Minuten-Diäten. Koch-, Wohn- und Bikinitrends sind sowieso immer neu, ebenso wie Waschmittel und grün karierte Wellnesssocken. Zudem passen die Worte *jetzt* und *neu* ganz wunderbar zusammen, die Sprachverwurster können da kaum widerstehen. So heißt es landauf, landab: »Jetzt neu!« Mit dem Ausrufezeichen wird dabei auch nicht gerade zimperlich umgegangen. Zu groß ist die Verlockung, das auffordernde Satzzeichen großspurig einzusetzen. Aber das ist ja nichts Neues.

Wünschenswert – und wirklich neu – wäre hingegen eine Aktion, die sich nennen würde: »Jetzt neu: sofort ignorieren!«

Aufmerksame Leser müssten sich dadurch aufgefordert fühlen, sämtliche Zeitschriften, Broschüren und Plakate, auf denen irgendein *neu!* zu lesen ist, prompt links liegen zu lassen. Wie sollen wir sonst wissen, was letztlich überhaupt noch neu ist? Wie es registrieren? In den USA ist man dazu übergegangen, in den Nachrichten nicht mehr von *News* zu sprechen, wenn etwas Weltbewegendes geschieht. Denn da würde keiner mehr hinhorchen. Folglich hat man jenes Wort eingeführt: *Breaking news*. Dabei handelt es sich also um Neuigkeiten, die sozusagen von hinten durch die *news* hindurchbrechen und somit zu Meganeuigkeiten avancieren. Sehr praktisch gedacht.

Vorschlag, um eine ähnlich effektive Strategie auch bei uns durchzusetzen: Jugendliche benutzen zurzeit, um eine Steigerung für alles Tolle, Krasse und Fantastische zum Ausdruck zu bringen, das Wort *endgeil*. Wie wäre es, neue Produkte oder Magazine mit der Formulierung »Jetzt endneu!« in den absoluten Mittelpunkt zu stellen? Neuer ginge es dann nicht mehr. Vielleicht wäre so das Ende aller immer neuen Zeitschriften, Zwei-Sekunden-Diäten und Wellnesssocken gekommen. Ausrufezeichen.

Exklusiv nur für Sie!

Auch das Wort *exklusiv* gaunert ohne jegliche Hemmungen durch den Blätterwald. Ohne Rücksicht auf die Wirklichkeit thront es auf Magazintiteln, Beilagen und Prospekten. Mit dem schnittigen *x* sieht es knackig aus. Und wenn man es dann auch noch ausspricht, mit diesem explosiven Laut und dem abschließenden *v*, einem regelrechten Zischen, das klingt klasse, das macht was her. Ecksssclousieff!

Auf einer Computerzeitschrift stehen über der Ankündigung eines neuen PC-Spiels (»C&C-Shooter Tiberum«) in einem neonfarbenen Stern die Worte: »Exklusiv enthüllt« (dies immerhin ohne Ausrufezeichen). Auf dem Titelblatt eines Frauenmagazins heißt es dramatisch: »Exklusiv! Til Schweiger: Mein Leben als Single.« Klar doch, jetzt packt der Schweiger bestimmt mal so richtig aus und erzählt einfach alles über sich. Und das ausgerechnet nur in dieser Zeitschrift.

Was es nicht alles gibt: *exklusive Interviews, exklusive Reportagen, exklusive Rezepte.* Weiterhin *exklusive Ernährungstipps* und *exklusive Geschenkideen zum Fest. Bild online* schreibt: »Exklusiv – Sehen Sie in das Musikvideo *Bleeding Love* rein!« Das tun wir sofort, im Nu und auf der Stelle und rufen auch gleich dort an, um es zu ordern. Ähnlich verfahren wir mit dem exklusiven Kaffee-, Trink-, Ess-, Wohn-, Schlaf-, Ferien- und Feierabendgenuss. Exklusivität als Überdosis. Aber auch diese natürlich ganz exklusiv – nur für Sie und mich. Und wenn es besonders exquisit sein soll, dann wird das Wort *exklusiv* auch gern mit einem *c* geschrieben: *exclusiv* – auf die feine englische Art, nur leider ohne *e*.

Exklusiv: Geht man der Bedeutung dieses Worts nach, dann steht es im alltäglichen Gebrauch für »außergewöhnlich« und »ausschließlich«. Es ist entlehnt aus dem Neuenglischen, jenem *exclusive*, was eher mit »absondernd« oder »abgesondert« zu übersetzen wäre. Nicht außer Acht zu lassen ist der lateinische Ursprung von *exclusive*, wo *excludere* »absondern« und »ausschließen« heißt. In deutschen Wörterbüchern kann man bei dem Begriff *exklusiv* Folgendes nachlesen: »ausschließend, sich absondernd, unnahbar«. Eine exklusive Gesellschaft ist demnach unnahbar, sie ist nur bestimmten Personen zugänglich und gilt als vornehm.

Kurz: Überall, wo *exklusiv* drüber-, drauf- oder drunter-steht, will man zum Ausdruck bringen, dass dahinter etwas ganz Tolles, ganz Feines, ganz Edles steckt. Anders gesagt:

Dieses Produkt oder Angebot ist nur für Sie, sehr selten und geradezu handverlesen ausgesucht.

Das ist, um mit dem amerikanischen Philosophen Harry G. Frankfurt zu sprechen, meistens freilich »totaler Bullshit«. Im Fall der Til Schweigers, George Clooneys und Julia Roberts' ist es in der Regel nämlich so: Ein neuer Film von oder mit ihnen wird demnächst weltweit gezeigt. Entsprechend touren sie von einem Land zum nächsten und müssen für eine bestimmte Zeit eine bestimmte Anzahl von Reportern empfangen. Denen schütten sie dann routiniert ihr Herz aus – mit immer den gleichen Standardantworten. Was jedoch keinen Chefredakteur daran hindert, das Interview in seinem Magazin mit dem Wort *exklusiv!* anzukündigen.

Auch Partnervermittlungen haben das vermeintlich Besondere entdeckt. In der *Neuen Zürcher Zeitung* annonciert schon seit Längerem »Europas exklusivste Partnervermittlerin«. Genau genommen besagt dies nichts anderes, als dass bei der Dame davon auszugehen ist, dass sie eher abgesondert lebt und nur von bestimmten Personen kontaktiert werden sollte. Gleich darüber sind die Schlagworte der nächsten Partnervermittlung zu lesen: »Worldwide exclusive«. Soll heißen: weltweit handverlesene Partner! Da ist garantiert etwas für Sie dabei! Wäre wenigstens die Sprache etwas handverlesener, müssten wir nicht zum wievielten Mal über das abgenutzte Wort *exklusiv* stolpern. Und nur noch gähnen.

Und so sind auch all die exklusiven Hotels, Wellnessbereiche, Bikinimoden und Herrensockenserien heute nur noch so exklusiv wie das Wort selbst. Also nicht ausschließlich, selten und nur bestimmten Personen zugänglich, sondern tagtäglich zu sehen, eher für die Masse gedacht – und somit ziemlich gewöhnlich.

Meins! Nein, meins!

Wenn Possessivpronomen sprechen könnten, müssten sie sich eigentlich beim obersten Gericht beschweren, da mit ihnen jede Menge Schindluder betrieben wird. Die besitzanzeigenden Fürwörter müssen heute für so ziemlich alles herhalten, was nicht niet- und nagelfest ist. Pkws sollen Sie bei *Ihrem* Autohändler zur Probe fahren, den neuen Waschbrettbauch können Sie sich nur bei *Ihrem* Fitnesscenter antrainieren, und Akkuschrauber, Winterreifen und die neuesten Tapezierutensilien erhalten Sie einzig bei *Ihrem* Fachhändler in der Nachbarschaft. Schon aufgefallen? Immer häufiger werden wir nun auch geduzt. Ich soll *meine* neuesten Klingeltöne unter dieser Telefonnummer runterladen, mir in diesem oder jenem Laden *mein* persönliches Starterset abholen und an der nächsten Ecke *mein* neues Biobrot kaufen. Alles ist also heute *unsers* – als lebten wir unter überzeugten Kommunisten und nicht unter durchtriebenen Kapitalisten.

Das haben Letztere geschickt eingefädelt, das kann man nicht anders sagen. Über besitzanzeigende Fürwörter wie etwa *mein*, *dein* oder *Ihrem* ist im Wörterbuch nachzulesen: »Possessivpronomen bilden eine Wortart. Diese Wortart bezeichnet Pronomen, die ein Abhängigkeitsverhältnis und oft ein konkretes Besitzverhältnis zum Referenten ausdrücken – wie in *mein* Haus, *mein* Auto, *meine* Oma.«

Das hätten die Marketingexperten und Sprachverwurster natürlich gern. Nämlich, dass wir mit den beworbenen Marken und Produkten sofort in ein Abhängigkeits-, ja in ein Besitzverhältnis geraten, kaum dass wir eine Anzeige oder ein Plakat betrachten. *Meine* Bank, *mein* Autohändler, *mein* Handyanbieter. Danach dürfen wir nur eines nicht vergessen: zahlen, bitte!

Früher drückten Possessivpronomen Herzlichkeit und Zuneigung aus. Unter Briefen stand *deine* Oma, *deine* dich liebende Gertrud. Das mag unter manchen Briefen noch heute gesetzt werden. Doch wo Possessivpronomen im Übermaß verwendet werden, sollten wir nicht zwingend von Liebe und Zuneigung ausgehen, sondern von Marketingexpertenkalkül und Sprachverwursternot. Ausnahmen sind natürlich die Bosse diverser Magazine, die jeden Monat zu neuen »Editorials« anheben und darunter schreiben: »Herzlichst, *Ihr* Chefredakteur soundso«. Das meinen die bestimmt ganz herzlich. Ganz ehrlich. Und ganz exklusiv.

Weltpremieren und andere Trittbrettfahrer

Effekthaschereien der Sprache sind ungemein beliebt. Zudem lassen sie sich, bei cleverer Verwendung, klammheimlich unters Volk mischen. Neben all den *Jetzts!* und *Neus!*, den *Exklusivs* und wahllos verpulverten Possessivpronomen gibt es noch einen langen Rattenschwanz weiterer Zauberwörter – die bei genauerem Hinsehen allerdings auch nur für kleinere Taschenspielertricks taugen. Sie können mit diesen Sprachgaunern übrigens einen netten Zeitvertreib haben: Entdecken Sie diese Wörter, entlarven Sie sie – und ihre Wirkung ist im nächsten Moment verpufft. Wenn nur genügend Menschen bei diesem Spiel mitmachen würden, könnten sich immer mehr dieser kleinen Sprachbetrügereien in Nichts auflösen.

Auf RTL lief vor einiger Zeit *African Race – Die verrückte Jagd nach dem Marakunda*. In diesem Film muss der lebensuntaugliche Archivar Sebastian Hellmann nach Afrika reisen, um dort den Marakunda zu suchen, den seit vielen Jahren verschollenen größten Diamanten der Welt. Archivar

Hellmann streift daraufhin durch Dschungel und Wüsten, trifft vorlaute Papageien und droht in einem Kochtopf von Kannibalen zu enden. Ein Film von tief schürfendem Inhalt. Wobei das natürlich Geschmackssache ist. Interessant aber ist dagegen die Tatsache, dass der Film mit diesem Wort im Programm angekündigt wurde: *Weltpremiere.*

Dieses gewaltige Wort hört sich danach an, dass nicht nur Deutschland, sondern ganz Europa, dazu Indien, die USA und womöglich auch noch die versammelten Cineasten Chinas nur auf das Erscheinen des Films *African Race – Die verrückte Jagd nach dem Marakunda* gewartet hätten. Wer es glaubt, wird selig – und sollte sich den Film zur Strafe tatsächlich anschauen. Mit dem Begriff *Weltpremiere* werden heute aber noch viele andere Produkte etikettiert: Computerspiele, Küchenzeilen, Wellnesstoupets. Und dies geschieht mit geradezu stoischer Überzeugung. Hört sich großartig an, doch das Wort verliert glücklicherweise im Handumdrehen seine Wirkung. Sie brauchen es nur einmal scharf anzugucken.

Kabel eins nutzt eine andere breitschultrige Formulierung. Auf diesem Kanal werden die besten Filme *aller Zeiten* ausgestrahlt. Bei dieser sprachlichen Variante, die Vergangenheit, Gegenwart und Zukunft umfasst, stellt sich automatisch die Frage: Können die Macher dieses Senders ins nächste Jahrhundert blicken? Aber man braucht gar nicht so weit in die Ferne schweifen. Wissen die tatsächlich schon, welche Filme in zehn, zwanzig Jahren produziert werden? Oder gehen die Chefs davon aus, dass ab sofort nur noch Mist hergestellt wird? Könnte ja sein.

Dabei surft der Sender mit seinem Slogan auch nur auf einer Welle gemeinen Sprachschlamms. Die besten, größten und tollsten Dinge *aller Zeiten* haben nämlich längst halb Deutschland geflutet. Da gibt es die beste Diät *aller Zeiten*. In dem Nachrichtenteil von Tageszeitungen wird der Airbus A380 regelmäßig als das größte Flugzeug *aller Zeiten* beschrieben, als ob in den nächsten hundert Jahren kein noch größerer Flieger gebaut werden könnte. Auch Saftpressen oder Methoden, wie man sich das Schnarchen abgewöhnen kann, werden stoisch als die besten *aller Zeiten* verkündet. Die Sprachverwurster sind endgültig unter die Hellseher gegangen.

Vielleicht ist das der Grund dafür, dass uns alles immer leichterfällt. Das Einkaufen im Internet, das Bestellen von Produkten, das Abonnieren von Zeitschriften – eigentlich ist das ganze Leben zum Kinderspiel geworden. *Einfach* anrufen und jetzt bestellen! *Einfach* hier klicken! *Einfach* ausschneiden und abschicken! *Einfach* testen und ordern! Rufen Sie jetzt *einfach* an! (und landen Sie garantiert in einem *Voice-System* mit Endloswarteschleife.) Ja, alles ganz einfach und mal eben so. Wie herrlich! Denn wenn alles so einfach ist, dann können wir schließlich auch einfach abschalten, ausschalten, weghören, wegschauen.

Weghören sollten wir im Fernsehen übrigens auch bei der *Sportschau*, bei Fußballländerspielen, Schlagerparaden, Spielfilmen, Wettsendungen und beim Wetter – und zwar stets genau dann, wenn dem Zuschauer mal wieder etwas *präsentiert* wird. Es ist schon erstaunlich, welche Produkte uns was *präsentieren*: Biere die *Sportschau*, Hustenbonbons das Wetter, Herzkreislaufmittel die Spielfilme. Der folgende Spielfilm wird Ihnen *präsentiert* von blablabla. Deutschland gegen Spanien wurde Ihnen *präsentiert* von tralala. In Wahrheit *präsentieren* die uns natürlich gar nichts, und wenn, dann nur sich selbst. Doch die Sprachverwurster und Produktplatzierer sind in dieser Hinsicht kaum zu bändigen. Die *präsentieren* sich noch gegenseitig ins Nirwana und vergessen dabei ganz, dass sie am laufenden Band Eigentore schießen.

Fast könnte man Mitleid haben mit all den *Neus* und den *Jetzts* und den sprachlichen Präsentiertellern. Sind die kleinen Effekthascher nicht in Wirklichkeit wackere Kämpen, die unermüdlich versuchen, unsere Aufmerksamkeit zu erhaschen? Nein, sie sind und bleiben Gaunerworte. *Große Extra-Specials* – wer kennt sie nicht. Zieht man sie genauer in Betracht, bestehen sie letzten Endes lediglich aus vier, höchstens sechs Seiten. »Das große Extra-Heft für den Sommer« ist keinen Deut dicker als die letzten zehn Ausgaben dieses Magazins, weil nämlich genau im Sommer Anzeigenflaute herrscht. Und wenn gar nichts mehr klappt, kommt das Wort *pur* zum Einsatz, ohne das kein Reiseveranstalter und Wellnessmasseur mehr auskommt.

Der österreichische Schriftsteller und Satiriker Karl Kraus sagte einmal: »Wenn die Menschen keine Phrasen hätten, brauchten sie keine Waffen.« Was für ein Satz! Vor fast hundert Jahren gesprochen, ist er noch heute topaktuell, jetzt neu und exklusiv an jeden Sprachverwurster gerichtet. Dabei wollen wir ja nicht gleich Frieden. Ein wenig Ruhe aber wäre erholsam.

2

Generation Gehirndiarrhö

Sind wir nun bei der »Generation Doof« angelangt? Eine sprachliche Rundreise durchs Land lässt vermuten, dass weiterer Nachwuchs droht – aber dann ist auch Schluss

Deutschland ist schön. Ein Land zum Schwelgen, zum Gucken. Sechzehn Bundesländer voller Sehenswürdigkeiten, voller Überraschungen und komischer Sensationen. Es fragt sich, warum immer noch so viele Leute vor dem Fernseher sitzen und Comedy-Shows einschalten, die nicht genial, sondern voll daneben sind.

Statt sich Gelächter vom Play-back-Band anzuhören, sollten wir öfter ein paar Schritte vor die Tür gehen, unser Land in Augenschein nehmen und genießen. Die Einkaufspassagen, die Kreuzungen, die Plakatwände in den U-Bahn-Stationen, die Bushaltestellen, die neueste Telekom-Reklame, die Diskos, die Flatratepartys, die Supermärkte und die Neonreklamen unserer Baumärkte und Imbissbuden. Nicht zu vergessen die Sprachkünste unserer Mitmenschen. So ein Ausflug kann ziemlich heiter werden.

Es beginnt schon bei der morgendlichen Toilette, und dazu müssen Sie nicht einmal das Haus verlassen. Sie stehen im Badezimmer plötzlich vor einer dämlichen Blondine, mit der Sie machen können, was Sie noch nie mit einer Blondine gemacht haben – nämlich sich mit ihr die Haare waschen. *Dumb Blonde* heißt ein Shampoo, das in deutschen Friseurläden derzeit ein Verkaufshit ist, zu übersetzen mit »dämliche Blondine«. Falls Ihre Haare übrigens mehr Volumen benötigen, hilft ein weiteres Produkt aus derselben Serie nach, nur heißt es: *Small Talk 3 in 1*. Dummes Geschwätz zum Haaremachen. So etwas läuft heute unter Zeitgeist und Lifestyle.

Unser Land ist ein Paradies für Abenteurer und Entdecker. Und beweist großes humoristisches Sprachtalent. Das wird schon erkennbar, wenn man sich im Fernsehen die Werbung gönnt. *Bom Chicka Wah Wah!* Mit diesen sensationellen Silben warb der Deohersteller Axe. Er versuchte uns damit weiszumachen, dass das neue Achselspray so umwerfend dufte, dass jeder, dem der betörende Geruch in die Nase steigt, anfangen würde, *Bom Chicka Wah Wah!* zu singen. Dieses Unterhaltungslevel ist kaum noch zu unterbieten. Da schaltet selbst mein Neffe ab, der ist nämlich schon acht.

Obi ist auch schon beim Liedermachen angekommen. Eine ausgesuchte Crew von Mitarbeitern der Baumarktkette steht in einem Werbespot vor Regalen mit Hämmern, Schrauben, Motorsägen und Zementpackungen und singt im Takt eines Queen-Songs nicht *»We will, we will rock you«*, sondern »Wie, wo, was, weiß Obi«. Blogger untereinander finden diesen Clip einfach nur »genial«. Viele andere schütteln ob solcher Wortspielchen allerdings eher die Köpfe.

Was verraten uns solche sprachlichen Höhenflüge? Deutschland verblödet, das behaupten jedenfalls Stefan Bonner und Anne Weiss, die Autoren von *Generation Doof*. Sie sind zu dem Schluss gelangt, dass eine Gesellschaft, die Beethoven vergessen hat und dafür jeden Klingelton kennt, langsam anfängt zu nerven. Aber woraus besteht sie, diese *Generation Doof?*

Dazu bemerkt Stefan Bonner in einem Interview am 19. Februar 2008 mit *Spiegel online:* »Sie besteht aus den Generationen Video, Praktikum, Golf und wie sie alle heißen. Wir glauben, ein Problem erkannt zu haben, das all diese Gruppen betrifft und sie prägt. Zur *Generation Doof* gehören die Kinder, die einen Baum nicht mehr vom anderen unterscheiden können. Oder Leute, die mit einem geradezu unheimlichen Unwissen ins Fernsehen gehen und sich da als Experten hinstellen. Zeitgenossen, die einfach mal in eine Videokamera furzen und das ins Internet stellen, weil's vermeintlich lustig ist.«

Bonner und Weiss stehen nicht allein da mit ihrer Meinung. In Amerika sind die ersten Kritiker zu einem ähnlichen Fazit gekommen, was den Geisteszustand ihrer Nation betrifft. Die ehemalige Journalistin Susan Jacoby konstatierte in ihrem Buch *The Age of American Unreason* (etwa zu übersetzen mit »Das Zeitalter der amerikanischen Unvernunft«), dass die allgemeine Beschränktheit im Land nicht mehr als Makel oder Mangel empfunden würde. Selbst vermeintlich Gebildete stört dies kaum noch. Vielmehr sei man davon überzeugt, dämlich zu tun und obendrein dämlich zu sein – dies sei cool, lustig und toll. Und inzwischen völlig normal.

Als Belege für ihre These sammelte Jacoby Aussagen wie etwa von der US-Sängerin Kellie Picker, die den Fehler machte, in einer Quizshow Fragen beantworten zu wollen. Bei einer ging es darum, wo auf dem Globus Ungarn läge (engl. *Hungary*). Darauf Picker: »*Hungary*? Hungrig? Nie gehört. Ich kenne nur *turkey* (»Türkei«, auf Englisch auch »Truthahn«).«

Sprache wird auf diese Weise hier und da zu einer Art Zeuge. Das behaupte übrigens nicht ich, sondern stand schon in der Bibel. »Deine Sprache verrät dich«, sagten die Mägde zu Petrus (Matthäus 26, 73). Aber was verrät sie genau? Ist sie vielleicht das hörbare und sichtbare Signal eines nicht schleichenden, sondern galoppierenden Zerbreiungsprozesses? Zeigt uns die Sprache im Land, dass auch Deutschland tatsächlich verblödet? Das wäre jedenfalls fürchterlich kulturpessimistisch. Viel schöner ist es, sich der Praxis zuzuwenden und weiter durch Deutschland zu reisen, um zu sehen, ob vielleicht etwas dran ist an der *Generation Doof* – und ob da nach den vielen anderen Generationen im Land womöglich noch eine letzte Steigerung wartet.

Platt, leer, allealle

Vor Kurzem stand ich auf der Plattform einer Hamburger U-Bahn-Station und lauschte zwei Jugendlichen, die höchstens vierzehn Jahre alt waren und Jeans trugen, die ein wenig an Kartoffelsäcke erinnerten. Der eine zog an seiner Zigarette, schmiss sie aufs Gleis und sagte zu seinem Freund (O-Ton): »Ey, Dicker, siehst scheiße aus heute, Alter! Was los, Dicker? Jetzt mal locker bleiben, Dicker, Alter! Ich schwör, das geht nachher voll übel heftigst ab, Dicker.« Mehr kann man von einem Land eigentlich nicht mehr erwarten, und für solche Sätze aus dem prallen Leben sollte man Bonuspunkte von der *Generation Ey, Dicker, Alter* bekommen.

Mit Sprache will uns aber nicht nur die Jugend beeindrucken. Das wollen heute viele. Etwa Möbelgeschäfte, die zu Hunderten auf *Interior Design* umgestiegen sind. Makler verdienen ihr Geld neuerdings serienweise mit *Real Estate*. Und Magazine für Lebensart titeln: »Interiors mit Personality«! Die Deutschen mögen so etwas.

Als Nächstes erblicken wir eine Zeitschriftenanzeige für den Mini Cooper. Unter dem abgebildeten Auto ist der Slogan »Let's Mini« zu lesen. Wir korrigieren kurz, sagen laut: »Let's ballaballa« – und blättern weiter. Schwupps, auf der nächsten Seite braust ein Opel-Gefährt heran, auf der Anzeige wird gefragt: »Ist Ihnen schon warm ums Herz?« Natürlich ist uns warm ums Herz, so um die 37 Grad, und darum sollen wir prompt »intensive Frühlingsgefühle entdecken« – am besten natürlich im neuen Opel GT. Und weil's so schön ist, dürfen wir das Cabrio auch gleich lieben lernen. Und zwar funktioniert das so: »GT'aime« steht da, halb auf Französisch, halb auf Autosprache. Das Fortschrittliche daran ist, dass die Deutschen jetzt schon auf Französisch abstrahieren. Und solche Superwitze anscheinend toll finden.

Viele behaupten: Die Werber sind doof, entsprechend blöd sind die Anzeigen. Sind die Werber wirklich so doof? Nun, vielleicht wissen sie lediglich, wie doof das Volk ist. Lässt man die Reklamesprüche im Land ein wenig auf sich wirken, könnte man zu diesem Schluss gelangen. Immerhin beschäftigen sich die Werbetexter professionell und mindestens zwölf Stunden am Tag mit exakt der Frage, wie der Bürger am besten anzusprechen ist und was er gut findet. Der Witze- und Sprüchelevel ist sozusagen maßgeschneidert auf die aktuellen Wellenlängen unser Mitmenschen. Denn in der Regel wollen die Werber bekanntlich gezielt und ohne Streuverluste die Masse erreichen.

Da kommt einem gleich noch ein weiterer fieser Gedanke. Sagen nicht viele Leute, die bei RTL, den Quizshows und diversen Musikantenstadeln seien ebenfalls doof? Jetzt suche Deutschland nicht nur seinen Superstar, sondern auch noch das schönste Heidi-Plagiat, ganz zu schweigen von dem talentiertesten Super-Tarzan. All dies sind Sendungen, bei denen auch sprachlich ordentlich auf die Pauke gehauen wird. Man denke nur an die vulgären Sprüche des Dieter Bohlen, dessen abfällige Äußerungen zum Höhepunkt der Show gehören. Gezielt beleidigende Kommentare sind zu Quotengaranten geworden. Auch das lieben sie, die Deutschen.

Was aber, wenn auch die Fernsehgestalter nicht ganz so doof sind, wie man zunächst vermuten könnte? Immerhin weiß die ganze Welt, dass die TV-Macher für die Quote so ziemlich alles tun. Die würden sogar mit Taschenlampen, Akkubohrern und Mikroskopen in unsere Hirne vordringen, könnten sie auf diese Weise noch genauer herausfinden, was sie senden müssten, damit der Zuschauer auf immer und ewig vor den Formaten kleben bleibt.

Doch nicht nur die sprachlichen Inhalte im Fernsehen dürften einen Einblick in den Geisteszustand der Nation gewähren. Vor einiger Zeit betrat ich einen Handyladen und schnappte mir eine Broschüre. »Herzlich willkommen in Ihrer mobilen Welt von O_2 LOOP« stand auf dieser. »Für alle, die Freiheit lieben«. Besser hätte es heißen müssen: »Willkommen im größten Narrenkäfig westlich von Absurdistan – für alle, die dringend Sauerstoff brauchen«. Die Katalogbroschüre wollte mir einen *LOOP für Schnellchecker* empfehlen, mit dem ich *abchecken, aufladen und abtelefonieren* könne. Darüber hinaus gab es den *O_2 LOOP S/M/L* plus *Zusatz Packs* und *Active Portal*.

So ein »Active Portal« muss eine irre Einrichtung sein, fragen Sie mich nur nicht, was das ist, außer krankenhausreifer Flatratesprache. Auch die Buchstabenjongleure von T-Mobile treiben es in dieser Hinsicht ziemlich bunt. In einem ihrer »Rundum-Sorglos-Pakete« heißen Tarife jetzt *Relax XL* und *Basix*. Und wer oft mit seinen fünf »Lieblingsmenschen« telefoniert, demjenigen wird ein besonderes Angebot unterbreitet. Eltern und Freunde dürfen wir jetzt zu »Favoriten« degradieren, sie anschließend als *Icons* auf die *Displays* laden und das Ganze am Ende *MyFaves* nennen, was auch immer man darunter verstehen soll.

Das ist eine recht eigenwillige Sprache. Quadratisch, unpraktisch, dämlich. Und statt »rundum sorglos« – längst nicht mehr von allen zu verstehen. Immerhin: 60 Prozent aller Deutschen beherrschen überhaupt kein Englisch (von verfremdetem Englisch wie in *MyFaves* ganz zu schweigen). Und von den restlichen 40 Prozent dürften gerade mal zehn Prozent einen englischen Kinofilm überleben. Aber wie formulierte es die amerikanische Bestsellerautorin Susan Jacoby? Je dämlicher, desto besser, desto normaler. Zumal man auch gar nicht mehr alles verstehen will.

Noch einmal schnell zurück zu T-Mobile, weil es so schön war. Für die Flatrate *Xtra Nonstop* wurde kürzlich mit dem Slogan »Deutschland quatscht sich leer« geworben. Beson-

ders gut kam dieser Lockruf nicht an – erstaunlicherweise. Da gelang ihnen eher ein Eigentor. Der lapidare Kommentar eines Internetusers: »Mein erster Gedanke, als ich die Werbung sah, war: Deutschland quatscht sich leer? Was meinen die? Die hohle Birne oder das leere Portemonnaie? Beides nicht sehr werbewirksam.«

Dafür bietet T-Home neuerdings *Entertain Comfort*, für ein »noch nie dagewesenes Fernseherlebnis«. Auf der Broschüre steht prominent: »Abgedreht Zuhause«, dazu ist ein Foto von einer Rockband abgedruckt, deren Mitglieder mit den Gitarren auf der Bühne herumfuchteln.

Na schön. Jetzt sollen wir schon zu Hause »abdrehen«. Kein Problem, denn das geht sogar schneller, als es den Erfindern dieser Stilblüten lieb ist. Und zwar immer dann, wenn irgendwelche »Servicemerkmale« mal wieder nicht aktiviert sind und man vor lauter T-Coms, T-Mobiles, T-Homes, T-Systems und T-Punkten schon gar nicht mehr weiß, welche der zweitausend Hotlines und Servicenummern man als Nächstes anrufen soll, nachdem man in den Warteschleifen schon halb erstarrt ist.

Doch nicht nur T-Home wünscht, dass wir überschnappen. Eine Printwerbung für ein neues Handyangebot mit »Klingelton-Paket« präsentierte mir zwei gackernde Menschen, über ihnen war der Schriftzug zu lesen: »Der Song ist so peinlich, dass er schon wieder gut ist.« Zudem wollte mir diese Werbung vermitteln, dass ich beim Musikhören nicht mehr zuhören, sondern reden soll *(Music gets you talking)*. Darunter lockte obendrein eine Gewinnaktion: »Mach mit und gewinn eine abgedrehte Party für dich und deine Freunde.«

Alles, nur das nicht!

Um es kurz zu sagen: Was die Sprache angeht, sind wir nicht nur bei der *Generation Doof* angelangt, sondern längst bei der *Generation Peinlich ist toll* oder der *Generation Vakuum*.

Latte macchiato mit leichter Ichstörung

So ein Spaziergang durch Deutschland kann schon seltsame Züge annehmen. Sollten die Werber am Ende doch recht behalten? Hatte nicht einer von ihnen behauptet: »Nichts ist unmöglich« (Toyota)?

Unterwegs zu sein macht selbstverständlich auch durstig. In den Coffeeshops darf man dabei schon bei der Wahl der Pappbechergröße kurz die Stirn runzeln, weil es nicht mehr um kleine, mittelgroße oder große Becher geht – nein, diese Wörter mussten durch englische Ausdrücke ersetzt werden: *small*, *medium* und *large*. Aber darüber hinaus denken wir beim Kaffeetrinken inzwischen in völlig neuen Kategorien. In einigen Coffeeshops heißt ein kleiner Kaffee jetzt *short*, die mittlere Größe ist indes als *tall* und der große Becher als *grande* zu ordern. Mal Englisch, mal Spanisch. Mal kurz, mal groß gewachsen.

Am Ende kapiert man gar nichts mehr, hält dafür aber einen *Frapuccino* oder *Wocochino* in der Hand und ist ratzfatz satte drei Euro los. Aber dafür gibt's alles mit *Latte*. Neben dem noch halbwegs schlichten *Caffè Latte* und dem *Latte macchiato* haben sich inzwischen die eigenwilligsten Kreationen etabliert: *Green Tea Latte* oder etwa *Orange Spice Latte*.

In einer WDR-Dokumentation vom 23. Juni 2007 mit dem Titel *Wer rettet die deutsche Sprache?* stellte der Regisseur Harold Woetzel die Frage: »Ist die deutsche Sprache in Gefahr?« Die interviewten Experten hatten jedoch noch ganz andere Bedenken und diskutierten darüber, ob die Deutschen womöglich unter einer leichten »Ichstörung« litten, ja sogar unter einer Art Selbsthass. Manche der Kritiker glauben tatsächlich, dass die Deutschen trotz WM, EM, Klinsi, Schweini, Poldi, Sommermärchen und Fahnengeschwenke von kollektiven Depressionen und einer gewissen Selbstleugnung heimgesucht würden. Ist es nun auch noch das, was die Sprache uns zeigt – eine latente Vaterlandsverachtung? Nun, es könnte etwas Wahres dran sein.

Die Riege der Muttersprachenhasser führen die Deutschen jedenfalls mit aller Entschlossenheit an. Die Klempner titulieren sich als *Service specialists*, und die mobilen Häppchenbringer haben sich als *Catering Services* geoutet. Zunehmend kosmopolitisch artet auch ein kurzer Gang durch die Kölner Innenstadt aus. Da heißt ein Laden für Fruchtsäfte *Mr. Clou*, eine Pommesbude *Potato Point* und ein Uhren- und Schmuckgeschäft nennt sich höchst eigenwillig *Don't look!* (hier parieren wir ausnahmsweise sofort).

Das vehemente Vermeiden der deutschen Sprache ist zum Massenphänomen geworden. Fragt sich nur, warum die Deutschen so sehr lieben, was nur nicht Deutsch klingt? Also sämtliche *Outlet-Stores*, *Fashion-Shops* und *Beauty-Treatments*. Selbst die deutsche Kurzform »Öko« mutiert tüchtig ins amerikanische *Eco. Eco-Tarife, Eco-Reisen, Eco-Wellness, Eco-Worlds* – alles Beispiele aus Deutschland. Heizungen werden kurzerhand zu *Ecomaten*, und Opel nennt eine neue Umweltstrategie *ecoFLEX*.

Nur McDonald's zieht bei dieser Ökorunde nicht mit, ein Wunder. Ihre favorisierten *Los Wochos* kann man schwer mit einem »Eco« aufpeppen. Oder doch? *Eco Los Wochos*. Klingt doch gar nicht so übel. Doch bei welcher Generation wären wir da angelangt?

Maua bauen macht Spaß

Deutschland, drittes Millennium. Ein endloses Reich der Wörter und Unwörter, ein Universum fantastisch klingender Sätze und wilder Fantasien. Man kann sich darüber viele Gedanken machen und zu interessanten Schlüssen kommen. Schon vor zweihundert Jahren notierte der Dichter Ernst Moritz Arndt: »Wer seine Sprache nicht achtet und liebt, kann auch sein Volk nicht achten und lieben. Ein Volk, das sich einem fremden Geist fügt, verliert schließlich alle guten Eigenschaften und damit sich selbst.«

Das klingt rührend. Denn gemessen an unserem heutigen Umgang mit Sprache will man den Poeten Arndt in den Arm nehmen, ihn streicheln und ihm sagen: »Ganz ruhig bleiben, alles wird gut.« Ob wirklich alles gut wird, sei jedoch dahingestellt. Denn nicht nur die professionellen Sprachbenutzer beglücken uns mit kuriosen Wendungen, die sprachlichen Possen haben sogar Einzug ins Familiäre genommen. Es gibt hierzulande Eltern, die ihren Kindern tatsächlich die Vornamen Cyber und Chrom gegeben haben, wonach die Zöglinge mindestens Hauptdarsteller in *Star Wars* sein müssten. Aber die Familie lebt mitten in Hamburg-Altona, und die Kinder besuchen eine ganz normale deutsche Schule. Und dies sind nur zwei Beispiele von Geschenken, die man später nur teuer wieder los wird. Schauspieler Uwe Ochsenknecht und Ehefrau Natascha nannten ihre Söhne Jimi Blue und Wilson Gonzalez. Ein Gedenken an Musikerlegenden oder bolivianische Freiheitskämpfer? Küss die Hand!

Und wo wir schon mehr oder weniger in Lateinamerika sind: Auf einer Werbung entdeckte ich vor einiger Zeit einen gezeichneten Che Guevara. Der gute Che trug ein Hawaiihemd mit aufgedruckten Palmen und eine große schwarze Sonnenbrille. Er grinste breit in den bleitrüben deutschen Februarregen, dabei hielt er sich ein Handy ans Ohr, daneben stand der Slogan einer neuen Telefonfirma: »Che mobil – Mega-Angebote. Die Preis Revolucíon.« Darauf muss man erst mal kommen: Der Oberrevoluzzer Che Guevera, der kapitalistischen Welt beliebteste T-Shirt-Fratze, nun endlich im Ballermann-Dress, zum Hanswurst degradiert, der nichts kann, außer ein hispano-teutonisches Werbekauderwelsch zu sprechen. Ein Prachtfundstück, ein echtes Nugget. Und vielleicht ein weiterer Beweis, dass man die Deutschen so langsam mit allem ködern kann?

So zum Beispiel auch mit Geistesblitzen folgender Art: Ich stand vor einem Schaufenster, einem Geschäft für Nachthemden und maßgeschneiderte Kimonos. *Sunday InBed* hieß der Laden, *InBed* zusammengeschrieben, kapitales B, kursiv. Der Besitzer muss besonders gottesfürchtig sein. Denn er nimmt das Gebot des Herrn, sonntags zu ruhen, so ernst, dass er seinen Kunden ganztägige Bettruhe verordnet. Vielleicht hat der Inhaber aber auch nur zu oft in einschlägigen Frauenmagazinen geblättert und glaubt seitdem tatsächlich an die Mär, dass moderne Pärchen den ganzen Sonntag mit Milchkaffee und Croissants im Bett verbringen und sich Erdbeeren von den Bauchnabeln lutschen.

Auch eine Reise in den Osten der Republik lohnt. In einem Truckstop-Café bei Jena bediente mich einmal eine kettenrauchende Frau, der mindestens drei Liter Haarspray in der Frisur klebten. In diesem Café hingen T-Shirts an einem Ständer, die man kaufen sollte. T-Shirts mit den Schriftzügen: »Keiner lacht ohne Hoden«, »Chef ist auf Toilette«, »Made by Ost, no Rost«, »Mauer bauen schafft Arbeitsplätze«.

Worte? Nein, ohne Worte. Und wer durch das thüringische Kahla spaziert, wird bald auf die Konditorei *Conny Hunger* stoßen, auf den Friseurladen *Schreck* und auf eine Boutique, die sich bei der Namensgebung doppelt abgesichert hat, damit die Kunden nicht aus Versehen denken, sie würden eine Metzgerei oder Ähnliches betreten. *Fashionmode* steht über der Boutique. Das klingt übrigens auch auf Deutsch gar nicht so schlecht: »Modeladen Modemode«.

Man weiß nicht recht, ob man lachen oder weinen soll. Zumal beim Autofahren durch Sachsen auch noch Ortsnamen auftauchen, die – ohne Witz – *Maua* heißen. Hier schmerzt es dann tatsächlich schon, obwohl die Einwohner ja nichts dafürkönnen. Und wehe, die Ostdeutschen fahren erst mal durch den Westen!

Die sprachlichen Eiertänze sind überall. Sie umzingeln uns. Das Schöne daran ist, dass wir uns ihnen nicht entziehen können. Fernseher und Radios können wir zwar ausschalten oder notfalls aus dem Fenster schmeißen. Magazine können wir ungekauft an den Kiosken vergilben lassen, und auch dieses Buch können Sie in wenigen Sekunden entsorgen – doch den Gesprächen der Menschen und der Schrift in den Straßen entkommen wir nicht.

Vanity wer?

Einige Zeitungsmacher und Geldgeber hatten vor einiger Zeit den Einfall, ein neues Hochglanzmagazin *Vanity Fair* zu nennen: »*Vanity Fair* – das neue Magazin für Deutschland«. Das war gut gedacht. Ein Magazin gleich für das ganze Land! Und das mit einem Titel, den nicht einmal die Hälfte aller Bundesbürger (optimistisch geschätzt) aussprechen kann, von verstehen erst gar nicht zu reden.

Ich zog los und fragte wahllos einige Passanten, ob sie mir den Titel *Vanity Fair* übersetzen könnten. Ob sie wüssten, was das eigentlich bedeutet? Viele der Personen, die ich ansprach, liefen panisch oder verstört weiter, aber ein paar bemerkenswerte Erklärungsversuche trug ich trotzdem nach Hause. Da war beispielsweise ein Mitzwanziger, der glaubte, es handele sich bei *Vanity Fair* um eine Jeansmarke. Eine junge Frau, die als Promoterin arbeitete, wusste immerhin, dass es um ein neues Presseobjekt ging, dessen englischen Namen sie allerdings mit »Initiative für mehr Fairness« ins Deutsche katapultierte. Einem durchgestylten Endzwanziger gelang die radikalste Bruchlandung. Er glaubte, *Vanity Fair* sei ein neues Testmagazin für Autos. Einem älteren Herrn schließlich dämmerte es, dass es irgendwie um Eitelkeiten gehe, aber mit dem Wort *Fair* wusste auch er nichts Rechtes anzufangen.

Vanity Fair – »Jahrmarkt der Eitelkeiten«. Ein Magazin in Deutschland so zu benennen müsste eigentlich einer Mutprobe gleichkommen. Oder vielleicht doch nicht? Sind die Verleger eher so gut informiert, dass sie genau wissen: Der deutsche Leser und Käufer ist inzwischen so dämlich, dass er mit Vorliebe *ersteht*, was er nicht mehr *versteht*. Nach dem Motto: Verstehe Bahnhof, kaufe alles!

Doch vom »Jahrmarkt der Eitelkeiten« schnell in den Supermarkt bei mir um die Ecke. Dort hängt dies Schild: »Jeder Diebstahl wird sofort zur Anzeige gebracht.« So weit ist es gekommen: Die Supermarktbosse schnappen sich sogar schon den Diebstahl und tragen ihn zur Anzeige. Damit die Anzeige dem Diebstahl anschließend die Leviten lesen kann? Auch hierfür sollte es Bonuspunkte geben. Denn was sich nach einschüchternder Beamtensprache anhören soll, ist keine einschüchternde Beamtensprache – sondern einfach nur herrlicher Unsinn.

Wo wir schon beim inhaltlichen Wildwuchs sind: Durchforsten Sie einmal das Kleingedruckte in den Sonnenstudios, die Wurfsendungen von Elektronikmärkten und Videoclubs. Hier können Sie echte Reißer entdecken. Und falls Sie dort nicht sofort fündig werden (unwahrscheinlich), dann stürzen Sie sich auf die synchronisierten Dauerwerbesendungen im TV, wo sie von frühmorgens bis spätnachts elektrische Gießkannen, fiebermessende Brotmesser und rotierende Grillwagen anpreisen.

Doch die deutsche Sprache ist nicht nur Freiraum und Tollhaus, maßlose Anarchie und Terrain für unkontrollierte Fehltritte. Sprache wird nicht nur munter nach dem Sandkastenprinzip gebastelt, bei dem die Deutschen mit Förmchen und roten Bäckchen herumsitzen und linguistisch alles zusammenmatschen, was irgendwie geht. Keineswegs. Für gewisse Betrachtungen ist Sprache auch äußerst ernst zu nehmen. Das glaubte schon der Weimarer Dichter, Theologe und Philosoph Johann Gottfried Herder. Bereits vor über zweihundert Jahren schrieb er: »Für ein Volk ist seine Sprache etwas Besonderes. In ihr wohnt sein ganzer Gedankenreichtum, sein Herz und seine Seele.«

Dieser Satz wirkt wie eine Sprengladung. Selbst völlig unkommentiert schlägt er ein wie ein Dumm-Dumm-Geschoss.

Eigentlich ist es ein Wunder, dass sich noch keine TV-Show explizit mit den tollsten Krachern der deutschen Sprache aller Zeiten befasst. Passend wäre ein Titel wie: »Zurückbleiben, bitte!« Diese Durchsage bekommen nämlich Millionen Deutsche jeden Tag zu hören, wenn sie U-Bahn fahren und sich die Türen nach dieser sprachlichen Aufforderung schließen. Zurückbleiben, bitte: Kaum etwas pointiert die ungewollte Komik unseres Deutsch besser.

Können Sie noch? Dann drücken Sie Ihre Nase mal an das Schaufenster dieses Ladens, der *Queen for a Day* heißt. Im Fenster war ein edles ledernes Notizbuch ausgestellt, auf dem in goldenen Lettern zu lesen war: *Fucking Notes 2008*. Aber das teure Fluchbuch war noch nicht alles. Irgendwie scheint das F-Wort gerade *en vogue* zu sein, denn neben den *Fucking Notes 2008* stand noch eine große Schaufensterpuppe im Abendkleid, die eine Kette um den Hals trug. An der Kette baumelten sieben Buchstaben, geformt aus hellem Stein. Und wer auch immer dieses Kettchen kaufen sollte, derjenige müsste folgende Aussage unterm Kinn spazieren

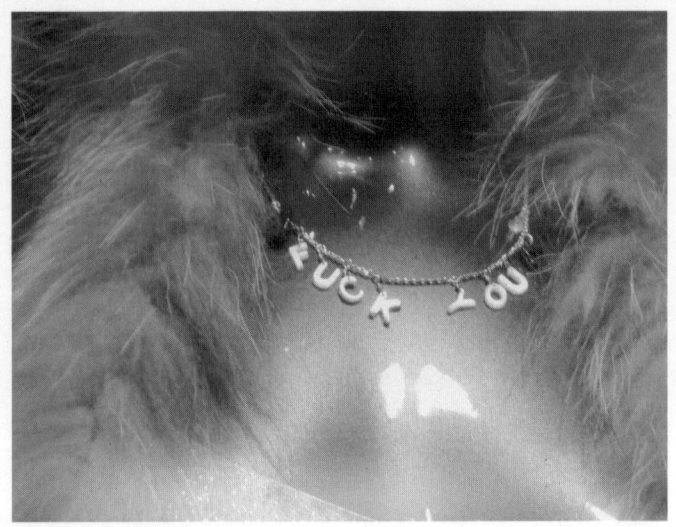

tragen: *Fuck you*. Willkommen beim sprachlichen Tiefsee-tauchen.

Solche Schimpfwörter sind freilich nichts Neues, ebenso wenig wie die Tatsache, dass sie in Form von Schmuck verarbeitet oder auf diverse Gegenstände gedruckt werden. Neu ist jedoch, dass dieses Phänomen längst nicht mehr nur in Musikerkreisen oder bei der revoltierenden Jugend zu beobachten ist. Und nein, der oben genannte Laden war auch kein Pornogeschäft oder vergleichbares Etablissement, sondern eine feine Boutique mitten im schicken Hamburger Stadtteil Eppendorf. Die Sprache zeigt uns also, dass die *Generation fuck you* längst die gute Gesellschaft erreicht hat. Und mehr: Doof und obendrein vulgär zu sein, auch dies ist heute salonfähig und völlig normal geworden.

Wer jetzt noch immer nicht genug hat, sollte mal unsere Außenposten auf Mallorca oder an der türkischen Riviera aufsuchen. Gehen Sie dort nach Mitternacht in die Discos und bayerischen Stüblis und spitzen Sie die Ohren. Unser Deutsch macht nämlich vor nichts halt, und spätestens ab hier übernehme ich keinerlei Garantien mehr. Denn in den Bierschänken der Ferieneldorados kommen unseren Ballermännern Sprüche über die Lippen, bei denen den Maybrit Illners und Anne Wills vor Schreck die Kostümnähte platzen würden. Für einen Besuch vor Ort und einige markerschütternde Beispiele wenden Sie sich bitte direkt an Kapitel 22.

Falls der Weg in den Süden zu weit sein sollte, Berlin hat in dieser Hinsicht auch allerlei zu bieten. Gehen Sie abends einmal in die Bars der Szeneviertel. Wenn Sie Glück haben, kommt Ihnen dort ein Flyer unter die Augen, der für eine Show wirbt, die Sie unbedingt sehen müssen. Die Show trägt den Namen:

»Transen mit Gehirndiarrhö – hosted by Fotzi & Schlüppi«.

Na bitte, jetzt sind wir endlich angekommen. Gestatten: Generation Durchfall im Kopf. Und hier dürfte auch mal Endstation sein.

3

Der Pott in unseren Ohren

Ist der Kochtopf schuld oder der Ruhrpod? Inzwischen stöpselt sich die halbe Nation das Ding in die Ohren, aber alle rätseln: Was bedeutet eigentlich iPod?

Die Deutschen sind fies und machen es wohlgesinnten Ausländern nicht immer leicht. Sie haben sich eine hundsgemeine Sprache ausgedacht, die zwar nichts mit Hunden zu tun hat, dafür aber ständig auf die falsche Fährte führt. Freunde aus den Nachbarländern können ein Lied davon singen, sobald sie über die Grenzen zu uns kommen.

Wenn wir vom Auspuff reden, denken die an ein geschlossenes Bordell, und beim Schlamassel an eine Assel im Schlamm. Auch beim Ohrwurm wird's haarig, denn da könnte sich ein Wurm im Ohr befinden, vielleicht ist auch ein stark ausgeleiertes Ohrläppchen damit gemeint oder ein Wurm mit großen Ohren. Es geht um Musik? Ach! Oder der Kater. Der fängt Mäuse und stellt Katzen nach, dann wieder ist er eine Metapher für einen dicken Schädel und kann obendrein etwas mit Frühstück zu tun haben. Und was ist mit dem Läufer? Der ist am Ende nicht nur Jogger, sondern auch noch Teppich und Hotelbote. Und wenn wir's dann wortstolz erklären, halten unsere Freunde uns für einen Naseweis mit Farbe im Gesicht. Bei so viel Geheimsprache sinnt man auf Rache!

Unsere Nachbarn haben sich zwischenzeitlich auch ein paar hübsche Dinge und Wörter ausgedacht, mit denen sie uns gnadenlos hinters Licht führen. Das Problem ist, dass wir diese Wörter und Dinge abgöttisch lieben und – Letztere – massenweise kaufen. Gleichwohl haben wir oft keinen blassen Schimmer, was sie uns eigentlich sagen wollen. Das löst im besten Fall Diskussionen aus, im schlimmsten bundesweites Achselzucken. Viel wichtiger ist, dass es toll aussieht, toll klingt und dass in diesem Fall Musik aus dem Ding herauskommt. Von der verstehen die meisten zwar auch nicht besonders viel, aber seit dem Aufblühen von Karaoke arbeiten wir daran. In der Zwischenzeit aber betört uns weiterhin dieses eine besondere Gerät. Es ist in vielen Farben zu haben, man kann es sich in die Ohren stöpseln, und es hat nur vier Buchstaben: iPod.

Was für eine Bewandtnis hat es mit diesem kleinen Wunder? Hat es mit einem Ei zu tun, weil es so nette Rundungen hat? Steht das kleine *i* für Internet, Intelligenz, interaktiv? Oder hat ursprünglich Interpol das Ding für Abhörmaßnahmen entwickelt? Und woher stammt dann der Pott mit *d*, der in der Regel eine ganz andere Form hat, aber mit dem wir weder Musik hören noch eine Schiffsfahrt genießen können? Wie dem auch sei: Deutschland trägt das kleine Ding scharenweise durch die Einkaufspassagen, geht mit ihm joggen und besteigt Busse und Bahnen damit, ohne zu wissen, wofür das Wort *iPod* eigentlich steht. Es kursiert deswegen im Land schon ein reichlich dämlicher Witz: Legt der Sohn ein Ei in den Kochtopf und fragt Papa: »Was ist das?« Der Papa antwortet: »Weiß nicht.« Darauf der Sohn: »Ein Ei-Pott!«

Inzwischen hat der iPod Kinder bekommen, sogar Enkel und Urenkel: *iWorlds, iTools, iFashion* und *iTV, iTunes, iBooks, iMacs, iFun, iPhones, iCassettes, iSchools, iWellness* – ein ganzes *iLife*. Total ei. Bis hierher ist alles noch recht harmlos, die meisten können folgen. Aber das Ei des Apfels wird langsam zum Ei des Kolumbus, denn das kleine freche *i* ist äußerst beliebt. Längst kommt es auch als *iPlug, iCable, iTrip, iCharger, iJolt, iShuffle* und sogar als *kabelloses iEZClick* daher. Das klingt schon komplizierter, in Quizsendungen von Günther Jauch müssten die meisten Rategäste entnervt den Experten zurate ziehen.

Doch damit nicht genug. Denn nun ist der Pott mit dem *d* dran. Und der macht uns das Leben auch nicht einfacher. Inzwischen geistern *podcasts* und *podcats* durchs Land, dazu *podster*, *podlinks* und *podtools*. Es ist fast, als sollten wir mit diesem *pod* auf den Pott gesetzt werden, denn spätestens beim täglichen *podcasten* wissen die meisten Deutschen nicht mehr, was sie tun. Und wenn dann noch praktisches Zubehör wie *iKits, iVaporSupports, zCovers* und *InCases for pods* des Weges kommen, ist alles aus. Es herrscht Nano-Alarm.

Das kleine *i* und der *pod* aus Übersee müssen tatsächlich eine geschickt eingefädelte Revanche für so manch gemeines deutsches Wort sein. Vielleicht eine Retourkutsche für »Kindergarten« und »Sauerkraut«. Das Verrückte dabei ist, dass sich die vier Buchstaben bereits wie echtes deutsches Sprachgut anhören, jedenfalls auf Schulhöfen und in Fitnesscentern. *iPod:* Jeder sagt's, jeder kennt's, jeder Zweite hört's. Doch keiner weiß, warum das Ding so heißt. Was zur Hölle also bedeutet *iPod?*

Klären wir das Geheimnis auf: Das kleine *i* steht weder für Internet noch für Intelligenz. Es steht, elegantes Understatement, für den Nachnamen des Designers: Jonathan Paul Ive. Hier haben wir den Quell der i-Manie: *i* wie in Ive! Der Mann ist übrigens gerade mal knapp über vierzig Jahre alt, wuchs in der Nähe von London auf und sein Vater war ein Silberschmied. Inzwischen ist Ive Chefdesigner von Apple, sein Titel lautet »Senior Vice President of Industrial Design at Apple«.

Diese hübsche Bezeichnung hat sich Mister Ive auch redlich verdient. Noch nie konnte jemand mit einem einzigen winzigen *i* die Welt derart aufmischen. Dabei hat Jonathan Paul Ive nicht nur die hübschen Pods und Macs und Books designt, sondern nebenbei noch etwas viel Fantastischeres getan: Er hat nämlich bewiesen, dass man mit einem einzigen Buchstaben – und noch dazu einem kleinen – ganze Kontinente verzaubern kann!

Und nun aufgepasst, jetzt ist der *pod* dran. Ein *pod* ist in erster Linie, wenn man es aus dem Englischen übersetzen würde, eine »Hülse«, »Schale« oder »Schote«. Wenn die Engländer scherzen, wird auch der Bierbauch schon mal zum *pod*. Schwimmt eine Herde von Walen durchs Meer, spricht man im übertragenen Sinn von *a pod of whales*. Und damit es nicht langweilig wird, bedeutet *pod* im Englischen obendrein noch »Behälter«, steht aber auch für »Werbeblock« oder »Sockel«. Um die Verwirrung schließlich auf die Spitze zu treiben, kann *pod* mithin auch »Verkleidung für Instrumente« bedeuten – und da kommen wir der Musik schon näher. Trotzdem: Der iPod bleibt sprachlich eine harte Nuss. Man könnte glatt von der Quadratur des Hühnereis reden.

Am besten wissen in solchen Fällen die Hardcore-Surfer im Internet Bescheid. Aus diesem Grund will ich hier einen Originalauszug aus einem deutschen Internetforum aufführen, mit freundlicher Genesung von Planet iPod. In dem besagten Forum tauschten sich einige »User« aus, deren Webnamen jede TV-Comedy-Show blass aussehen lassen. So unterhielten sich virtuell: *Suppidu, e-wichtel, Ratpoison* (Rattengift), *Mann-aus-Wurst, Marco604, Plechazunga, Kajover, Powerram, GonzoFlo* und noch ein paar andere Cyber-Rocker.

Bevor Sie sich auf die »Konversation« einlassen, sei noch angemerkt, dass ich keinerlei Änderungen vorgenommen habe. Wundern Sie sich also nicht über Kleinigkeiten wie fehlende Satzzeichen, entwischte Kommas, wirre Doppelpunkte, angedeutete Gesichter aus Strichen, Klammern und Pünktchen sowie über ähnliche Kuriositäten. Regen Sie sich auch nicht über unterdrückte Bindestriche und dergleichen auf. Es nützt nichts und würde das Lesen nur sinnlos vereinfachen. Wir wollen das real existierende iPod-Deutsch in seiner ganzen Pracht genießen und es obendrein in seinem total durchgerüttelten Schriftbild zeigen.

Und noch ein Hinweis: Sie müssen nicht alles verstehen, was Sie gleich lesen werden. Bedenken Sie lediglich, dass der Ei-Pott kein Topf ist, dass in den heutigen e-Zeiten die Sprache schon mal den Deutschen ihr Tod sein kann und dass Schneewittchen jetzt iWittchen heißt.

Fertig? Gut. Dann pluggen wir uns mal ein.

Suppidu:
Gerne möchte ich wissen wofür der Name iPod steht. Insbesondere das »i«, das auch im Namen »iMac« verwendet wird. Steht »pod« für die Hülle/Schale??? »i« für Internet?? Freue mich über schnelle Antworten.
Danke.

e-wichtel:
Das »i« in iMac steht für Internet da hast du recht, aber das pod?
ipod = internetschote ist es sicher nich;)

Ratpoison:
Ich probiere ordentliche Dauerberieselung :) Also, im Buch *Cult of the iPod* steht:

– Idiots price our devices
– I'd prefer owning disks
– Impressive piece of design
(…)

Such dir das aus, was dir am besten gefällt :)

Mann-aus-Wurst:
innovation

e-wichtel:
Was das Ding jedenfalls nicht bedeutet:
http://publicvoidblog.de/images/ipott.jpg
Und denke an die Verwechslungsgefahr:
http://noinfo.de/images/iPod_iPott.jpg

marco604:
Idiots price our devices ist gut :D

e-wichtel:
Ich habe keinen ich kann mich davon freisprechen:
Creative ZEN Micro und was das heißt kapiere ich aber auch nicht

Mann-aus-Wurst:
Das wird wohl ein ewiger Mythos bleiben. Ich persönlich denke, es steht für die Persönlichkeit der Geräte.
Wenn ich mir allerdings mal so eine i-Wordlist ansehe gibt es jede Menge schöner i-Wort... :p

Ratpoison:
Platzhalter (Doppelposting)

Ratpoison:
Platzhalter wegen »Bitte um Postingänderung«

Mann-aus-Wurst
Dito- Doppelpost ;) Hehe, jetzt ist aber gut. Zurück zum Thema: Gibt es da keine offizielle Definition von Apple?

Plechazunga

das i ist bei apple so eine corporate identity sache. ein pod ist
in der botanik eine hülse, wird aber auch anders verwendet: ein
escape pod ist zum beispiel eine fluchtkapsel, also ein kleines
gefährt, das sich vom mutterschiff (also, um im bild zu bleiben,
dem computer) lösen und sich selbstständig bewegen kann. so
wie die runden dinger in 2001.

Kajover

I = ICH
I = Hommage an den Designer Jonathan Ive
I = Innovativ etc.

Powerram

Podcast = Radio
Pod = Rad
cast = io

iPod = Internetrad

:rolleyes:

GonzoFlo

Ich habe mal was von nem Jonathan Ive gehört … der soll an
einem Apfel gestorben sein … und zur Ehre des Wissenschaft-
lers haben sie das Logo und das »I« <- I<- ve, aber es hat
definitiv mehrere Bedeutungen …

EDIT: ehmm sorry Jonathan Ive ist der Designer bei Apple (ich
idiot ;))

Aber das logo soll wohl von nem Wissenschaftler abgeleitet
sein … wer das jetzt war … ehmm kene ahnung :P

http://de.wikipedia.org/wiki/Jonathan_Ive

lundehundt:

Sir Jonathan Ive ist kein Wissenschaftler sondern der Chefdesigner von Apple. Er ist auch nicht an einem Apfel gestorben
sondern quicklebendig letzte Woche von der Queen zum Ritter
geschlagen worden.

Das i in iPod oder iMac oder iChat oder den iApps ist eine
Personalisierung (das Englische I bedeutet nun mal Ich) des
Produkts mit dem Benutzer

GonzoFlo:

Ich weiß sorry :P
hatte eben nen Denkfehler *gg*

Aber mit sonnem Apfel … ich meine das hätte ich damals
gehört als auf arte dieses imac-spezial kam …

GonzoFlo:

Er ist auch nicht an einem Apfel gestorben sondern quicklebendig letzte Woche von der Queen zum Ritter geschlagen
worden.

Jetzt berichte ich dich mal … er wurde nicht zu nem Ritter
geschlagen sondern nur ausgezeichnet ;)

jkoester:

Am Apfel gestorben … Du meinstest Schneewittchen, da
kommt sogar ein »I« drin vor, vielleicht kommts ja da her, wer
weiss …

GonzoFlo:

och man … ich glaube ich muss mir das arte-spezial nochmal
angucken ;)

acid:
iWittchen :D

lundehundt:
er ist von der Queen zum »Sir« Jonathan Ive ernannt worden.
Das nennt man, so weit ich weiss, heut zu Tage »zum Ritter
schlagen« :)

Übrigens: iWittchen ist echt Nett :)

Und das kleine i der absolute Superstar des Alphabets!
  (Letzte Anmerkung meinerseits.)

4

Jogger im Weltuntergang

Helm auf! Unter den Actionsportlern ist der sprachliche Atomkrieg ausgebrochen – verbaler Muskelkater garantiert

Es ist der reinste Raubtierkäfig. Eine Manege der Tigerkatzen und Giftspritzer. Wenn die Deutschen Sport treiben, sollte man auf jeden Fall Schutzkleidung anlegen. Jedes Wochenende steigt diese gefährliche Tiershow beispielsweise in unseren Eissporthallen, die keine Hallen mehr sind, sondern Arenen. Wenn die Hartgummischeiben übers Eis sausen, dann beharken sich *Grizzly Adams Wolfsburg, Straubing Tigers* oder die *Frankfurt Lions*. Aus Iserlohn flitzen die *Roosters* übers blank gefrorene Nass, aus Nürnberg die *Ice Tigers*, aus Niedersachsen die *Hannover Scorpions*. Das zischt, kommt aus Amerika – und ist nur ein kleiner Vorgeschmack auf den sprachlichen Overkill beim Sportstandort Deutschland.

Ready? Gut. Mundschutz rein und los.

Es ist Samstagnachmittag, man liegt entspannt im Park, genießt die Idylle, blättert nichts ahnend ein paar Sportmagazine durch. Plötzlich taucht eine Werbeanzeige für einen Laufschuh auf, in der es heißt: »Quäl mich!« Ein paar Seiten weiter wirbt ein Hersteller für seine *hammerhart* guten Produkte und behauptet in fetten Lettern: »Entweder du schlägst zu oder du wirst niedergeschlagen.« Es folgt ein Testbericht über *mörderische Vollaluminium Granaten-Bikes*, schockabsorbierende *Mad Max*-Trekkingstiefel, und auf Seite 82 eines Boarder-und-Biker-Blattes bricht der Krieg aus, wenigstens auf einer Anzeige: Ein raketenbestückter Cobra-Kampfhubschrauber fliegt frontal auf den Leser zu und macht sich im Namen eines Versandhandels stark für Skate- und Snowboards, Sweatshirts und Sneakers. Willkommen im Vietnam der Actionsportler. Der Boarder, Surfer, Skater, Biker, Hiker – oder wie die kalifornisch geölten Freaks alle heißen.

Sport? Wo denken Sie hin! Heute keult der Aktive im Rausch der Superlative, verbale Loopings garantiert. Es wird nicht mehr geredet, es wird geballert. Mit Gigalativen, Powerparolen und radikalen Wortschöpfungen. Windsurfer absolvieren keine Salti mehr, sondern springen *Killer-Loops,* jede Welle ist selbstverständlich eine *Monsterwelle.* In normalen Hallen rasen nicht mehr Sportler herum, sondern *Terminatoren, Magic Müllers, American Gladiators.* Lauter High-Speed-Maschinen, Extremisten in jeder Disziplin, die sich vor allem in metaphorischem Mord- und Totschlag messen.

Fast nirgends ist der sprachliche Übermut so plakativ wie im modernen Sport. Die Killersprache findet in den Aktiven sozusagen ihr schwitzendes Abbild. Man stelle sich einen so perfekt ausgerüsteten Freizeitdeutschen einmal vor, in *Thermo-Tights* auf *Kingkong-Bikes,* ausgestattet mit *fox alps 4r Federelementen, Manitou Mach 5 SX Gabel* und *V-Links.* Auf den Rücken hat er sich ein *Backpack* mit Trinkflasche und *Expander-Stausystem* geschnallt, darin der Elektrolyt-Drink mit einem halben Meter langen Strohhalm, der über die Schulter direkt in den Mund führt. Dazu trägt der gut gewappnete Freizeitdeutsche eine Jacke samt *padded* (gepolstertem) *Media compartment* für den obligatorischen MP3-Player. Fehlt nur noch der pink-grün-gelb gefleckte Sturzhelm auf dem Kopf. Das Resultat: ein höchst amüsanter High-Tech-Hybrid. Halb Comicheld, halb Jedi-Ritter, im Herzen aber treudeutsch den letzten Trends folgend. Satire? Nein: Lediglich »Life beyond limits« – ein Leben jenseits der Grenzen, wie der Slogan einer Sportbekleidungsfirma trefflich lautet.

Nach einer derartigen Dosis Nahkampfsprache will sich der kulturpessimistische Leser erst mal erholen. Im Angebot der Trendsport-Magazine wäre *Polly's Aura-Touch-Behandlung*, wahlweise *Cardio-Spinning, Virtual Biking, Cross-X-Stretching* oder das Entspannungsbad im Stutenmilch-Becken. Danach empfiehlt einer der zahllosen Experten Qi-Lebensenergie-Massagen mit anschließender *Compex-Muskelstimulation* per *E-Impulsgeber*.

Gütiger Himmel! Bei so viel Sprachertüchtigung hilft nur noch eins: Magazin zuklappen, Decke im Park straff ziehen und ein erholsames Nickerchen einlegen. Doch Vorsicht, der nächste sprachliche Paukenschlag folgt gewiss. Auf der Rückseite einer Zeitschrift preist Lost Enterprises, eine Firma für Surffreunde, Neoprenanzüge an – mit den erhellenden Worten: *Dysfunctional Clothing*. Moment mal! Dysfunktionale Klamotten? Also Klamotten, die nicht funktionieren? Total verquer. Aber wohl total cool. Wer's nicht kapiert, sieht sich einfach die Zeichnungen dazu an. Feuerspeiende Dämonen, infernalisch aufgerissene Kehlen und grausig-gierige Zähne verleihen den Produkten den richtigen Biss. Und nein, wir sind nicht in der Bronx. This is Deutschland.

Es gibt Sprachhüter, die mutig, fast tapfer sind. Schon Worte wie *Mountainbike, Jogger* und *Biker* würden sie am liebsten verbieten. Sie bevorzugen Begriffe wie »Bergräder«, »Läufer« und »Radler«. Diese deutschen Bezeichnungen halten sie für genauso einleuchtend wie die englischen Ausdrücke. Das Problem ist nur, dass man als altbackener Radfahrer oder Läufer bestimmt keine guten Laktatwerte erzielt und nicht annähernd so windschnittig des Weges kommt, wie es die

Industrie gern hätte. Liebe Sprachhüter: Vergessen Sie's! Es ist zwecklos.

Jeder, der einen Baggersee besucht, an dem eine Wakeboarding-Anlage steht, wird dem zustimmen. Ein Wakeboard ist ein flaches Brett, auf dem sich die Aktiven mithilfe von moonbootartigen Schuhen festschnallen und sich anschließend mittels eines Drahtseils über einen Rundkurs ziehen lassen. Mit anderen Worten: Seilbahnfahren auf dem See, und zwar im Affentempo. Und bereits die Ausrüstung – Boards, Helme, Shorts – trägt Namen, die zum Fürchten sind. Ein deutscher Online-Sportshop verkauft etwa ein Brett unter dem Namen: *Liquid Force Substance Grind.* Spaß macht es, solche Kraftausdrücke einmal zu übersetzen. In diesem Fall stünden Sie auf einem Untersatz, den man als »Flüssige Kraft mit Substanz zum Zermahlen« bezeichnen könnte. Kommentar überflüssig.

Doch wirklich interessant wird es bei den Figuren, die die Wakeboarder vollführen, also bei den Loopings und Pirouetten, den *Moves.* Profis absolvieren auf kleinen Brettern Sprünge, die *Nuclear Raileys* heißen, *Frontside 360* oder *Suicide Slides.* Will man dies übersetzen, dann bedeutet es in etwa: »nukleare Kanten«, »frontale Dreher« und »selbstmörderische Rutschpartien«.

Wie sehen solche Unterfangen auf dem Wasser aus? Nun, die Wakeboarder sausen bei diesen Manövern über Sprungschanzen und heben ab. In der Luft verdrehen sie sich wie Gummifiguren, um dann – einhändig an die Leine gestreckt – vier Meter über dem See durch die Gegend zu fliegen und mitten im Sprung mit einer Hand an die Brettkante zu fassen. Danach klatschen sie gekonnt aufs Wasser. Keine Landung, sondern der *Touch down.* Sportlich absolut sehenswert. Aber muss sprachlich gleich der Atomkrieg ausbrechen? Es sieht ganz so aus.

Manche geben ihren Manövern allerdings auch dezentere Namen. Wenn Könner beim Wakeboarding etwa kopfüber durchs Himmelsreich preschen und dabei mehrmals um die Längsachse rotieren – dann *rocken* sie und springen gerade den *David Hasselhoff*. Das ist in etwa so, als bezeichneten Sie Ihren Abgang beim Skifahren als »George Clooney Fiveforty«, als »doppelten Bogart« oder »Napalm Attack«.

Auch Windsurfer scheinen sich etwas schräge Filme anzuschauen, sonst würden ihnen wohl kaum so kuriose Namen für ihre Freestyle-Figuren auf dem Wasser einfallen wie *Spock 540*. Weiterhin springen sie einen *Grubby Threesixty*, drehen sich beim *T-Bone* oder fliegen wahlweise bei einem *Diabolo* durch die Luft. Teuflische Akrobatik, und das mitten in den Wellen vor Norderney.

Freaks im Sport gibt es viele, und manche von ihnen klettern sogar Hochhäuser und Kirchen hoch. Das sind die *Climber* der Szene, und je nach favorisiertem Gebäudetypus nennt sich das *House Walking* oder *Church Climbing*. Andere Sportenthusiasten sitzen in hautengen Hosen und Leibchen auf Cardiobikes, Schweißbänder an den Armgelenken. Sie drehen stramm ihre Runden, *Spinning* nennt sich das neuerdings, abgeleitet vom Englischen *to spin*, was übersetzt »drehen« heißt. Und auf Mallorca und im französischen Hochgebirge sind heute Radurlauber zu sehen, die, gelinde gesagt, mindestens so aussehen, wie ihre Rennmaschinen vom Typ *Bianchi Via Nirone 7 Alu Mirage* heißen.

Dass man sich in der Sportszene auf die Apokalypse vorbereitet, kann eigentlich nicht mehr verwundern. Ein amerikanischer Hersteller von Joggingschuhen kam angesichts dieser Erkenntnis folgender Werbespruch in den Sinn: »Stell dir vor, der Weltuntergang und deine nächsten 10 Kilometer fallen auf einen Tag.« Eine Übertreibung biblischen Ausmaßes.

Hechelnd, schwitzend und leicht verbissen dem Armageddon entgegen. Was die Sprache betrifft, bleibt indes nur noch eins: runter von der Kirche, rein in die Kirche, beten.

Sprachliches Dauerhopsen

Was mag die Ursache für diesen Irrsinn sein? Warum eine derart maßlose und hemmungslose Überhöhung der Sprache? Benutzt man Wörter wie *schnell, gut, erfolgreich* oder *kraftvoll* – sie würden in der heutigen Sportsprache untergehen und lächerlich wirken. Stattdessen sind andere Begriffe an deren Stelle getreten, etwa *powerful, Winner-Typen, Speedmaster* oder *superfast.* Oder das Wort *Killer* in diversen Verwendungen, wie etwa in *Killertyp, Killerloop, Killertrail, Killerstrecke, Killerbike.*

Liegt diese Übertreibung daran, dass Höchstleistungen mehr denn je gefordert werden? Mag der Grund dafür sein, dass es in vielen Sportarten heute um Hundertstelsekunden geht und ein Uli Hoeneß schon wie ein verzogenes Kind zu toben beginnt, sollte Bayern München einmal Zweiter werden?

Es scheint, als habe sich die Sprache dem gnadenlosen Leistungsdenken angepasst. Oder haben sich die Anforderungen womöglich der gnadenlosen Sprache angepasst? Vielleicht schaukeln sich beide am Ende sogar gegenseitig hoch. Schneller, höher, weiter? Pah! Nein: tougher, rougher, härter, kämpferischer, brutaler, radikaler – dies, bitte schön, sollte es schon sein.

Die ursprüngliche Idee vom Sport und die heutige Sprache in diesem Bereich haben nicht mehr viel gemeinsam. Denn was bedeutet das Wort *Sport* eigentlich? Es ist dem englischen Terminus *sport* entlehnt und eine gekürzte Version des Begriffs *disport*, der seine Heimat im mittelfranzösischen Ausdruck *desporter* hat und so viel wie »Vergnügen« heißt. Damit hört es aber noch nicht auf: Der mittelfranzösische Wortstamm hat sich Sprachforschern zufolge aus dem mittellateinischen Wort *deportare* gebildet; und in spanischen Fußballkneipen findet es sich noch heute als *deportes* wieder, in der Bedeutung von »sich vergnügen«, »sich betragen«.

Die vergnügliche Seite ihres Tuns ist den Aktiven offenbar entgangen. In einem deutschen Kitesurf-Magazin kann nachgelesen werden, was Beachboys so suchen, wenn sie mit ihren Boards unterwegs sind. Sie sind dann *out for Blood*. Übersetzt etwa: »auf der Suche nach blutigem Kampf«. Ein Gleitschirm für Surfer trägt den Namen *Psycho*. Wie amüsant. Und die Firma North lädt zum *Teamrider Battle* und versieht ihre Werbekampagnen mit Totenköpfen. Ein paar Seiten weiter heißen Segel – der Wilde Westen lässt grüßen – *Gunsails*. Und weil Neoprenanzüge für Surfer so schön sind, müssen sie gleich noch einmal sprachlich herhalten. Da gibt es eine Produktreihe, die sich als *Strike Series* bezeichnet. Fast könnte man meinen, die Beachboys wollen die Amerikaner im Irak oder in Afghanistan unterstützen.

Seltsam ist es schon: Hunderttausende von Gutgeistern versammeln sich zum *Bush-Bashing* und ziehen bei antiamerikanischen Kerzenparaden durch die Innenstädte. Sprachlich betrachtet aber geben sich die meisten eher als Vasallen der ach so bösen Vereinigten Staaten. Ohne amerikanisches Kampfvokabular jedenfalls kommt keine moderne Sportart in Deutschland mehr aus.

Es ist ein einziger Donnerritt. Geht man auf die einschlägigen Internetseiten, auf denen sich die Kiter, Surfer, Skater, Biker, Hiker, Trekker, Climber und Konsorten virtuell treffen, dann findet man auf den jeweiligen Seiten immer häufiger einen Link, der »Lexikon« heißt. Richtig gelesen! Ein

Lexikon für Surfer, ein Lexikon für Skater, ein Lexikon für Kiter. Es ist so weit: Jetzt brauchen die einzelnen Fun-Sportler schon Nachschlagewerke, um ihrem Monstertalk überhaupt noch folgen zu können.

Man muss annehmen, dass auch die Fitness-Freaks inzwischen verbal davongelaufen sind, während sie beim Bauch-Beine-Po-Training immer neue Rekorde im Dauerhopsen aufgestellt haben. Kunden eines bundesweiten Fitnesscenters können in einer Broschüre eigens nachlesen, was sie sich unter den einzelnen Angeboten vorzustellen haben, bevor sie sich für einen Kurs entscheiden. Sonst wüssten sie am Ende womöglich kaum noch, womit sie sich demnächst fit machen. Und diese Lexikonliste ist lang – und schon beim Lesen ein echter Kalorienkiller. So kann man in einem einzigen Fitnessstudio unter folgenden Kursen wählen:

Aqua Jogging, AquaFit, Basic Aerobic, Basic Cycling, Basic Step, Box Workout, CapoeiraFit, Climbing Hour, Cycling, Cross Over Cycling, DanceMoves, Energy Aerobic, Energy Cycling, Energy Step, Fatburner, Fatburner Cycling, Fatburner Intervall, Fatburner Intervall Cycling, FitBo, Simple Power Aerobic, Simple Power Step, Step & Tone, Bauch X-Press, BBP, BodyFit, Hot Iron, Hot Iron 2, Iron Back, Iron Cross, IronFit.

Puh. Man wird fast nostalgisch, wenn die Fitnessprofis von *Sportinglive*, einem Studio in Hamburg, neben dem *Fatburning* und *Iron Workout* von 17 bis 18 Uhr auch noch die gute alte Skigymnastik anbieten. Wobei sich dahinter am Ende doch noch ein *Power Burning* oder Ähnliches verbergen könnte.

Doch neben der dramatisch klingenden Disziplin zählt vor allem der korrekte Dress. Die Jogger an Hamburgs Außenalster und am Berliner Wannsee sind längst im *Glycerin-Running-Outfit* unterwegs, tragen den Laufschuh *Supernova Cushions* und die Sonnenbrille *Supernova 6051* von Adidas auf der Nase.

Adidas setzt also auf galaktische Katastrophen, denn eine Supernova ist nichts anderes als das schnell eintretende helle Aufleuchten eines Sterns. Das an sich wäre eine schöne Idee und durchaus noch im Sinne der Jogger, denkt man etwa an Assoziationen wie »Lichtgeschwindigkeit« oder »Kraft«. Allerdings tritt so eine Supernova immer nur dann ein, wenn sich der Stern anschließend mit einer gigantischen Explosion verabschiedet. Wenn die Jogger aber schon samt ihren Schuhen und Sonnenbrillen explodieren sollen – warum nicht gleich bei einer Hypernova? Die leuchtet noch Millionen Mal heller.

Man kann nur hoffen, dass Francis Bacon unrecht hatte, als er vor rund vierhundert Jahren sagte: »Die Menschen glauben, dass ihr Geist dem Worte gebiete. Aber oft kehren die Worte ihre Kraft gegen den Geist um.« Sprach der englische Philosoph womöglich aus Erfahrung? Hat die Sprache am Ende sogar die Macht, unser Denken zu beeinflussen, gar das zukünftige Handeln? Dann bleibt uns nur noch Nordic Walking. Am besten mit Twist and Go-Stöcken, Asphalt Pads, Stoßdämpfern, Hartmetallspitze und ProFit-Schlaufen. Derart gewappnet, sollten wir schnurstracks durchmarschieren – am besten direkt zum Nordpol!

5
Attacke der Schweineschinkenpost

Seksi Videos, Dampf-strahler mit Düsenantrieb und Sonderangebote mit Verstandsystem: die linguistischen Geschosse in unseren täglichen Spam-Mails

Es sind nur zwei kleine englische Wörter, aber sie sind des Teufels Kofferträger. Sie können für spontanen Bluthochdruck sorgen und Menschen dazu treiben, wutschnaubend vor dem Computer zu sitzen, in den Telefonhörer zu schreien oder mit Stiften und Büroklammern zu schmeißen. Man könnte sogar sagen: Selten haben zwei so kleine Wörter für einen derart großen Unmut gesorgt. Dabei kommen sie, einzeln betrachtet, zunächst noch ganz friedlich daher.

Das erste der beiden Ungeheuer heißt *Spam*, und eigentlich könnte uns nichts davon abhalten, es sogar zu essen. Im Jahr 1937 fertigte der amerikanische Hersteller Hormel gewürztes Schweinefleisch und presste es in Dosen. Ein neues Produkt war geboren, und jetzt brauchte man nur noch einen einprägsamen Namen.

Auf diese Weise wurde aus *spiced ham* (»gewürzter Schinken«) das Kurzwort *Spam*. Der zusammengestauchte Fleischblock in der Dose war ein Renner, wurde schnell berühmt und massenhaft verkauft. Allein die US-Armee belieferte Hormel während des Zweiten Weltkriegs mit über hundert Millionen Dosen Spam, beste Truppenversorgung. Und der Boom hält bis heute an. Amerikaner und Engländer verzehren ihre Frühstückseier oder Omelettes noch immer gern mit Spam.

Bis zu diesem Punkt der Geschichte kann man keine Einwände erheben. Alles erscheint im Rahmen einer üblichen Produktstory. Hängt man jedoch an den gewürzten Schinken das zweite Ungeheuer einfach dran – nämlich die *Mail* (engl. für »Sendung«, »Post«) –, dann entsteht daraus das, was jenen gewissen Schrecken entfacht: die *Spam-Mail*.

Dass das Wort *Spam* neben seiner herkömmlichen Bedeutung als gepresster Schinken schon länger auch eine Bezeichnung für eine Art unerwünschter Massenware war, liegt vor allem an einem Sketch der britischen Komiker- und Filmemachergruppe Monty Python. In einer ihrer Fernsehsendungen aus dem Jahr 1975 ist ein älteres Ehepaar zu sehen, das in einem Restaurant sitzt und bestellen will. Und siehe da: In allen Speisen ist auf einmal das verfluchte Spam enthalten. In den Hühnchen, in Sandwichs, Cheeseburgern, Aufläufen, Salaten, Suppen, Rühreiern. Die in die Jahre gekommene Dame sieht bald rot und sagt nur noch: »Ich mag aber kein Spam! Ich will kein Spam!« Daraufhin beginnt eine Bande fellbehangener Wikinger, die ebenfalls im Restaurant sitzt, zu singen: »Spam, Spam, Spam! Spam, Spam, Spam, Spam, Spam!«

Britischer schräger Humor der Marke Monty Python – und der Nagel war mittig auf den Kopf getroffen. Seither wird *Spam* als Synonym für jede Form von Ramsch, der die Massen heimsucht, benutzt.

In der hübschen Kombination durch einen kleinen Bindestrich haben die beiden kleinen Biester *Spam* und *Mail* allerdings nicht mehr viel mit Schinken und einer harmlosen Massenverbreitung zu tun. Spam-Mails sind wie Tritte in einen fliegenumschwirrten Hundehaufen, nämlich unerwünschte E-Mails, die uns gleich massenweise erreichen. Unerwünschte Massen-E-Mails? Die Übersetzung mag korrekt sein, aber vielen reicht sie nicht. Sie würden lieber sagen: »Spam-Mails – das ist Schrott, Dreck, Müll! Das sind elektronische Zumutungen! Sprachliche Flächenbombardements! Bildschirmpest und Postfachcholera in einem!«

Die Engländer haben eine wunderbare Phrase, um dreist verpackte Mogelpackungen dieser Art zu beschimpfen. *Don't piss in my pocket and tell me it's raining!* – »Pinkel nicht in meine Tasche und erzähl mir, dass es regnet!«

Spam-Mails gehören zu den besonders üblen Sprachattacken. Da brütet man tief in sich versunken vor seinem Computer, und plötzlich macht es »piep« oder es blinkt ein kleines Symbol auf: »Hallo, du hast Post! Beachte mich! Lies mich!« Zu wahrem Terror kann es ausarten, wenn man eine Woche im Urlaub war, nach seiner Rückkehr die in der Zwischenzeit eingegangenen Mails checkt – und schließlich nur noch ohnmächtig auf den Schirm starrt. Hunderte der vermaledeiten Schweineschinkenpostsendungen verstopfen den E-Mail-Eingang. Ordentlich sortiert nach Empfangsdatum, heben sie sich frech und unverschämt vor unseren Augen hervor und rauben den Menschen weltweit ihre Zeit. Massenhaft. Grauenhaft. Rüpelhaft.

Doch genug davon. Geradezu spannend wird es, wenn man sich neben der sturzbachartigen Verbreitung einmal mit der Sprache und den Inhalten unserer täglichen Schweineschinken-Mails beschäftigt. Wer diese nämlich öffnet und liest, kann die unglaublichsten Dinge erleben. Es soll schon Leute gegeben haben, die mit seitenlangen Hasstiraden, Schmähschriften und bösen Flüchen geantwortet haben und den Absendern die Knotenpest an den Hals wünschten. Leider umsonst. Denn die meisten Antworten auf Spam-Mails laufen ins Leere.

Neulich zum Beispiel erreichte mich diese Spam-Mail. In der Betreffzeile stand:

Foltern macht Spaß

Vor lauter Schreck musste ich zweimal hingucken. Der Absender gab sich als »Dwornik« zu erkennen, in der Mail selbst las ich zunächst folgende Zeile, die eindeutig als Buchstabensalat zu erkennen war:

efdtekdvduebdxeedxdydxeedwcmembtehegeeebegdxbudwdxy-
wdmhlyjttolzozgmoczsgvwbizowm

Weiterhin brachte ich in Erfahrung:

Der folgende Link ist nur Ihnen gedacht.
Es lohnt sich! Es kann sogar Geld einbringen.
Es kann auch was kosten. Je nachdem, wie Sie
es wollen. Es ist Ihre Chance!

Einfach cool, das neue Konzept. Kein Kettenbrief oder so was.
Alles real!

www.geld-verdienen-mit-dem-hobby.com

Gruss, Susi

Was macht man mit solchen Sendungen? Vor allem, wenn sie jede halbe Stunde eintreffen und man selbst schon mit der Maus auf den Tisch klopft? Zunächst will man diesen Mister »Dwornik« und die freche »Susi« zur Hölle jagen und ihnen einen Tritt in den Hintern verpassen, damit sie schneller ankommen. Und das ganz real. Doch schon im nächsten Moment überlegt man, was bestimmte Leute sich noch einfallen lassen, um uns zu übertölpeln. »Foltern macht Spaß« – vor allem in der Betreffzeile denken sich die Schweinepostverschi-

cker immer dreistere Sachen aus, damit wir die Mails wahrnehmen, anklicken, öffnen und lesen. So erreichten mich in
letzter Zeit auch Sendungen mit Betreffzeilen dieser Art:

Schulfreund sucht dich!
Unser Telefongespräch
Kann am Mittwoch vorbeikommen
Liechtenstein für Anfänger
Vierbeiner
Im Keller ist es dunkel
Marc Bielefeld (mein Name als Betreff, das ist hochinteressant!)
Was machst du am Samstag?
Mahnung
Vom Rechtsanwalt
Mann, die Alte spinnt schon wieder
Herbert hat damit 5 Kilo abgenommen
Mit seksi Videos Geld verdienen
Morgen ist Saras Fete, nicht vergessen!
Nur noch zwei Tage
Micha hat damit 6 Kilo abgenommen
Kalt ist nicht warm
Bitte Scheck abholen
Ihre Überweisung
Herrmann spielt kein Lotto mehr
Mein Opa spielt an der Börse
Ihr Geld ist da

Manche dieser Betreffzeilen kann man richtig kreativ finden.
Etwa die »seksi Videos« oder die Tatsache, dass es im Keller
dunkel ist und Opa neuerdings an der Börse mitmischt. Auch
»Liechtenstein für Anfänger« konnte in gewissen Zeiten so
manchen nicht unberührt lassen. Den Jackpot abräumen aber
dürfte diese tiefschürfende Wahrheit: »Kalt ist nicht warm«.

Leider scheiterten bei meiner Recherche sämtliche Versuche, den Weg einiger Mails zurückzuverfolgen. Weder ein Hacker, den ich kontaktierte, noch eine Sonderdienststelle bei der Polizei vermochten mir bei der Suche nach den Verfassern zu helfen. Begründung: »Absender verschlüsselt. Keine Chance, den Weg vom Server bis zum Absender nachzuvollziehen.«

Schade eigentlich. Sonst hätte man den Schweinepostverschickern durchaus mal einen entsprechenden Besuch abstatten können. Einmal klingeln, Thema kurz klären und sein Leben lang Ruhe haben. Paff, zong, rumms und wieder raus!

Vielleicht ist Humor angebrachter. So manche Spam-Mail offenbart nämlich auch ihre heiteren Seiten. Vor Kurzem erreichte mich diese, die den sagenhaften, jedoch leicht überstehenden Satz in der Betreffzeile führte:

Der Beutel hat nicht nur eine Sammelfunktion, sondern muss an dieser Stelle die Hauptfilterarbeit leisten

Hoppla! Was war denn das? Was für ein omnipotenter Superbeutel mochte hier wohl dahinterstecken? Und wie mag so eine »Hauptfilterarbeit« aussehen? Nun, in der Mail ging es um nichts anderes als einen *2000-Watt-Twinturbo-Staubsauger* für 136,10 Euro, angeblich ein »Profi-Gewerbe- und Bürostaubsauger für Ihre Grossflächenreinigung«. Zum Bestellen einfach hier klicken! Na prima, exakt ein solches Gerät fehlt mir noch in meiner Besenkammer, vor allem wenn es noch mit *Polsterdüsen* ausgestattet ist, *Fugendüsen, Bodendüsen, Edelstahlsohlen,* einem *Schlauch mit rotierender Turbobürste* inklusive *Stahlteleskop* sowie mit einer *Fernbedienung für die Saugkraftregulation.*

Damit aber nicht genug. Denn laut Schweinepostversender ist das Monstrum mindestens weltraumtauglich und besitzt zusätzlich:

Standby-Modus, vierfaches Mikrofiltersystem mit HEPA-Filter, Metallraster-Teleskop-Rohr, 360 Grad drehbahren Saugrohranschluss, 16 Meter Aktionsdurchmesser plus 2-fach Parksystem mit Superpatent und schlagfestem Metallic-Gehäuse.

Wow! So ein *Aktionsdurchmesser* einschließlich *Metallraster-Teleskop-Rohr* und *Parksystem* muss eine fantastische Sache sein. Da fehlt eigentlich nur noch die eingebaute Garage am Haltegriff und der im Staubsauger integrierte MP3-Player mit Doppelrotations-Helmaufsatz für die schwerhörige Hausfrau.

Am Ende sollten wir dem Versender dieser Spam-Mail regelrecht dankbar sein. Und zwar gleich aus mehreren Gründen. Zum einen wüssten wir sonst gar nicht, welche sprachlichen Höhenflüge möglich sind, um einen profanen Staubsauger unter die Leute zu bringen. Zum anderen wären wir nicht auf dem Laufenden, welche unabdingbaren Produkte den Markt erobern. So gesehen, können Spam-Mails bisweilen sogar äußerst bildend wirken.

Ein anderes Beispiel. In einer weiteren Spam-Mail, die mich erreichte, hieß es:

Mit 'ner schönen Portion Ohren in den Jahresendspurt!

Was erwartete mich, wenn ich diese Mail öffnen würde? Eine Portion Ohren? Schweineohren-Spam-Gulasch zu Weihnachten und Neujahr? Oder sollte sich dahinter doch nur wieder ein verkappter Staubsauger mit integrierter Parkgarage verbergen?

Mitnichten. Diese Mail lud zur Abwechslung zu einem Konzert. Die Band, die dort auftreten sollte: niemand Geringeres als die Jungs von Narcolaptic. Und die narkoleptischen Schlafmützen spielten auch nicht irgendetwas, sondern: *Hardcorepop, Punkrockpop* sowie *Wandsbekmetal.* Na, wenn das nicht Hardcoresprache im Endstadium ist. Es war eigentlich zwingend, zu diesem Konzert zu gehen. Schon allein aus dem Grund, weil die Band dort noch einen vierten Musikstil präsentieren wollte: *Growls-to-Death-Emo-Metal.* Nach meiner freien Übersetzung dürfte das eine ziemlich ausgefallene Form von Hardrock-Musik sein, bei der man mit den Ohren schlackert und sich langsam, aber sicher zu Tode brummt und knurrt (engl. *to growl*). Aber dies ist noch nicht alles, denn ich schaute nach, wofür dieses kleine *Emo* stehen könnte, das sich in dem Namen des seltsamen Musikstils eingeschmuggelt hatte. Und jetzt aufgepasst: *Emo* ist laut Musiklexikon die Kurzform für *Emocore.* Und diese Bezeichnung wiederum steht für *Emotional hardcore.*

Na, bitte. Das klingt doch gut. Musik in unseren Ohren!

Marokko mit Köpfchen

Spam-Mails sind eine prima Erfindung. Ohne sie hätten wir keinen blassen Schimmer, was für Staubsauger heutzutage existieren, welche hinreißenden Konzerte wir verpassen und was für Musikstile die moderne Sprache neuerdings möglich macht. Da hört man im Geiste schon narkotische Hardcoreklassik und Emo-Beethoven für Fortgeschrittene. Doch der Reichtum der Spam-Mails ist noch längst nicht ausgeschöpft.

Eine Mail etwa warb für kleine blaue Pillen und sprach mich folgendermaßen an: »Hi Pierre, mein Tipp für wenn's Spass machen soll. Schöne Grüße, Giulia 27.« Das ist echtes Knorke-Deutsch für wenn die Bude brennt. Und auch die nächste Mail preise wieder diese Pillen für den schlappen Mann an und fragte: »Na, hammer nen Hammer?« Und ob

wir einen Hammer haben! Der hängt sogar mitten im Groß-
hirn und hat dort bereits kleinere und größere Dachschäden
aller Art angerichtet.

Einmal bekam ich über Spam einen *Luxussessel* angeboten,
und zwar aus *Bycast*-Leder (was auch immer das ist). Angeblich das Beste, was der Markt zu bieten hat. Dennoch wurde
das Prachtexemplar von Sessel kurzerhand von 399 Euro auf
142 Euro reduziert. Das roch nicht nach Bycast-Leder, sondern schwer nach Ladenhüter.

Spam-Mails sind eine Art Riesenspielwiese für Pleiten, Pech
und Skurrilitäten. Das Tchibo-Service-Team verkündete letzte Weihnachten über Mail: »Oh du fröhlicher Weihnachts-
zins …«, um dem möglichen Kunden unmittelbar darauf ein
»3-fach-clever-Angebot« zum Telefonieren nahezulegen.

Wahnsinn im Quadrat? Fast. Nur ein Uhren-Shop mit
seinem Extraservice war noch in der Lage, dies zu toppen:
»Weltweit kostenloser Verstand und 15 Prozent Rabat bei
Kauf von zwei Uhren!« Das ist Deutsch mit Köpfchen und
Sinn für Humor, auch wenn statt des Verstands der Versand
gemeint und »Rabatt« mit einem »t« eigentlich die Haupt-
stadt Marokkos ist. Aber das spielt jetzt auch keine Rolle
mehr.

Unsere täglichen Spam-Mails sind äußerst abwechslungs-
reich und in der Regel völlig unterbewertet. So auch dieses
Fundstück, bei dem mir mal wieder ein neues Gerät für
den Haushalt aufgeschwatzt werden sollte. Es ging um einen
Profi-Gewerbe-Dampfreiniger. Ohne Zweifel ein Teil für Groß-
meister in Sachen Spurenbeseitigung. Weitere Vorteile laut
Vertreiber: »Jede Hausfrau oder Büroputzhilfe, die einmal
mit Dampf gearbeitet hat, wird es immer wieder tun.« Obendrein wird garantiert: »Keine Gefahr für Putzmittelallergie.«
Und das ist auch gut so. Denn wenn unsere Putzmittelallergie in Gefahr wäre, dann würden wir sie am Ende womög-

lich los sein. Das wollen wir auf jeden Fall vermeiden! Zu allem Überfluss wurde man noch darauf hingewiesen, dass man mit dem Gerät unsere *Problemzonen* reinigen könne. Na dann, nichts wie los! Mit dem Profi-Gewerbe-Dampfstrahlreiniger volle Kante über verschmutzte Bierbäuche, Cellulite-Oberschenkel und den ausgeleierten Hüftring.

Und schließlich erreichte mich auch noch diese Spam-Mail, die auf eine *High-End MP3 Designstereoanlage mit satten 200 Watt* hinwies. Die dargelegten Vorteile der Anlage: eine hervorragende *Verarbeitungsqualitot*, besticht durch einen *Vollwechlser*, durch *modernstes Hitech-Disein im neuesten Stil der Zeit* sowie einen *Sleepteimer* mit *X-Bass-Funktion*. Wir *timen* derweil schon mal gezielt unseren Qualitätstod und verrecken mitten im Diesseits der Profi-Sprachdesigner. Amen.

Aber es gibt noch eine schlechte Nachricht. Denn Spam-Mails sind am Ende doch nicht nur spaßig. Laut Schätzung einer eigens einberufenen europäischen Kommission verursachen die Schmutz-Mails weltweit einen Schaden von etwa zehn Milliarden Euro pro Jahr. Dabei handelt es sich nicht etwa um Sachschäden, sondern um Kosten – und zwar Kosten, die die Empfänger dieser hübschen kleinen Mails tragen. Also wir. Das Herunterladen der Mails kostet Internetgebühren, und den E-Mail-Providern entstehen durch den massiven Datenverkehr erhebliche finanzielle Nachteile (erhöhter Bedarf an Leitungskapazität und Serverleistung), die am Ende dem Verbraucher aufgeladen werden. Selten gelingt es, gegen die *Spammer* strafrechtlich vorzugehen. Die Rückverfolgung der elektronischen Reklame ist schwierig, denn die Absenderadressen sind leicht zu fälschen – wodurch auch seriöse Firmen in Verdacht geraten können.

Hier endet die Spaßzone. Und spätestens, wenn es ums liebe Geld geht, ist mit uns nicht mehr gut Kirschen essen.

Aber was tun, wenn uns die nächste frohe Botschaft einer dieser Schweinepriester von Spam-Verschicker erreicht? Den Computer mit Karacho aus dem Fenster treten? Stiftung Warentest alarmieren? Vielleicht sollten dringend neue Gesetze erlassen werden, die es ermöglichen, jeden Mehrfach-Spammer per BND ermitteln und schnurstracks ins Kittchen wandern zu lassen. Aber nein, bloß nicht! Gesetze haben wir schon genug!

Es ist zum Verzweifeln. Da bleibt nur noch Meditation, um Ruhe zu bewahren. Oder Sie legen eine gezielte Pause ein – und wandern mit Rucksack und Hape Kerkeling zehn Jahre lang über den Jakobsweg.

6
Einmal den SauMagen, bitte

Das Felix-Krull-Syndrom geht um. Die Bahn liebt es, die Banker auch. Inzwischen wird hochgestapelt, was die Buchstaben hergeben

Quizfrage: Was machen Sie, wenn Sie nachts einem Exotismus begegnen? Oder: Was tun Sie, falls Sie plötzlich einem Hypokoristikum über den Weg laufen? Kann alles passieren. Auch sollten Sie damit rechnen, dass Ihnen Katachresen und Apokopen unter die Augen kommen und, obgleich seltener, hier und da ein ausgewachsenes *Hapax legomenon* auf Sie wartet. In Deutschland ist alles möglich. Doch meistens bemerken wir es nicht einmal, wenn wir mit solchen sprachlichen Kuriositäten konfrontiert werden.

Wann etwa hatten Sie das letzte Mal mit einer Binnenmajuskel zu tun? Es ist bestimmt nicht lange her. Vielleicht geschah es sogar in der letzten Stunde, als Sie nur kurz draußen waren, um Brötchen zu holen, in der U-Bahn saßen oder ein Magazin durchblätterten. Es könnte sogar gut sein, dass sich eine Binnenmajuskel in diesem Moment in Ihrer Hosentasche, Manteltasche oder in Ihrem Portemonnaie versteckt hält.

Eine Binnenmajuskel ist etwas, das Sprachwissenschaftler als *Camel Caps* bezeichnen oder auch als »Kamelgroßbuchstaben«. Dabei treffen Buchstaben mitten im Wort so zusammen, als würde sich ein Kamelhöcker aus seinem Rücken wölben. In manchen Fällen kann man damit sogar günstiger Bahn fahren. Dann nämlich, wenn die Binnenmajuskel als BahnCard daherkommt.

Erkennen Sie die Binnenmajuskel? Das kapitale *C* inmitten des Worts *BahnCard?* Dieses Phänomen wird auch als »KamelSchrift« bezeichnet – und wenn man sich in Deutschland umschaut, müsste man meinen, dass wir es mit Heerscharen von Kameltreibern zu tun hätten. Nur wenige Schritte auf der Straße genügen, und Ihnen kommen die Kamele reihenweise entgegengeritten. Da trampeln *SonnenStudios, SparAktionen, iPods* und *MacBooks* durch die Gegend, *FlexRates, OutletStores* und *SonnenCremes.* Und die Hamburger Sparkasse bietet eine *FlexRente* an. Die KamelSprache hat sich sogar bis in die Seitenstraßen des Berliner Kudamms vorangearbeitet. Ein Info-Point lockt dort Übergewichtige mit diesem Kamelwort: *WeightWatchers.*

Besonders neu ist die Idee mit dem Buchstabenbuckel nicht. Schon 1953 wurden Zeichentrickfilme in einem Verfahren namens *CinemaScope* gedreht. 1969 kam *CompuServe* des Weges, und 1972 hörten wir – wenn wir schon geboren waren – Schallplatten vom Medienkonzern *PolyGram.*

Im Grunde sieht so eine Binnenmajuskel recht hübsch aus. Plötzlich herausragende Buchstaben können ihren Reiz haben. Wird hierbei allerdings hemmungslos geklont und reiten sie sozusagen in Truppenstärke durchs Land, kommen einem Zweifel. Denn nicht nur Computerfirmen und MP3-Player-Hersteller haben sich zu Kamelbuckel-Trittbrettfahrern entwickelt, heute kaufen wir *BioBrot*, genießen *WellnessPakete*, tragen *LadyFitness-Socken* und sollen *OnlinePoker* spielen.

Eine Binnenmajuskel jagt die nächste. Die Deutsche Bundesbahn ist in dieser Hinsicht zur Höchstform aufgelaufen, ihre *BahnCard* muss sie dazu animiert haben. Es gibt nun nämlich auch den *GepäckträgerService*, das *ReiseZentrum* und die nicht zu übersehenden *ServicePoints*, bei denen Denglisch und Binnenmajuskel eine turbulente Hochzeit feiern. Und auf dem Bahnhof von Fulda, Gleis 6, bewarb kürzlich ein Plakat ein Mineralwasser mit einem mittig gespreizten *S: RhönSprudel*. Das perlt doch, oder? Mut zur Lücke, zu Bindestrichen oder gar zu normal zusammengeschriebenen Wörtern haben indes immer weniger Sprachbenutzer.

Aus einer Zeitschrift flog mir kurz nach Fulda, Richtung Hamburg, die Werbebeilage einer Bank entgegen, die mir nicht nur ein *FairnessPaket* mit »noch mehr persönlicher Sicherheit und individuellem Spielraum« versprach, sondern mir dazu auch einen *Auszahlungsschein* für einen Kredit über 10 000 Euro beilegte – und das alles mit folgender Binnenmajuskel: »Clever Wünsche erfüllen mit e@syCredit«. Nicht nur das altbackene »a« war durch das schicke @-Zeichen ersetzt worden, zudem prangte ein vorbildlich buckliges »C« mitten in diesem kunstvollen Wortgebilde.

In meinem Briefkasten lag vor einiger Zeit ein Prospekt von O_2, der »Sauerstoff«-Mobiltelefonfirma, mit dem Hinweis auf ein *kostenloses BonusPaket*. Auch eine EDV-Beratung hat sich vom Höckerfieber anstecken lassen. Sie bietet Hilfe, wenn der Rechner mal wieder nicht tut, was er tun soll – und nennt sich *YouCon EDV*. Und ein Lokal in Hamburg, das laut einer Kleinanzeige »Pfälzer Abende« steigen lässt mit »Weck, Worscht, Woi und Saumagen«, nennt sich hochmodern *NeuMeier*. Eigentlich hätte man den Saumagen gleich mit zum *SauMagen* erheben können, das wären dann keine halben Sachen gewesen.

HomeTarife, RegionalExpresse, BeautyPackages, das ist KamelSprache-satt. Experten nennen das Phänomen auch »Größer-als-Großschreibung« und weisen darauf hin, dass Binnenmajuskeln nach der heutigen Rechtschreibung unzulässig sind. Aber wen schert das, solange man dafür noch kein Strafticket bekommt?

Ursprünglich wurde die KamelSprache bei Produkten verwendet, weil auf diese Weise der Markenname geschützt werden konnte – und einen gewissen Eigensinn aufzeigte. Danach kamen die Feministinnen und schenkten uns *LeserInnen* und *AbonenntInnen*, damit auch wirklich Gleichberechtigung herrscht und niemand Nachteile hat. Den Weg zur Binnenmajuskel machte bald auch noch die Computersprache frei, weil Leerzeichen hier nicht erlaubt sind. Danach folgten all die anderen, und inzwischen ist die Masse infiziert.

KamelSprache im fortgeschrittenen Stadium benutzt die SEB Bank. Die will uns nicht nur ihr Angebot *GiroStar* auffällig vor Augen halten, sondern auch das neue Gehaltskonto *Giro4Free*. Dies ist sozusagen ein doppelter Riesenhöcker – oder auch eine merkwürdige Mixtur aus Denglisch, Abkürzungswahn, Zahlensprache und Imponiergehabe.

Der Zweck der Krankheit? Die Binnenmajuskel-Freaks wollen auffallen. Originell sein, modern, innovativ, abgedreht und toll. Das sind sie aber nicht. Denn die Masche ist längst ein alter Hut. In Zukunft dürfen wir jedoch damit rechnen, noch ganz anderen Wortzüchtungen zu begegnen. Die Deutsche Bank hat bereits die *WorldFlexCard* ins Rennen geschickt, eine doppelt aufgeschäumte Binnenmajuskel mit schwerem Denglisch-Syndrom. Und die Deutsche Bahn hat prompt nachgelegt, natürlich. Mit der *MobilitätsServiceZentrale*. Es wird nicht mehr lange dauern, und wir machen Bekanntschaft mit Konstrukten wie *TeLeKom, GirO4free-KonTen* oder *SerViceStaTions*. Endlich wären Angebote und Produktnamen kaum noch lesbar, und wir müssten auch nicht mehr von multiplen Binnenmajuskeln sprechen. Denn das wäre dann Hochstaplersprache im Endstadium. Oder auch das reinste Hochhausdeutsch.

7

Das Brüllen
der Kisten

*Sprachtiraden der übelsten
Sorte lungern überall.
Und während der Wer-
bung werden auch noch
unsere Fernseher plötzlich
lauter. Was passiert da
eigentlich genau?*

Wären die Buchstaben doch nur, was sie uns verheißen, nämlich Buchstaben zwischen zwei Buchdeckeln. Aber nein, sie
zieren heute Dönerbuden, Friseure, Bäckereien, Baumärkte,
Spielotheken und Discounter für Matratzen, Möbel und
Elektronikklimbim. Dazu gesellen sich die Namen unserer
Meisterbetriebe: Tischler Meyer in Knallgelb, Eisen-Müller
in Grellrot und Schuster Dallidalli in Kotzgrün. Und wenn
die Buchstaben auch noch leuchten, auf fürchterlichem
Neongrund, dann gibt es kein Entrinnen mehr.

Buchstaben, ihr Verräter! Wärt ihr nur geblieben, wo ihr
hergekommen seid, von zwei Deckeln fest umklappt. Aber so?

Inzwischen attackiert uns die Sprache überall. Wurfsendungen von Pizza-Services und Sushi-Imbissen, von Lotte-
rien oder Billigmärkten flattern unaufgefordert in die Briefkästen. Oft stecken hinter den Scheibenwischern unserer
Autos kleine Kärtchen mit dem Hinweis auf die Neueröff-
nung eines Blumenmarkts oder auf »günstige Renovierarbei-
ten«. Vor Kurzem klebte sogar an meiner Brötchentüte eine
Extraportion Sprache. Da haftete eine Postkarte der Sparda-
Bank dran und warb mit dem Slogan: »Die Bank, die fit
macht! Für die Fitness Ihrer Finanzen können wir einiges

tun.« Fitte Finanzen, soso. Solch dreisten Versprechungen können nur noch die unverschämten Anrufe der Callcenter überbieten, die uns inzwischen regelmäßig nach Feierabend oder sogar an Samstagen heimsuchen.

Bei Sprache geht es also nicht nur um Qualität und Quantität, sondern ebenso um die bisweilen bizarren Formen ihrer Darbietung. Und die Sprachverwurster haben sich da einiges an ausgebufften Methoden einfallen lassen. Da wäre nicht nur die Fluggesellschaft Tuifly, die die Hamburger mit einem beinahe drei Stockwerke hohen Plakat wissen lässt: »Wir sprechen Deutsch, Englisch und freundlich« (und der Service fängt schon mit der Werbung an, die nicht gerade dezent zu nennen ist). In den Sommermonaten, wenn viele Menschen draußen unterwegs sind, sprühen Propellermaschinen farbige Botschaften in den Himmel. Zeppeline schweben mit meterlangen Firmennamen über die Ballungszentren. Kürzlich kamen einige Strategen sogar auf die Idee, die Klassenräume der Schulen mit Sprachbotschaften einschlägiger Firmen zuzukleistern – dies wurde gerade noch mal abgewendet.

Nicht selten klingen aus den Lautsprechern der Kaufhausfahrstühle Werbebotschaften. Und der Slogan einer Supermarktkette hallte mir noch durch das zweite Untergeschoss einer Parkgarage hinterher. Auch auf fast allen Sportgeräten ist Gedrucktes zu erkennen, besonders wenn sie im Fernsehen telegen vor die Kameras gehalten werden: auf Skiern, Segelbooten, Rennautos, Bobs, Golftaschen und Biathlongewehren. Aber die Aktiven sind sowieso fast nur noch dazu da, um Sprache und Werbung durch die Gegend zu tragen, nicht um sich beim Sport zu messen.

Radprofis oder Formel-1-Fahrer sehen längst aus wie ferngesteuerte Litfaßsäulen. Und seit Fußballtrainer Werbebotschaften auf die Krägen ihrer Oberhemden genäht bekommen, wundert man sich, dass noch kein Spieler mit einem auf die Stirn tätowierten Sponsorennamen über den Rasen hetzt oder sich die Haare im Magentaton der Telekom hat färben lassen.

So gesehen, sind die Sprachverwurster und Werbeflächenvermarkter noch ziemlich einfallslos, gerade was beredte Botschaften betrifft, die sogar ohne Sprache funktionieren. Fußballfunktionär Reiner »Calli« Calmund zum Beispiel müsste man nur eine Zündschnur auf den Kopf kleben, und er könnte zu Silvester prima als Werbung für Kanonenschläge durchgehen. Zu Ostern könnte man ihm dagegen eine lila Schleife umbinden, und mit etwas Schuhcreme im Gesicht wäre er eine wandelnde Kampagne für Milka-Schokoeier. Natürlich müsste er sich das entsprechend bezahlen lassen. Aber das würde er schon.

Was die penetrante Berieselung durch sichtbare und hörbare Sprache betrifft, scheinen indes fast alle Möglichkeiten ausgereizt zu sein. Selbst bei Computerspielen sind wir vor gezielten Sprachattacken nicht mehr sicher. Eine Firma hat sich ein Werbeverfahren unter dem Stichwort »Ingame« patentieren lassen. Dies funktioniert so, dass mitten im Spiel zwischen Heckenschützen, Hindernissen und Höllenmonstern plötzlich Werbung ertönt und es blinkt: Lies mich! Kauf mich!

Erste Ingame-Werbeflächen wurden in einem neuen Computerspiel bereits eingesetzt. Als die Anzeigenflächen mitten im Spiel auftauchten, war der Aufschrei erst groß. Schon kurze Zeit nachdem das Spiel auf dem Markt war, schafften findige Tüftler es zwar, das Spiel so zu programmieren, dass die eingebauten Werbefelder wieder gelöscht werden konnten. Doch lange hielt dieser Triumph nicht vor. Nach einem *Update* des Spiels waren die Anzeigen nicht mehr zu entfernen.

In München ist selbst die Botanik nicht geschützt vor Sprachexperimenten. Beim Landeanflug auf den Münchner Flughafen konnten die Passagiere eine Zeit lang auf gezielt begrünte Flächen hinabschauen, aus denen ein Schriftzug oder ein Logo aus bunten Gewächsen heraufleuchtete. Nun müssen also schon Blumen und Kornfelder als Sprachverbreiter herhalten. So etwas spornt natürlich die Fantasie an. Demnächst wollen unsere Kreditinstitute mit ausgefallener Werbung (Neudeutsch: Advertising) nachlegen. Nach *Sand-*, *Wiesen-* und *Roofvertising* (Werbung auf Dächern) dürfen wir endlich mit einem *Bankvertising* rechnen, was den Vorteil hätte, dass die deutsche Sprache gleich um ein weiteres Wort bereichert wäre. Ein weiteres Plus: Auf unseren Bankauszügen stünden nicht mehr nur Zahlen, Kontodaten und Buchungshinweise, sondern auch die letzten Botschaften aus der Konsumwelt. Unter dem Kontostand könnte dann zum Beispiel der aktuelle DVD-Top-Hit auftauchen, im Frühjahr hätte man eine Werbefläche für Gartenmöbelhersteller, im Winter für Pflegeserien oder Wellnesssocken. Zu Silvester könnte der Kontoauszug mit einem Abbild von Reiner Calmund locken. Mit Zündschnur auf dem Kopf. Und wenn der Kontostand es zulässt – am besten sofort bestellen!

Laut. Leise. Laut. Leise

Eine weitere Methode, uns mit Sprache heimzusuchen, hat schon viele zur Weißglut getrieben. Während wir auf der Toilette sitzen, eine Pizza aus dem Ofen ziehen oder uns ein Glas Weißwein aus dem Kühlschrank holen, geschieht etwas, das im Grunde unheimlich wäre, hätten wir uns nicht seit Jahren daran gewöhnt: Der Fernseher wird plötzlich lauter! Während wir in der Regel in unseren vier Wänden harmlosen Dingen nachgehen, schallt uns plötzlich mit un-geahnter Lautstärke die neueste Waschmittelreklame in die Ohren, dröhnt uns eine Bierwerbung an oder wir hören den dämlichen Telekom-Piepston (ditditdit-ditdit) selbst dann noch, wenn wir uns in der hintersten Ecke der Besenkam-mer verstecken. Und plötzlich biegt Gottschalk mit seinem neuesten Goldbärchenreißer um die Ecke. Das Resultat: Jeden Abend greifen Millionen Deutsche zur Fernbedie-nung, um ständig lauter und leiser und lauter und leiser zu stellen.

Nach manch laut anschwellendem Werbeblock sollen bei den Sendern heftige Protestanrufe eingegangen sein, Dro-hungen eingeschlossen. Eine gipfelte angeblich darin, eine Sendeanstalt in die Luft sprengen zu wollen. Aber warum wird das TV plötzlich lauter? Wie kann das angehen? Viele diskutieren bereits in Internetforen darüber und tauschen sich wutschnaubend über die Brüllwerbung aus:

Warum erhöht sich die Lautstärke (Ton) des Fernsehers, wenn Werbung läuft? Dies will zum Beispiel jemand aus Göttingen wissen.

Dazu ein paar Originalantworten aus dem Netz:

- Das ist ganz einfach! Damit die Schwachmaten und Primaten aus ihrer Lethargie geweckt werden und getreu dem Motto »Geiz ist geil!« noch mehr billig produzierten (aber häufig überteuerten) Mist konsumieren. Für Nachrichten und infor-mative Reportagen wird's dann wieder leiser – damit man besser einschlafen kann. Denn bedenke: Wissen ist Macht. Weiß nix, macht nix!
- Um den Wasserfall zu übertönen, wenn die meisten auf Toilette gehen.

- Da unser interessantes Fernsehprogramm ja nicht von jedem im wachen Zustand ertragen werden kann, ist das die einzige Chance, auch diese Konsumverweigerer aufzurütteln und ihnen in schlaftrunkenem (wehrlosem?) Zustand die gute Botschaft der Werbeindustrie zu vermitteln.
- Damit man auf der Toilette noch hört, wie Claudia Schiffer ihre Kinder verkauft.
- Damit die Leute, die schlafen, aufwachen und die anderen, die noch nicht eingeschlafen sind, merken, dass das, was sie jetzt sehen, nicht zum Film (zur Sendung) gehört. Die Folge: Rasch den Ton abschalten, damit einem der Schwachsinn der Werbung wenigstens vom Ton her erspart bleibt und dann in aller Ruhe aufs Klo gehen und Bier und Chips auffüllen. Eigentlich eine freundliche Geste der Sender.
- Ist ja witzig, das gleiche Problem gibt es auch in Malaysia. (Ach, was!).
- Damit jenen, die Werbepausen zum »Händewaschen« nutzen, auch bis ins Badezimmer hinein eine Hirnwäsche verabreicht werden kann.
- Ich weiß es auch nicht, wie die das machen. Aber es ne-hervt!

Nach diesen Kommentaren wissen wir: Die Menge zürnt! Doch wohin mit dem Zorn? Ein Anruf bei einem Sender soll mir Klarheit verschaffen. Wer ist dafür verantwortlich? Sitzt da irgendjemand an einem Regler und dreht jedes Mal den Ton hoch, wenn die Werbung kommt? Nach mehreren Versuchen habe ich endlich einen Techniker an der Leitung, der die Antwort weiß.

Des Rätsels Lösung hat einen schönen Namen: Sounddesign! Und nein, verteidigt sich der Techniker, die Sendeanstalten können nichts dafür, dass uns die neueste Zahnpastabotschaft nach dem Wetterbericht oder während des mittig zerhackten Spielfilms plötzlich lauter erreicht. Vielmehr seien die Werbespots bereits im Vorfeld so raffiniert produziert, dass sie auch bei gleichbleibendem Pegel so schrill wie nur eben möglich aus dem Fernseher krachen. Experten sprechen dabei von Kompression.

Die Werbeblöcke sind dazu von den Produzenten im Tonstudio extrem ausgesteuert. Leise Töne werden angehoben, Spitzensignale zunächst heruntergeregelt. Der gesamte gesprochene Text liegt dadurch auf fast einer Lautstärkeebene. In einem zweiten Schritt wird jedoch das gesamte Tonsignal angehoben und maximal vorjustiert. Die Folge: Die Werbung wird in den Spitzenwerten nicht wirklich lauter, aber alle Töne zusammen werden massiv verdichtet. Der »Lautheitseindruck« steigt dabei um ein Vielfaches, wobei die sonst leisen Töne um bis zu sechs dBA (dezibel A-Bewertung) hochgefahren werden.

Das Ergebnis ist ein gezieltes Sprachbombardement. Frontalangriff aus der TV-Kiste. Zum Glück sind die Spitzenwerte gesetzlich reguliert, sonst würden die Produzenten ihre Spots wahrscheinlich noch viel radikaler aussteuern, und die Hustensaftparolen und Spülmittelappelle würden uns mit der Lautstärke eines Hardrock-Konzerts erreichen. Spätestens dann sollten wir Kerzen anzünden und zur Abwechslung mal nicht gegen die USA und die Terroristen protestieren, sondern gegen die Achse der Sounddesigner. Als plakativer Vorzeigeprotestler könnte sich Reiner Calmund in einen Wok setzen und mit Stefan Raab eine Bobbahn runterrasen. Am besten nackt und mit Zündschnur auf dem Kopf.

8
Hilfe!

Manche treiben sie zur Weißglut, andere zur Verzweiflung: fiese, feiste und falsche Briefe von unseren lieben Behörden

Vor einiger Zeit, draußen schien die Sonne, erhielt ich einen Brief von der Polizei. Ein sprachlich zackig aufgemachtes Schreiben der »Abteilung für Gebühren- und Kostenangelegenheiten«. Ein Schreiben, das mit einem neunzehnstelligen Aktenzeichen und einer dreizehnstelligen Referenznummer bewaffnet war. Mein Vergehen: Zwei Wochen zuvor war ich auf den Markt gegangen, hatte dort eine Schinkenwurst mit Pommes gegessen – und dummerweise mein Auto falsch geparkt. Ich war zwar vor dem Abschleppdienst zur Stelle, aber wie wir alle wissen, wird einem bereits stramm ins Portemonnaie gegrätscht, selbst wenn die emsigen Spezialisten vom Bergedienst anreisen, ohne zu vollstrecken. Und so flatterte mir der besagte Brief ins Haus.

Ich habe dieses Schreiben noch. Es trägt den Titel: »Gebührenbescheid zum Beiseiteraumen eines verkehrsbehin dernd parkenden Fahrzeugs«. Das klingt noch nett. Der nächste Satz aber schlägt schon einen anderen Ton an und kommt auf ein bis zwei Meter hohen Stelzen des Weges: »Die Polizei stellte fest, dass das nachfolgend aufgeführte Fahrzeug am Ereignisort x zur Ereigniszeit y verkehrsbehindernd stand.« Au weia. So ein *Ereignisort* und eine *Ereignis-*

zeit, das hört sich extrem verdächtig und gefährlich an. Und wenn einem dann noch – Ordnung muss sein – die siebzehnstellige Fahrzeug-Identifizierungs-Nummer (FIN) aktenschwer vor Augen gehalten wird, dann fühlt man sich langsam wie ein Verbrecher.

Und schließlich las ich den Brief noch genauer. So stand in dem Brief noch dieser Satz, den nun leider auch Sie lesen müssen (wenn Sie unterwegs nicht ersticken):

Nach § 7 Abs. 3 des Gesetzes zum Schutze der öffentlichen Sicherheit und Ordnung (SOG), § 19 des Verwaltungsvollstreckungsgesetzes (VwVG), § 5 des Gebührengesetzes (GebG), § 1 der Verordnung über die Höhe der Gemeindekostenzuschläge und § 1 Abs. 1 der Gebührenordnung für Maßnahmen auf dem Gebiet der Öffentlichen Sicherheit und Ordnung (GebOSiO) in der zum Zeitpunkt der Maßnahme gültigen Fassung sind die für den Einsatz eines privaten Abschleppfahrzeugs entstandenen Kosten sowie die Aufwendungen der Verwaltung von Ihnen zu erstatten.

Was für ein Satz! Mit ihm bin ich endlich zum Schwerverbrecher befördert worden. Und ja, Sie haben richtig gelesen: Dies ist ein *einziger* Satz. Oder besser: eine höchst effiziente Vollstreckungsmaßnahme zur Sprachvergewaltigung. Man könnte sogar sagen: ein Ereignisort von Sprachstrangulierung ersten Ranges. Zudem eine Ordnungswidrigkeit gegen alle normalen Sprachbenutzer und Freunde verständlichen Deutschs. Schade, dass so ein Vergehen nicht strafbar ist. Mit den 120 Euro, die ich zahlen musste, käme der Verfasser dieses Satzes jedenfalls nicht davon. Ich habe schließlich nur einmal falsch geparkt. Die Behörden aber schicken Briefe dieser Art zu Hunderttausenden raus. Wer erfindet solche Schreiben? Wer fabriziert so etwas?

Mit dieser Frage sind wir mitten im Thema: Post von unseren geschätzten Ämtern, Behörden und Verwaltungskraken. Wir wollen diesen Aspekt hier und da von der sportlichen Seite angehen. Ein wenig Ausdauertraining im Lesen, Begreifen und Nachvollziehen kann schließlich keinem schaden. Wo kämen wir schließlich hin, wäre unser Deutsch einfach, schön und verständlich?

Stattdessen werden wir Zeuge eines sonderbaren Phänomens, sobald wir uns einem Schreiben der besagten Institutionen nähern. Das Phänomen ist dieses: Wir lesen einen Satz. Auf etwa halber Strecke scheinen irgendwelche Schalter im Gehirn verrostet zu sein – denn wir begeben uns zurück an den Anfang des Satzes. Wir lesen ihn noch einmal. Auf halber Strecke aber bleiben wir schon wieder stecken. Nun beginnen wir, den Satz langsam zu fragmentieren. Gezielt betrachten wir jetzt Einzelteile, kommen damit allerdings auch nicht so richtig weiter. Also konzentrieren wir uns als Nächstes auf bestimmte Wörter. Genau: nämlich auf all jene Riesensubstantive, die mit den Silben *-ung* und *-keit* enden. Danach sind wir einen Schritt weiter. Aber nur einen kleinen.

Denn nun versuchen wir, das bis hierher Verstandene zu speichern – und legen noch mal ganz von vorn los. Beim dritten Versuch kommen wir ein Stück weiter, aber spätestens auf dem letzten Viertel des Satzes schmeißt es uns abermals aus der Bahn. Und schon stehen wir wieder dumm da. Verloren. Ohnmächtig. Und ein wenig wütend. Jetzt sind wir sauer! Der Grund: Wir haben den Satz zweimal, dreimal gelesen – aber er will sich einem nicht so recht erschließen. Man ahnt zwar, was drinsteht. Aber das Gehirn meldet von hinten: Schmerz, lass nach!

Der Beamten- und Behördenjargon ist ein Klassiker. Unser mit Abstand schönstes Füllhorn von Blähsprache und Satzkolossen. Viele haben sich schon scheckig gelacht, anschließend schwarz geärgert – am Ende aber meistens kleinlaut beigegeben. Denn es gibt noch ein zweites Phänomen: Der Behördensprache ist nicht beizukommen. Sie wird nicht weniger, schlanker, verständlicher. Im Gegenteil: Sie poltert unbeirrt durchs Land und verbreitet zielstrebig schlechte Laune. Schöne Grüße von oben. Und denkt ja nicht, wir Behörden machen euch das Leben leichter, ihr Bürger. Denn nicht ihr, wir sind der Staat!

Von »Sprachfolter per Post« ist schon die Rede, so die Überschrift eines Artikels in dem Magazin *Geo Wissen* vom Oktober 2007. Bereits 1925 hatte ein Otto Köpping die Nase voll und machte mobil. Der Verwaltungsobersekretär schrieb ein Buch mit dem Titel: *Amtsdeutsch. Wie es ist und wie sein sollte.* Darin formulierte er schon vor über achtzig Jahren: »Es geht nicht an, dass sich der Beamte einer Art Zunftsprache bedient; seine schriftlichen Äußerungen müssen vielmehr klar und allgemein verständlich sein.«

Doch seit Köppings Bemühungen hat sich nichts geändert. Die Post von oben führt nach wie vor zu Gänsehaut, wenn wir nur in den Briefkasten schielen und einen der gefürchteten Absender erspähen.

Dabei versuchen nicht wenige, diese Art der Sprache systematisch in den Griff zu bekommen. »Möglichst exakt und juristisch einwandfrei zu formulieren, muss nicht zu unlesbaren Schachtelsätzen führen«, bemerkte Michaela Blaha in der schon genannten Ausgabe von *Geo Wissen*. Blaha ist Germanistin an der Universität Bochum, die sich zusammen mit Kollegen darum bemüht, dem fettleibigen Beamtenjargon eine Diät schmackhaft zu machen. Und sie ist nicht die Einzige, die heute gezielt Verbesserungsvorschläge für das Bandwurmdeutsch macht. Inzwischen gibt es sogar Kommunikationstrainer, die in Behörden geschickt werden, um Beamten zu lehren, wie sie schreiben müssen, damit der Leser halbwegs mitkommt. Statt ein Wort wie *Rechtshilfebelehrung* zu benutzen, könnten sie etwa *Ihre Rechte* zu Papier bringen. *Gemeindekostenzuschläge* wären leichter verdaulich, würde daraus ein *Kosten an die Gemeinde* werden. Man sieht: Es geht doch.

Und was könnte mit den beliebten Paragrafen, Kürzeln und zitierten Absätzen geschehen, die bis heute den Lesefluss hemmen wie Stecknadeln im Auge? Sie gehören nicht mitten in die Sätze hinein, sondern könnten leserlich und praktisch am Briefende stehen. Hübsch sortiert wie Fußnoten in einer Magisterarbeit. Aber nein, Formelsprache und festgefahrene Redensarten rumpeln weiterhin durchs Land – und erwischen die Bürger nicht selten mit voller Breitseite.

Vor einiger Zeit besuchte mich eine Nachbarin, alleinstehend, achtundsiebzig Jahre alt, eine zurückhaltende Frau, die immer noch gern spazieren geht und die ich noch nie habe jammern hören. Eine Woche zuvor aber hatte sie einen Brief bekommen, auf dem »Deutsche Rentenversicherung – Bund« stand. Sie hatte ihn mehrfach gelesen, aber nicht verstanden. Das Schreiben klärte sie nicht auf. Das Schreiben lag ihr auf der Seele.

Ich bat sie herein. Sie sei froh, dass der Frühling vor der Tür stehe, sagte sie, die ersten Kastanien im Park seien schon grün, die Blumen am Blühen. Dann verdunkelte sich ihr Blick, und sie legte den Brief auf den Tisch. Ich sagte ihr aufmunternd, dass das Behördendeutsch durchaus eine Sache für sich sei und auch ich manche Sätze in den Schreiben dreimal, viermal lesen müsse, um sie einigermaßen zu verstehen.

Dann beugten wir uns gemeinsam über den Brief, über dem *Kontoauszugsverfahren* stand – und in dem es um nichts anderes als um die lebenswichtige Rente meiner Nachbarin ging. Die entscheidende Aussage des Briefs bestand aus einem Satz: einem Satz, so lang wie eine giftige Anakonda. Einem Satz, der roh und rücksichtslos war. Einem Satz, der einem Angst machen konnte! Schließlich sprach er das liebe Geld an – und offenbarte die eiskalt und kryptisch formulierte Willkür der Behörden. Am Ende konnte auch ich nicht helfen. Ich riet daraufhin meiner Nachbarin, bei der Behörde anzurufen. Am Ende schüttelten wir uns die Hände, und mir blieb nichts anderes, als ihr viel Glück zu wünschen.

»Zuversicht für Deutschland«, die »Globalisierung menschlich gestalten«: Davon faselt die CDU sonnig und selbstverliebt in ihrem Parteiprogramm. Ach ja?

»Wie menschlich Menschen sind, zeigt ihr Umgang mit der Muttersprache«, sagte einst der Theologe Theodor Pechstein. Doch was lernen wir dann aus Sätzen von der Sorte, die meine Nachbarin heimgesucht hatten? Oder was lernen wir aus einem ähnlichen Satz, der auf Menschen losgelassen wird, die sich in Deutschland einfach nur ihre eigenen vier Wände bauen wollen? So formulierten Experten in der Hessischen Bauordnung diese sprachliche Schönheit (und dies ist nur ein kleiner Auszug):

Nach der neuen Hessischen Bauordnung (HBO 2002) handelt es sich entsprechend der Anlage 2 über baugenehmigungsfreie Vorhaben nach § 55 HBO Ziffer 1.16 bei Dachaufbauten einschließlich Dachgauben auf bestehenden Gebäuden um baugenehmigungsfreie Vorhaben, die allerdings den Vorbehalten des Abschnitts V Nr. 1 und 3 unterliegen.

Haben Sie den Satz überlebt? Ich verweise derweil nur auf das Phänomen Absatz sieben, dritte Zeile dieses Kapitels: Wir lesen und lesen – und verspüren leichtes Augenflattern. Auch dies hier ist ein Satz wie ein Würgegriff. Eine Sprache, die uns eher vom Bau einer Bambushütte in Indien träumen lässt. Denn was die Ausdrucksweise unserer Behörden betrifft, lernen wir höchstens eines: Auswandern macht Spaß!

Und dies ist ja nur *ein* Beispiel, und zwar *einer* Abteilung *einer* Behörde.

Nehmen wir uns das Behördenchinesisch umfassend zur Brust, betrachten wir die zahllosen Erlasse, Ordnungsvorschriften und Erlaubnisanträge, dann zeigt sich, dass der Umgang mit unserer Muttersprache hier alles andere als menschlich ist. Das Deutsch unserer Gesetzgeber ist nämlich nicht klar, einfach und verständlich. Es ist unklar, kompliziert und unverständlich. Es ist eine Frechheit. Eine der Folgen: Immer mehr Bürger rufen bei den Behörden an und fragen halb schmunzelnd, halb wutschäumend nach einer Übersetzung der heiteren Briefe, die sie aus den Sphären der Landeslenker erreichen.

Die erklärten Erklärungen zu den Erklärungen

Bevor wir ob des bleiernen Beamtendeutschs trübsinnig werden, sollten wir kurz eine Prise Humor einstreuen. Das funktioniert bisweilen übrigens ganz hervorragend. Denn allen Kritikern zum Trotz müssen wir festhalten, dass in unserem hochoffiziellen Amtsdeutsch auch eine erschütternde Portion Spaß steckt. Der Journalist Peter Berger hat eigens eine Stilfibel herausgebracht, die Interessierten unter dem Titel *Flotte Schreiben vom Amt* die schönsten Schenkelklopfer serviert. Und wenn wir uns einige Beispiele zu Gemüte führen, ahnen wir, dass in dem einen oder anderen Oberstübchen der Damen und Herren die Querruder doch gewaltig klemmen.

So lautet etwa eine Erkenntnis der Bundeswehr: »Der mit Tollwut infizierte Soldat gefährdet seine Kameraden überwiegend durch Biss.« Biss hat auch dieser bereits legendäre Satz, eine weitere Erkenntnis unserer Truppenverbände: »Ab einer Wassertiefe von 80 Zentimetern beginnt der Soldat selbstständig mit den Schwimmbewegungen.« Man traut sich kaum vorzustellen, was da in ein bis zwei Metern Wassertiefe geschieht, geschweige denn auf offenem Meer. Hoffen wir nur, dass die Soldaten spätestens dann nicht nur »selbstständig mit den Schwimmbewegungen beginnen«, sondern endlich mal so richtig *schwimmen*.

Doch nur gut, dass die Taucher und Obersprachkadetten der Bundeswehr überhaupt schwimmen können. Denn wer auch immer die nächsten Sätze aufs Papier gebracht hat, konnte noch nicht einmal selbstständig denken. So mussten sich unsere Soldaten auch schon diese Weisheit merken, auch wenn es schwerfällt: »Der als Baumschützer eingeteilte Soldat stellt bei Erreichen des Baumwipfels seine Kletterbewegung selbstständig ein.« So sei es. Hoffentlich können die Soldaten wenigstens ohne Befehl ihre Büx anziehen.

Solche Sätze aus den Reihen unserer Amtsstuben sind ein Balanceakt. Man weiß nicht, ob man weinen oder kreischen soll. Auf jeden Fall aber sollte man sich Gedanken darüber machen, dass solche Sätze aus Institutionen stammen, die notfalls unser Land verteidigen sollen. Wir ahnen nur, worauf wir uns da eingelassen haben.

Doch selbst wenn das Land gerade nicht verteidigt, sondern lediglich regiert werden muss, sind wir vor nichts mehr sicher. Noch nicht einmal vor dem *Personalvertretungsgesetz Hessen*. Für Extremsituationen halten die Hessen fest: »Besteht der Personalrat aus einer Person, so entfällt die Trennung nach Geschlechtern.« Na, da hat der Personalrat aber noch mal Glück gehabt, würde ich sagen.

Wesentlich weniger Glück hat jener arme Kerl, um den sich ein Kommentar im Reisekostengesetz unserer Regierung sorgt. Um alle Unklarheiten auszuschließen, steht dort: »Stirbt ein Bediensteter während einer Dienstreise, so ist damit die Dienstreise beendet.« Wir lernen: Der Aufstieg ins Nirwana wird nicht weiter vergütet – der Spesensatz geht nach dem Ableben nicht an Hinterbliebene. Nun, falls Letzteres tatsächlich gemeint sein sollte, hätte man es notfalls auch so hinschreiben können. Oder?

Je weiter wir in den Verordnungen und Erlassen der Gesetzgeber schmökern, desto schöner werden die Streiche. Manchen nimmt man dabei erst beim Lesen mit eigenen Augen ab, dass sie wirklich existieren. Bei anderen Beispielen hingegen hält man es selbst nach mehrfacher Lektüre nicht für möglich, dass die Buchstaben tatsächlich so auf dem Papier stehen. Also genießen Sie auch gleich die nächsten Knüller:

- **Der Tod stellt aus versorgungsrechtlicher Sicht die stärkste Form der Dienstunfähigkeit dar.**
  (Aus einem Unterrichtsblatt der Bundesverwaltung)
- **Es ist nicht möglich, den Tod eines Steuerpflichtigen als dauernde Berufsunfähigkeit zu bewerten.**
  (Aus dem Bundesfinanzhof)
- **Die einmalige Zahlung wird für jeden Berechtigten nur einmal gewährt.**
  (Aus dem Versorgungsgesetz)

- **Ausfuhrbestimmungen sind Erklärungen zu den Erklärungen, mit denen man eine Erklärung erklärt.** (Aus einer Erklärung des Wirtschaftsministeriums; unfassbar)

Zum Schluss kommen jetzt noch mal unsere Jungs von der Bundeswehr dran. Und wir wollen nur hoffen, dass sie nicht gerade in einem Panzer oder Eurofighter sitzen, wenn sie folgenden sachdienlichen Hinweis von ihren Vorgesetzten beherzigen sollen:

Bei Einbruch der Dämmerung ist mit zunehmender Dunkelheit zu rechnen.

Da können wir nur sagen: Es werde Licht! Peter Berger, der all diese Beispiele gesammelt hat, sind wir Dank schuldig. Erstens, weil er sich durch schweres Terrain gekämpft hat, und zweitens, weil wir uns sonst kein vollständiges Bild davon machen könnten, was die Sprachbeauftragten in den Ämtern zu vollbringen imstande sind. Eigentlich müsste Bergers Buch auf Platz eins sämtlicher Bestsellerlisten landen – nicht nur, weil es komisch ist. Ebenfalls nicht, weil es andeutet, dass wir es mit Hornochsen zu tun haben könnten. Es müsste von allen gelesen werden, weil es in erster Linie verrät, in welchem Maße das Land von Gesetzen gefesselt, geknebelt und gelähmt ist.

Denn was zeigt uns die Behördensprache auf den zweiten Blick? Auch dies wollen wir kurz hinterfragen. Und hier kommen wir nach der komischen nun zur bitterbösen Seite unseres geliebten Behördendeutsch.

Der reale Rinderwahnsinn

Manche Sprachverfasser in unseren Ministerien sind Groß-
meister. Nicht nur im legendären Beamtenmikado, wo verliert, wer sich als Erster bewegt. Vielmehr noch sind sie Könner auf dem Gebiet der Güterzugsprache. Und auch hier gibt
es Fälle, die man so zunächst nicht glauben will. Doch sie
existieren, sie sind unter uns.

Stellen Sie sich jetzt einmal vor, Sie seien kein Normal-
bürger, kein Angestellter oder Kleinunternehmer, sondern
ein Bauer. Keine Ahnung können Sie haben, was Sie in diesem Fall erwartet.

Denn was nicht mehr nachvollziehbare Langstreckenwör-
ter betrifft, hält den Rekord bisher das Landwirtschaftsminis-
terium von Mecklenburg-Vorpommern. 1999 brachte es ein
Ungeheuer zur Welt und traktierte die armen Landwirte mit
dem (Achtung: Luft holen!):

Rinderkennzeichnungs- und Rindfleischetikettierungs-
überwachungsaufgabenübertragungsgesetz

Nur gut, dass es das kleine *und* gibt, sonst wäre das Gesetz
womöglich in ein noch längeres Wort gestopft worden. Aber
auch so befinden sich allein im hinteren Zyklopenbegriff
schon drei große Wörter mit der abschreckenden Endung auf
-ung. *Etikettierung. Überwachung. Übertragung.* Hinzu kommen *Rindfleisch, Aufgaben* sowie drei Fugen-*s*. Und fertig ist
der Güterzug.

Das Gesetz hat das übersichtliche Kürzel *RkRflEttÜAÜG* –
und passt bei Google nur noch zur Hälfte in das Suchfeld.
Als es im Landtag vorgestellt wurde, brachen die Abgeordne-
ten in schallendes Gelächter aus. Immerhin. Weniger zum
Lachen ist allerdings die Tatsache, dass dies zwar das längste

aller behördlichen Unworte sein mag, keinesfalls jedoch das einzige dieses Kalibers.

Wie kann so etwas passieren? Kein normaler Mensch spricht so. Keiner will so sprechen. Der Grund für die qualmende Riesensprache: Große Teil unseres Behördendeutschs basieren auf der Sprache der Juristen, die vor allem lateinische Wurzeln besitzt und sich dummerweise fleißig im klobigen Nominalstil übt. Dabei werden möglichst wenige Verben benutzt – denn die Tätigkeiten kommen meist eindrucksvoll in Hauptwörtern verpackt daher. Und was geschieht, wenn die schönen Verben in der Sprache aussterben? Die Sprache wirkt statisch, bleiern, tot. Bauen wir dann hier und da noch passive Wendungen ein und machen aus sechs Sätzen einen Satz anstatt in gewissen Abständen einen Punkt zu setzen, dann haben wir den Salat. Und blicken ins Grauen.

Genau das aber lieben die Beamten. Denn ihr Jargon ist ihre Verbarrikadierung. Ihre Waffe. Ganz leicht haben es die Behördenangestellten allerdings auch nicht, und es wäre zu einfach, ihnen allein die Schuld in die Schuhe zu schieben. Doch wer oder was ist noch verantwortlich an unserem hölzernen Amtschinesisch? Verantwortlich sind vor allem sie: die Gesetze! Denn erstens sind sie nicht nur sehr kompliziert verfasst, zweitens werden es immer mehr, weil die Politiker unverdrossen nachlegen und ein neues Gesetz nach dem anderen erlassen. Die Folge: Schon sitzen die Beamten wieder vor neuen Regulierungen, Paragrafen und Klauseln. Und die müssen sie dann den lieben Bürgern erklären. Und dies ist bestimmt keine einfache Aufgabe.

Was nämlich ist nötig, um aus komplizierter Sprache (und schwierigen Sachverhalten) einfache, verständliche Sprache zu machen? Richtig: Man muss brüten, fummeln, kürzen. Man muss Sätze drehen und wenden, sie ein wenig liebkosen und hier und da auch schon mal die Motorsäge ansetzen –

und genau das kostet Zeit und Nerven. Und bedarf neben der Juristerei obendrein eines weiteren Rüstzeugs: nämlich des Handwerks des Schreibens selbst! Und dieses zu erlernen ist anstrengend. Da schnappen sich die Beamten lieber die altbewährten Formulierungen, schreiben aus Gesetzen ab und drucken die seit Jahrzehnten gespeicherten Briefe aus. Und in Teilen ist dies sogar zu verstehen.

Eine Beamtin der Hamburger Sozialbehörde habe ich einmal besucht und ihr die Frage gestellt: »Warum ist die Sprache der Ämter so, wie sie ist? Wie kann so etwas angehen?« Die Frau saß in einem kleinen Zimmer am Ende eines langen Flurs und schaute ein wenig traurig. Doch dann legte sie los: »Das System, die Gesetze sind schon sehr komplex, viele meiner Kollegen schlagen selbst die Hände über dem Kopf zusammen, wenn sie manche Sätze lesen. Die Bescheide werden immer mehr, immer länger, und nein, mit den Computern ist die Papierflut nicht weniger geworden. Sie ist angeschwollen.«

Und siehe da, selbst die Beamtin kannte unser anfangs beschriebenes Phänomen nur allzu gut: »Auch wir lesen viele Sätze zweimal, dreimal durch. Grammatikalisch scheint alles zu stimmen, und dennoch verstehen wir sie nicht.« Und dann kramte sie einige der Schreiben heraus, mit denen sie es täglich zu tun hat. Es waren viele Seiten blassweißes Papier, dicht mit Sprache bedruckt. Und wer einmal einen Blick auf diese Seiten wirft, der bekommt am Ende sogar Mitleid mit unseren Beamten. Denn auch sie sind Opfer des überbordenden Regulierungswahns, der Deutschland in Schach hält.

Mögen Sie ein paar Appetithappen? Bitte sehr: *Leistungsbescheide, Rechtshilfebelehrungen, Bestimmungen aus dem Sozialgesetzbuch SGB XIII, Bewilligungszeiträume, Zahlungsregelungen, Leistung aus der Grundsicherung, Mitwirkungspflichten, Leistungskomplexe.* Bescheide ohne Ende. Dazu kommen die

Aktenzeichen und beliebten Paragrafen. Allein die Schreiben, die täglich das »Fachamt Grundsicherung und Soziales« in Hamburg verlassen, lehren den Nackenhaaren das Strammstehen.

Und wenn man folglich einmal hochrechnet, wie viele Bescheide die Behörden landesweit insgesamt ausspucken, dann will man in die Arktis ziehen. Wer den brillanten Film *Brazil* gesehen hat, weiß, was droht: eine Welt in den Schraubstöcken der Gesetze, der Nummern, Aktenzeichen und Regulierungen. Eine mausgraue Welt. Kalt, mechanisch, absurd.

Vielleicht sollten sich die Politiker diesen Film einmal ansehen. Nein: Er sollte sogar ein *Muss* in den Etagen der Rathäuser, Ministerien und Behörden sein. Und Frau Merkel sollte sich diesen Film auch anschauen. Am besten jeden Morgen zum Frühstück. Sicher, ein Land mit über achtzig Millionen Menschen zu lenken, ist gewiss nicht leicht. Es jedoch mit Bürokratie zu erwürgen, macht es auch nicht gerade einfacher. Und schöner schon gar nicht.

Doch genau diese Gesetzeswut zeigt uns die Behördensprache in erster Linie, als sei sie ein stummer Zeuge eines hinter den Kulissen wütenden Superkraken, der sich längst in seinen eigenen Tentakeln verheddert hat.

Und damit sind wir bei den Folgen der dickbäuchigen Amtssprache angelangt. Seniorenhilfen zum Beispiel berichten, dass einige alte Menschen nicht mehr ihre Briefkästen öffnen, weil sie die Schreiben und Bescheide darin nicht mehr verstehen. Weil sie Panik vor ihnen haben. Ich habe dazu einige der privaten Seniorenhilfen aufgesucht. Die Auskünfte klangen mir unisono ins Ohr: Die Pfleger würden den älteren Menschen nicht nur beim Waschen und Einkaufen helfen, sondern verstärkt auch dabei, die Sprache in den Schreiben zu entziffern, die sie aus den Amtsstuben erreichen.

So sitzt beispielsweise ein Herr Schlomm vor Stapeln von Bescheiden, Gesetzesbüchern und Briefen. Er leitet in Hamburg die Firma »Ihr Pflege Team« und kann ein Lied von den Problemen mit der Amtssprache singen. Erst vor Kurzem erhielt eine neunundachtzigjährige Kundin einen sechzehnseitigen *Bewilligungsbescheid* von den Behörden. Schlomm: »Sie hat den Brief gleich wieder eingetütet und beiseitegelegt. Sie verstand ihn nicht. Schon ich selbst, der sich beruflich damit beschäftigen muss, brauche eine gewisse Zeit, um die Inhalte nachzuvollziehen und diese zu erklären.«

Herr Schlomm ist ein schlanker Mann, in seinem Büro schwimmen kleine bunte Fische durch ein Aquarium. Seit fünfzehn Jahren ist er im Pflegedienst. Er weiß, wovon er redet. »Ältere Menschen haben keine Chance«, sagt er. »Sie erwarten eher eine Eingrenzung, eine Reduzierung auf wesentliche, verständliche Hinweise. Genau das Gegenteil geschieht.« Sicherlich seien ältere Menschen geistig vielleicht nicht mehr ganz so fit, wie sie es früher einmal waren. Vor allem aber die Sprache wirft ihnen Steine in den Weg. »Es werden Termini benutzt, die Informationen nicht transportieren, sondern verschleiern.« Viele Schreiben, so Schlomm, seien für Senioren schlicht »unzumutbar«.

Leichte Verwirrung bis Eintrübung

Es ist ein Wunder, dass wir nicht kollektiv aufschreien und die Politiker sich überhaupt noch auf die Straße trauen. Am 10. Januar 2008 schrieb das *Hamburger Abendblatt:* »50 Prozent der Gesetze sind unverständlich.« Dazu seien 24 Prozent der Verweisungen auf andere Gesetze zu komplex und unüberschaubar. Die Sprache sei in diesem Zusammenhang ein »Katastrophenfall«.

Solche Aussagen entstammen einer Studie, die im Auftrag der »Initiative Neue Soziale Marktwirtschaft« (INSM) durchgeführt wurde. Und noch etwas lernen wir aus der Untersuchung: Erfahrene Politiker und sogar Juristen verstünden so manche Norm schon selbst nicht mehr. Wie auch? Denn die Gesetze werden nicht nur mehr und mehr. Obendrein folgen Erlasse in einem immer schnelleren Tempo. Einige Ärzte sind so weit, ihre Praxen schließen zu wollen. Einer der Gründe: Statt zu behandeln, ertrinken sie im Papierkrieg. Wenn sie in Rechnungen und Korrespondenzen auf bestimmte Beschlüsse hinweisen müssen, sind sie neuerdings dazu angehalten, die Uhrzeit des Beschlusses mit anzugeben. Denn die Sache ist so: Beschlüsse, die morgens in Berlin verabschiedet werden, sind am selben Nachmittag bereits wieder korrigiert, erweitert, verändert.

Die Bundesregierung verweist derweil stoisch und gelassen auf Erfolge beim Bürokratieabbau. Wir fragen derweil: Ja, wo ist er denn hin, der gute Bürokratieabbau?

Ein Normenkontrollrat überprüft seit 2006 die Gesetzentwürfe. Wir kennen das Wort bestens aus den Nachrichten: »In Berlin wird zurzeit der neue Gesetzentwurf so und so überprüft …« Im ersten Jahresbericht vermeldete das Gremium, man habe die Wirtschaft durch gezielte Entschlackungsmaßnahmen bereits um 790 Millionen Euro entlasten können. Nun, selbst wenn dies stimmen sollte: Es kommt einem Tröpfchen auf dem heißen Stein gleich. Nach Schätzungen der »Geschäftsstelle Bürokratieabbau« im Kanzleramt müssen die Firmen und Unternehmen im Land noch immer gewaltige Kosten stemmen, um sich durch das Dickicht deutscher Bestimmungen zu wühlen und zu quälen. Pro Jahr lägen allein die Kosten hierfür bei mindestens: 27 Milliarden Euro. Für die Steuerzahler gleich noch einmal zum Genießen: Das sind 27 mal 1000 Millionen Euro!

Und wer nicht glaubt, dass fiese Sätze bares Geld kosten können, muss sich die Behördensprache nur mal genauer vor Augen führen. Allein die Erlasse, Verordnungen und Paragrafen der Bauämter, Pflegekassen und Rentenkassen lassen ahnen: Da müssen Millionen schon deswegen flöten gehen, weil wir, anstatt zu arbeiten, stundenlang die Köpfe schütteln.

Nur gut, dass sie nicht mehr leben wie jener Poet Ernst Moritz Arndt, der nachdenklich notierte: »Was die Sprache verwirrt und verrückt und auf irgendeine Weise den klaren und lauteren Fluss trübt, das hat auch den Einfluss der Verwirrung und Trübung auf das ganze Volk.« Na, dann Prost Mahlzeit.

Besitzen Sie vielleicht einen Hund? Schön. Und wenn nicht, auch gut. Dennoch sollten Sie nur einmal einen kurzen Blick in das Hundegesetz werfen. Es beginnt so:

Verordnung zur Durchführung des Hundegesetzes (Durchführungsverordnung zum Hundegesetz – HundeGDVO)

Mit diesem klotzigen Obrigkeitsgestampfe geht es los. Danach folgt seitenweise Sprachkrieg. Und dies nur, damit wir unsere Hunde richtig halten! Und nun rechnen wir einmal hoch. Denken wir an Deutschland. An die Verkehrsgesetze. Haushaltspläne. Gebührenbescheide. Kassengesetze. Rentengesetze. Gerichtsakten. Steuerliteratur. Richtlinien. Kommentare zu den Richtlinien. Verordnungen für dies und jenes, dies und das und so ziemlich alles. Ach ja, und dann wären da noch unsere hieroglyphenartigen Rechnungen von den Ärzten und die Schreiben von den Versicherungen. Und: Leben

Sie vielleicht in einem Haus? Dann könnten für Sie diese Gesetze interessant sein. Regulierungen über die Höhe von Hecken, die Beschaffenheit von Dachrinnen, Verordnungen zur Mindesthöhe von Haustürschwellen. Regulierungen bis zur letzten Schraube und zum letzten Dübel.

Arme Sprache. Wie soll sie das verdauen?

Schließen wir dieses Kapitel mit einem Zitat aus dem Film *Brazil*. Mit den Worten des Hauptdarstellers Jonathan Pryce, die Filmgeschichte geschrieben haben. Pryce steht in einem der Büros, blickt auf die Sprach- und Bürokratiewüste und sagt mit der Stimme eines kläffenden Wadenbeißers: »Ich bin ein bisschen pedantisch, was Formulare angeht. Wo würden wir denn hinkommen, wenn wir uns nicht an die korrekten Verfahren hielten?«

Wir träumen inzwischen schon mal vom Kloster. Vielleicht auch von der Bambushütte in Indien. Blick aufs Meer könnte nicht schaden.

9

DUWIPA plus Windelnwechseln

Freuen Sie sich, wenn Sie die Botschaft DUWIPA per SMS aufs Handy bekommen, unter Jugendlichen heißt das: »Du wirst Papa!« Das klingt toll, aber früher waren die Kids einfallsreicher

Eigentlich müsste es in diesem Kapitel weniger um Sprache gehen als um die Anatomie des Daumens. Von den Daumen haben die meisten zwei Stück, und es ist schon erstaunlich, was man mit ihnen so alles machen kann. In amerikanischen Thrillern drücken Leute damit auf rote Knöpfe, wenn sie Atomraketen abfeuern wollen. Wir dagegen setzen die Daumen routiniert ein, wenn wir auf Zigaretten-, Kaffee- und Parkticketautomaten drücken. Aber das alles ist gar nichts gegen die Teenager von heute. Denn was die mit ihren Daumen veranstalten, mal eindäumig, mal zweidäumig, grenzt an Daumenzauberei.

Unweit von dem Haus, in dem ich wohne, gibt es neben einer Bushaltestelle einen türkischen Imbiss, der sich »Spezialtäten Selçuk« nennt. Da fehlt bei den Spezialitäten zwar ein »i«, aber darum geht es hier nicht. Es geht um die Jugendlichen, die sich jeden Nachmittag hinter dem Imbiss treffen, heimlich Bier trinken, rauchen und abhängen. Abhängen ist heute die Hauptnachmittagsbeschäftigung von Teenagern, vor allem wenn sie extrem weite Jeans tragen und extrem dicke Turnschuhe.

Abhängen ist nicht ganz einfach, sondern eine Kunst für sich. Man muss Passanten dabei mindestens genervt, im besten Fall aggressiv angucken, die Hose auf Halbmast tragen und so tun, als könne man Türkisch sprechen. Empfehlenswert ist es zudem, gut ausspucken zu können. Außerdem sollte man routiniert mit Haargel umgehen und regelmäßig die Worte – Sie kennen das schon – »Ey, Dicker, Alter« sagen. Das ist die Eintrittskarte.

König ist, wer das neueste Handy hat, wobei Klapp-Mobiltelefone derzeit wieder völlig out sind. Vor allem aber muss man den Umgang mit seinem Handy beherrschen, und je schneller man eine SMS schreiben kann, desto besser. Und damit kommen wir zur Daumenkunst.

Als ich mal wieder unten bei besagtem Imbiss war, beobachtete ich ein höchstens sechzehnjähriges Mädchen, das mit seinem Daumen eine Art Hochgeschwindigkeitsballett auf dem Handy aufführte. Der Daumen raste in einem derartigen Affenzahn über die Tastatur, dass ich eigentlich sekündlich damit rechnete, den Schallmauerknall zu hören. Es ist mir bis heute ein Rätsel, wie das Mädchen bei diesem Tempo ausschließlich die richtigen Tasten drücken konnte. Ich bin mir nämlich ganz sicher, dass die Kleine zwischendurch kein einziges Mal auf die obere rechte Löschtaste ging, um falsche Buchstaben zu korrigieren (was ich ständig tun muss, wenn ich eine SMS schreibe).

Das Mädchen muss eine von denen gewesen sein, die schon seit Jahren eindäumig tippen. Mit dem anderen, dem linken Daumen, wischte sie gelegentlich nur gelangweilt über das Display. In einer kurzen Pause ihres wilden Tuns ertönte plötzlich ein Popsong, das Signal, dass gerade eine SMS angekommen sei. Sie las die Nachricht, schrie vor Freude auf, knickte ein Bein ab, tänzelte auf dem anderen und »versteckte« das Handy kurz hinter ihrem Rücken. Wahrscheinlich Liebesgrüße von irgendeinem anderen Imbiss in der Stadt. Auf jeden Fall setzte auf der Stelle ihr wirbelndes Daumenballett auf der Handytastatur ein, so blitzartig schnell, dass Mr Spock von der Enterprise mit seinem alten Space-Telefon vor Schreck mit den Ohren geschlackert hätte.

Ich ging derweil in den Imbiss und bestellte mir eine Portion Gyros mit Pommes. Während ich wartete, betrachtete ich meinen rechten Daumen und begann klammheimlich so schnell wie möglich in der Luft rumzutippen. Es war hoffnungslos.

Die Deutschen verschicken 23 Milliarden SMS pro Jahr, dennoch können sie noch längst nicht mit der US-Jugend mithalten. Amerikanische Teenager machen nämlich mit ihren Daumenkünsten längst jede Menge Geld. Die dreizehnjährige Morgan Pozgar aus Pennsylvania beispielsweise hat bei einem SMS-Schnell-Tipp-Wettbewerb 25 000 Dollar gewonnen. In nur fünfzehn Sekunden hämmerte sie zwei berühmte Sätze aus dem ersten *Mary Poppins*-Roman in ihr Handy. Dazu brauchte Morgan nicht einmal zu trainieren, denn die Zahl ihrer SMS-Nachrichten ist so unfassbar hoch, dass sie mehr oder weniger Tag und Nacht tippt. Jeden Monat erfreut sie Freunde und Verwandte mit rund 8000 Kurznachrichten.

Damit Sie eine Vorstellung von dem bekommen, was man mit den Daumen heute alles anstellen kann, hier die Worte, die sie in fünfzehn Sekunden in ihr Handy eintippte. Die Zeilen bestehen aus 151 Zeichen:

Supercallfragilisticexpialidocious! Even though the sound of it is something quite atrocious. If you say it loud enough you'll always sound precocious

Nehmen Sie nun Ihr Handy und versuchen Sie das einmal selbst. Buchstabe für Buchstabe. Und dies ohne Fehler und in nur 15 Sekunden!

Die Deutschen reagieren bei solchen Meldungen aus Übersee meistens leicht säuerlich und regen sich über die angeblich maßlos um sich greifende SMS-Sprache in der Heimat auf. Oberstudienräte schieben pikiert ihre Lesebrillen zurecht und monieren den Sprachverfall unter Jugendlichen. Dabei haben sie immer noch nicht kapiert, dass es darum gar nicht geht. Es geht um die Daumen! Es geht um Geschwindigkeit, meine Herren! (Übrigens, meine Damen: Angela Merkel simst auch, und das mit Vorliebe. Unter Journalisten gilt sie als SMS-Päpstin, und dass sie zur Kanzlerin gewählt wurde, erfuhr sie als Erstes per eingehende SMS. Der *Short Message Service* – engl. für »Kurznachrichtendienst« – ist in. Britney Spears simste ihrem Ehemann sogar die frohe Botschaft, dass sie sich von ihm scheiden lassen wolle.)

Viele Menschen jenseits der dreißig tippen relativ bemüht und fantasielos auf ihren Tastaturen herum, geben noch immer ganze Wörter ein und kämpfen verzweifelt mit der sogenannten T-9-Eingabe. Die Jugendlichen gehen da schon professioneller ran. Von den 23 Milliarden SMS in Deutschland beanspruchen sie ohne Zweifel den Löwenanteil. Und das liegt vor allem daran, dass sie keine vollen Wörter eintippen und demzufolge wesentlich schneller sind.

Eltern kennen das. Wenn sie gelegentlich auf die Displays ihrer Zöglinge schielen, entdecken sie einzig einen Wust aus Buchstaben und Zahlen, der zunächst schlimmer aussieht als jedes Kreuzworträtsel. Doch was von vielen als geheimnisvolle Codesprache dargestellt wird, ist im Grunde nur eine ziemlich plumpe Methode des Abkürzens. Über hundert Buchstaben und Zeichen stehen den Teenies und Twens zur Verfügung. Damit dürfen sie nach Belieben Wörter und Sätze abkürzen, und ihnen fällt dazu selten mehr ein, als den Anfangsbuchstaben zum Platzhalter eines Wortes zu degradieren. Das ist recht einfach. Wenn Sie zum Beispiel jemandem mitteilen wollen: »Ich liebe dich«, dann tippen Sie einfach ILD ein.

Aber Liebe geht den Teenagern meist zu weit. Die tippen lieber BAB ein: »Bussi auf Bauchi«. Oder HDL: »Hab dich lieb«. Weiterhin GG: »Großes Grinsen«. EB: »Echt blöd«. DDF: »Drück dich fest«. JoN: »Jetzt oder nie«. Oder auch NOK: »Nicht ohne Kondom«.

Einige sind schon einen Schritt weiter und verwenden englische Vokabeln, die sie in einer Werbung oder beim Hip-Hop-Hören aufgeschnappt und sich irgendwie gemerkt haben. Etwa COLA: *come later*. LOL: *Laughing out loud*. THX: *Thanx*. Wenn ihnen zum Lachen zumute ist, tippen sie ROFL ein. Soll heißen: *Roll over the floor*. Dann lachen sie so doll, dass sie über den Flur kullern.

Natürlich gibt es auch einige SMS-Poeten, die erste englische Sätze beherrschen und sich in leichter Abstraktion üben. *Talk to you later* erscheint dann auf dem Handy als T2UL8R. *Think positive* kommt so daher: *t +*. Und »ich kapiere« wird mit *I see* umschrieben. Auf dem Display erscheinen nur die Buchstaben *ic*.

Hier und da tauchen auf dem Handy sogar richtige Wörter auf. RUMIAN steht für »Ruf mich an«. Mit KATZE fragen sie nach: »Kannste tanzen?« Und mit KUWIHEBEKERZ wollen sie wissen: »Kuscheln wir heute bei Kerzenschein?« Was die Freude an etwas gehobener Codesprache angeht, hier noch zwei gängige Kürzel: GN8 und ISLANO – »Gute Nacht« und »Ich schlaf noch«. Wichtig ist bei der ganzen Sache lediglich, dass der Empfänger weiß, worum es geht. Die Eltern tun das in der Regel natürlich nicht, begreifen gar nichts mehr und haben SP (Sendepause).

Die hatte kürzlich auch ein Lehrer in London, als er sich über die Arbeit einer dreizehnjährigen Schülerin beugte. Die junge

Dame hatte den Mut gehabt, einen Großteil eines Aufsatzes in SMS-Kürzeln zu verfassen. Der Skandal geriet in die englische Tagespresse – und prompt machte ebenfalls in England die Angst vor dem Verfall der Sprache die Runde. »Ich konnte nicht glauben, was ich sah«, sagte der Lehrer. »Die Seite war voll von Hieroglyphen. Viele davon waren schlicht nicht zu übersetzen.« Der Aufsatz begann so:

My smmr hols wr CWOT. B4, we used 2go2 NY 2C my bro, his GF & thr 3 :- FTF. ILNY, it's a gr8 plc.

In einem normalen Schulenglisch sind die Kürzel in etwa so aufzulösen: *My summer holidays were a complete waste of time. Before, we used to go to New York to see my brother, his girlfriend and their three screaming kids face to face. I love New York, it's a great place.* In deutscher Übersetzung: »Meine Sommerferien waren die reinste Zeitverschwendung. Zuerst fuhren wir nach New York, um meinen Bruder, seine Freundin und deren drei schreiende Kinder zu sehen. Ich liebe New York, es ist ein großartiger Ort.«

In Deutschland würde sich im Fall eines ähnlichen SMS-Aufsatzes die Anzahl der Talkshows im Fernsehen augenblicklich verdoppeln. Familienministerin Frau von der Leyen wüsste gar nicht mehr, in welches Mikro sie zuerst sprechen sollte. Der Skandal wäre perfekt.

Die SMS-Sprache sieht dabei ziemlich kompliziert aus, ist aber vergleichsweise harmlos. Sie ist nichts anderes als ein vereinbarter Code, der relativ einfallslos ist. Jede Clique hat ihre eigenen Kürzel, und zwei Lover erfinden im Nu ihren persönlichen SMS-Flirt-Code. Früher waren die Kinder erfinderischer, beispielsweise wenn sie sich in der Löffelsprache probten. Dabei sprachen (ja, sprachen!) sie Sätze in rasender Geschwindigkeit, benutzten normale deutsche Wörter – bauten allerdings ständig Bruchstücke, Silben und Buchstaben des Wortes *Löffel* ein, sodass sich das eigentliche Wort perfekt in dem nun erklingenden Kauderwelsch verbarg. Mit ein wenig Übung kamen ihnen zungenbrecherische Bandwurmsätze über die Lippen, die sich nach Pippi Langstrumpf auf LSD anhörten und die garantiert kein Außenstehender auch nur im Ansatz verstand:

Das Wort *Löffelsprache* wird dabei so gesprochen: **Löleföf elefel spralefach elefe**
Das *kleine Hallo* wird zu: **Halefal lolefo**
Tschüss heißt: **Tschülefüss**
Stundenplan: **Stulefun delefen plalefan**
Regenbogen: **Relefe gelefen bolefo gelefen**

Und jetzt sagen Sie einen ganzen Satz in Löffelsprache, und zwar möglichst flott:

Vielefiel Spalefas milefit delefer Spralefach elefe!
(Viel Spaß mit der Sprache!)

Dem heutigen SMS-Gehampel ist eine solche Kunst mindestens ein bis zwei Milliarden Gehirnzellen voraus. Ähnliches gilt für die Jugendsprache »Rumanders«. Hierbei sagt man die Silben der einzelnen Wörter rückwärts auf, wobei das »Rumanders« – wieder zurückgedreht und allen verständlich – zu »andersrum« wird. Das funktioniert mit allen Wörtern, die mehr als eine Silbe haben, und gerät zu schweißtreibendem Gehirnsport.

Das *Auto* wird zum: **Toau**
Lolli: **Lilol**
Pausengong: **Gongsenpau**
Die *Flatrateparty* hieße heute: **Typarrateflat**

Und nun versuchen Sie einmal, Rumanders in ganzen Sätzen zu sprechen. Dagegen ist Sudoku ein Kinderspielchen und Günther Jauch ein Sesselpupser. Oder, auf Rumanders gesagt:

Gengeda ist Kudosu ein Chenspielderkin und Thergün Jauch ein Serpupsselse.

Leal Tungach! (»Alle Achtung!«)

Fazit dieses kleinen Exkurses: Sprache ist ein Spielzeug mit äußerst vielseitigen Effekten. Man kann damit die Daumenmuskulatur trainieren, aber auch die Zunge und das Gehirn. Ich werde mir demnächst ein Superhandy mit Speed-Hip-Hop als Klingelton kaufen, dazu eine extrem tief sitzende Jeans, werde nur noch Rumanders sprechen und bald mal wieder runter zu meinem Imbiss gehen. Dort werde ich mir dann eine eiskalte Pulle Doornkaat-Schnaps kaufen, ganz locker zu den Jugendlichen rüberschlendern, einmal kurz ausspucken, mich vor ihnen aufbauen, tief Luft holen und ganz cool sagen:

Na, ihr Selpinfaltsein, mal derwie ßigflei am SMS pentip, was? Ihr Nisheistenkasand seid doch aus dem igenvor Derthunjahr. Aber Lecoo Senho habt ihr da an, ihr nenklei Felteu.

Haben Sie das hinbekommen? Falls nein: »Na, ihr Einfaltspinsel, mal wieder fleißig am SMS tippen, was? Ihr Sandkastenheinis seid doch aus dem vorigen Jahrhundert. Aber coole Hosen habt ihr da an, ihr kleinen Teufel.«

Anschließend werde ich die Pulle ansetzen, sie auf ex leeren, ganz dicht an die Imbiss-Rocker heranschreiten, einmal aus vollem Halse rülpsen und anschließend auf reinstem Türkisch sagen: *Nastrovje!*

10

Mit Hexa Tex
durch den Harz

Warm anziehen: In der
Outdoorbranche sind die
Polarsprachler zugange.
Inzwischen kommt keine
Unterhose mehr ohne
Hightechnamen aus

Der Weltraumanzug der Apollo-Astronauten hatte es in sich. Als Neil Armstrong und seine Kollegen auf dem Mond herumspazierten, trugen sie verständlicherweise keine Baumwolle oder simplen Nylonsocken. Ohne Schutz der kosmischen Strahlung ausgesetzt, mussten sie sich schon andere Materialien überziehen. Immerhin sollte ihr Anzug gleichzeitig 120 Grad Celsius plus und 100 Grad Celsius minus aushalten, je nachdem, welcher Körperteil gerade der Sonne zugewandt oder im Schatten war. Im falschen Outfit wären die Astronauten nach 15 Sekunden ohnmächtig geworden, danach hätte das Blut zu kochen begonnen (auf der Schattenseite wäre es nach zwei Minuten gefroren). Obendrein hätten sich Herz, Lungen und Gefäße ohne Schutz unkontrolliert ausgedehnt. Die Mondspaziergänger wären nach kurzer Zeit zerplatzt.

Kein Wunder, dass der weiße Mondanzug ein ziemliches Geschoss war – die Ausstattung von Mount-Everest-Bergsteigern gleicht dagegen einem Hawaiihemd. Er bestand aus dreizehn Schichten, fünf davon waren aus aluminiumverstärkter Mylarfaser, vier aus einem Material namens Dakron. Zwei Lagen Kapton kamen hinzu, eine Schicht aus nicht brennbarem Teflon, die letzte – die man als Zuschauer kennt – war aus weißem Teflon, ebenfalls nicht entzündlich. Fertig war der Weltraumanzug, der allerdings auch seinen Preis hatte. Ein einziger der bulligen Überzieher kostete über zwei Millionen Dollar. Und was soll das mit Sprache zu tun haben? Mehr als Sie vielleicht im ersten Augenblick denken.

Nylon, Kapton, Mylar, Dacron, Teflon – das hört sich sehr nach Hightech an. Doch was früher für den Mond taugte, reicht heute nicht einmal mehr für einen Spaziergang im Harz. Die moderne Outdoorbranche hüllt uns nämlich in Kleidung, deren Namen sich nach weitaus anspruchsvolleren Missionen anhören: Sprachlich gesehen, müssten wir in den Thermohosen und Wanderleibchen mindestens zum Mars durchstarten.

Outdoorjacken sind heute aus dreilagigem Laminat *Texapore O₃ Tasgrid 3L* gefertigt und besitzen laut Hersteller einen *24-Stunden-Wasserdampfdurchlass* sowie Ventilationsöffnungen unter den Armen. Dazu passend die Hose für den Mann, die nicht mehr als Hose daherkommt, sondern als *Alpine Nano-Tex Zip Away Men* mit zusätzlichem *Kontrastmaterial aus 100 Prozent Polyurethan*. Nano-Tex hört sich nach Hochtechnologie an, jedenfalls lässt es sich nach Aussage der Hersteller »optimal kombinieren«. So gibt es ebenfalls *Vertec Nano-Tex*-Hosen und *Chinook Nano-Tex*-Jacken. Mit den *Chinooks* kommen nun auch noch die Indianer ins Spiel. In Produktnamen machen sie sich immer gut, gerade wenn es sich um Abenteuer und Wildnis dreht. Um auf Nummer sicher zu gehen, besitzen die *Chinook*-Jacken aber zusätzlich noch einen integrierten *Vent Pro-Belüftungsschlitz* unter der Rückenpasse. Man weiß ja nie.

Ventilationsöffnungen und Belüftungsschlitze sind auch nötig, besonders auf Wanderungen in sprachlich extrem dünner

Luft. Um da nicht seitwärts die Hänge hinabzukrachen, sollte man auch auf *Texapore*-Booties mit *Vibram Fuora*-Sohle und *Cambrelle*-Fußbett nicht verzichten. Und schnallen Sie sich nie wieder einen schlichten Rucksack auf den Rücken! Die bessere Wahl ist das *Flexcontact-Tragesystem* mit *Air Mesh*-Bezug und *y-förmiger Stabilisierungsplatte*. Da will man direkt Grüße an Neil Armstrong schicken. Die Mondfahrer wären ob solcher Monsterausrüstung glatt neidisch geworden.

Schauen wir uns weiterhin an, was allein die Angler heute tragen müssen, um zeitgemäß gerüstet zu sein. Man ahnt kaum, was jemand anziehen soll, der friedlich an einem Bach stehen und ein paar Forellen fangen will. Der ambitionierte Sportangler ist mit einem *Redington Fire Hole River Jacket* ausgestattet, darüber trägt er eine *Mesh Master Vest* und darunter einen *R1 Flash Pullover*. An den Füßen hat er rutschfeste Schuhe der Marke *Riverwalker Hydro Trac* an, am besten mit den Ersatzspikes *Chota Creek STL Plus*.

Das ist aber erst der Anfang, denn bislang sind noch keine Extremsituationen wie Regen oder Hochwasser einkalkuliert. Um für alle interstellaren Katastrophen gerüstet zu sein, sind zusätzlich *Stellar Black Hole*-Hosen verfügbar, dazu passend das *El Cap … Zip Jacket* und natürlich auch *Supra-Wathosen* oder *Smaragd-Shortys*. Alternativ im Angebot: *Double River XX-Pants* mit *integriertem Wat-Stiefel und QuickLace-Schnellverschlüssen*.

Bei dieser sprachlichen Abenteuerlust waren höchstwahrscheinlich Lateinexperten, Weltraumforscher und Hardcoreangler gemeinsam am Werk. Man muss sich das mal auf der Zunge zergehen lassen: *Smaragd Shortys!*, *Stellar Black Holes-Hosen!*, *Riverwalker Hydro Trac!* Und das alles – zum Angeln!

Nun wollen wir nicht kleinlich sein und behaupten, dass sich an den Flüssen und Auen keine dramatischen Szenen abspielen könnten. Nicht zu leugnen ist aber die Tatsache, dass die sprachliche Verpackung hier und da doch leicht übers Ziel hinausschießt. Oder sind die Angler unter die Science-Fiction-Fanatiker gegangen?

Und glauben Sie jetzt nicht, dass hier ein amerikanischer Jungunternehmer den deutschen Markt gezielt mit Anglizismen und Hightechslang traktieren will. Denn viele der oben aufgeführten Bezeichnungen wurden von Experten einer deutschen Firma entwickelt, die in Idstein sitzt, eine Stadt mitten im Taunus. Inzwischen beliefert das Haus erfolgreich den Weltmarkt, und die ausgeklügelten Namen von Outdoorprodukten zeigen in erster Linie, welche gnadenlose Schlacht um Markanteile geführt wird. Ohne *Nano-Tec, Flex-Contacts* oder *Vent Pro-Belüftungsschlitze* läuft gar nichts mehr.

Verständlich, dass leichte Sommerröckchen aus dem Taunus deshalb aus *Supplex*-Gewebe bestehen und Freizeitwesten nur Furore machen, wenn sie mit *Healthguard Vital Protection* ausgestattet sind. Und was vor einiger Zeit noch recht simpel als »atmungsaktiv« durchging, hat heute NASA-Status. So besitzen Reisehemden und -blusen ein »Q.M.C«-Label, wobei die drei Buchstaben für »Quick Moisture Management« stehen. Kaum zu glauben, aber Reiseblusen haben neuerdings sogar ihr eigenes »Management«.

Um eine genauere Idee von den galaktischen Produktnamen zu bekommen, reicht ein Ausflug in die Filialen deutscher Outdoortempel. Ein leichtes Sportshirt für Damen trägt den Namen *Hyperion Tank*, ein Funktionshemd nennt sich *Icebreaker Elite S/S Crewe GT 190*. Hübsch ist auch der Name eines Pullovers für den zeitgemäßen Aktivmenschen: der *Arc'teryx Accelero*-Trainingpulli, geeignet zum Laufen, Trekken, Biken und ebenso für Expeditionen zum sprachlichen Südpol.

Nicht minder hysterisch sind auch Namen für Materialien und Stoffe. Inzwischen hat sich jede Firma ihre spezifischen Fasern mit Eigennamen schützen lassen, und darum lesen wir oft ein kleines »TM« (steht für *Trademark*) hinter den Produktbezeichnungen. Und genau dieses Buhlen um rechtlich gesicherte Bezeichnungen führt zu einer überbordenden Vielfalt, die zwar super klingt, dem Kunden aber nicht zwingend Klarheit verschafft. Früher ahnte man noch in etwa, was der Haut schmeicheln sollte, wenn in den Etiketten Polyester, Nylon oder Cotton stand. Das ist nun endlich vorbei. Ein Blick in unsere Wanderhosen und Anoraks reicht, um sich wie ein Technonaut zu fühlen. Schauen Sie nur einmal in die Etiketten Ihrer Freizeitkleidung, sicher finden Sie dort das eine oder andere aufgeblasene Hightechwort. Wie etwa Beispiele aus dieser Liste, die aus dem »Globetrotter«-Katalog stammen:

PERTEX, AEROMESH, ARMATECH, BALANCE TX, FULL DULL CHAINTEC, CRINCLE NYLON, COOLMAX, DERMIZAX, DRYLOFT, DURATEX, ENDURANCE, HEXA TEX, DESERTWEAVE, INTERA, KEPROTEC, LATITUDE FABRIC, LYCRA, LYOCELL, MICRO POLY-TEX, MODACRYL, TITANIUM, NANO-SPHERE, NANO-DRY, NAV-SKIN, NI-MH, OMNIDRY CROSS TREK TWILL, POLARTEC THERMALPRO, PRINCE CHARLES PROTECTIVE SEAL, PRO-SHELL, QUALLOFILL, SONORA, SUEDED AEROLITE, WB-FORMULA, SOLARDRY, SUPPLEX TACTEL, STORMTEX, TEXAMID, TACTEL-COTTON, TWEAVE DURA-STRETCH, TXTREME, TRANSACTIVE, TREVIRA BIO-AKTIV, ULTRALOFT, VENTURI, X-STATIC, XCR STRETCH, XEROLIGHT, Z-LINER, ZY-TEL

Die Patentämter müssten sich vor Anträgen eigentlich nicht mehr retten können. Wir jedenfalls sollen uns mit diesen Namensschöpfungen professionell gerüstet fühlen, wenn wir abends zum Spaziergang im Park aufbrechen oder zur allmorgendlichen Expedition ins Büro. Mit all den Supernamen sowie Wolfstatzen auf den Anorakfronten und stilisierten Polarfüchsen auf der Funktionskleidung wandert's sich gleich eine Spur verwegener. Da sinkt nicht nur die gefühlte Temperatur in der Großstadtwildnis, da erwacht der Seewolf in einem gleich mit.

Psychologen sprechen bei einem solchen Phänomen übrigens von Autosuggestion. Man könnte auch sagen: Man gaukelt sich selbst was vor. Aber die Psychologen sind Spielverderber. Schließlich dürfen wir nicht vergessen, dass die Outdoorbranche nicht Millionen, sondern Milliarden umsetzt; viele der bekannten Firmen sind längst an der Börse notiert. Und spätestens hier haben all die tollen Namen mit Lagerfeuerromantik nicht mehr viel zu tun, sondern sind klirrend kaltes Kalkül.

Mein Rat: Gehen Sie auf keinen Fall mehr in altmodischen Baumwollhemden an die frische Luft und betreten Sie nie wieder unvorbereitet eine von Fallwinden umtoste U-Bahn-Plattform. Der Tipp vom Experten: Legen Sie eine erste Schicht aus *Full Dull Chaintec* an, darüber zwei Lagen *Softshell Dermizax-Titanium*, die Oberschicht sollte aus *Hexa Tex mit Z-Liner* bestehen. Wer dann noch eine Mütze aus *Prince Charles Protective Seal* überstülpt und sich Moonboots mit integriertem Indianer- und Schweißmanagement auf den Kopf schnallt, ist kampfbereit.

Dann aber nichts wie ab in die Wildnis! Wie wär's mit einer Extremtour im Heidepark Soltau?

11

Die gesteigerte Affentitte

Gut, besser, mega, giga, hyper: Die Sprache wird immer weiter aufgepumpt. Ein Ausflug in die Psychologie erklärt, warum

Warum heißt eine Sonnenbrille in Deutschland *Evil Eye ClimaCool Pro?* Warum sollen wir Bewerbungen nicht mehr an Personalabteilungen schicken, sondern an *Human Resources Divisions?* Weshalb nennt sich ein Friseur *Haar@mbulance?*

Fast überall wird die Sprache heute überhöht, gesteigert, getunt – wie auch immer man es nennen will. Was mag hinter diesen Sprachorgien stecken? Was treibt die Menschen dazu, die Sprache derart zu entfremden und aufzublasen? Ein Phänomen, das wir übrigens fast überall beobachten können. In der Werbung, im Fernsehen, in der Jugendsprache, auf Magazintiteln. Und sogar bei Gesprächen im Alltag.

Es ist, als wolle die Sprache klotzen und angeben, wo es nur geht. Dann etwa, wenn wir nicht nur *günstig* telefonieren, sondern *supergünstig.* Wenn ein *Rabatt* zum *Mega-Rabatt* wird und die Filiale der Deutschen Bahn zum *Mobility Center.* Politiker und Geschäftsleute haben ebenfalls eine Neigung zum Protzen. Die sagen nicht einfach: »In Zukunft wollen wir etwas verändern.« Sie formulieren es oft lieber so: »In Anbetracht der globalen Entwicklungen streben wir Erneuerungen auf allen zukunftsorientierten Innovationssektoren an.«

Unsere Sprache ist ziemlich dehnbar und flexibel, und darum wird sie aufgemotzt, was Silben und Buchstaben hergeben. Man könnte vielerorts schon von einem haltlos übersteigerten Pop-Deutsch sprechen. Zum Beispiel dort, wo mittels der Kunstsprache Denglisch bewusst falsche Schreibweisen fast schon artistische Züge annehmen. So nennt der Sportartikelhersteller Adidas eine Produktserie *adiPURE*. Der Telefonanbieter E-Plus hingegen vergreift sich an normalem Deutsch, kommt aber ohne eine Extrawurst auch nicht aus. Er spricht von einem seiner Angebote als *Zehnsation*.

Was ist der Sinn? Warum solche Höhenflüge? Ein Ausflug in die Psychologie, genauer gesagt, in die Wahrnehmungspsychologie, hilft die Motive zu verstehen.

Wahrnehmung ist ein Prozess der Informationsverarbeitung. Alle unsere Sinne werden ständig von Signalen der Außenwelt überflutet, da jede Situation, in der wir uns befinden, eine unüberschaubare Anzahl von Reizen enthält. Wenn wir aber sämtliche Reize und Informationen aufnähmen, würde unser Gehirn überfordert sein. Wir würden verrückt werden – ähnlich wie ein Computer, dessen Festplatte vor Daten überquillt, die Mengen an »Input« nicht mehr sortieren und verwerten kann und schließlich »Error« meldet.

Das Gehirn hat sich schon früher als der Computer eine effiziente Methode einfallen lassen, um dem Reizüberfluss Herr zu werden: Es selektiert, es wählt aus. Diese »selektive Informationsverarbeitung« ist eine grundlegende Fähigkeit zum Überleben. Nähmen wir zu viele Nachrichten auf, würden sie uns umbringen – man spräche dann von einem *Overkill* (ausgerechnet ein Anglizismus bringt es auf den Punkt).

Um uns entsprechend zu schützen, registrieren wir lediglich, was uns wichtig erscheint, was wir an Wissen und Informationen brauchen. Unsere Wahrnehmung ist also bei Weitem keine vollständige Aufzeichnung aller Dinge und Ereignisse der uns umgebenden Welt. Im Gegenteil: Wir registrieren also nur einen winzigen Bruchteil aller Reize, die die Umwelt auf uns einstürzen lässt. Das gilt ebenso für die Sprache. Auch hier können wir nicht jedes gesprochene und geschriebene Wort aufnehmen und schon gar nicht speichern. Um sich diesen Prozess des Selektierens vorzustellen, muss man übrigens nicht erst psychologische Studien bemühen, sondern nur die eigene Person. Jeder kennt es: Wenn uns das Geschwätz der anderen zu viel wird, schalten wir auf »Durchzug«, es geht zum einen Ohr hinein und zum anderen hinaus (»links rein, rechts raus«). Als ob wir sagen wollten: Verschone uns, Umwelt. Müll uns nicht zu!

Wir sind biologisch also mit einem »technischen Limit« ausgestattet – und im Grunde ständig dabei, auszublenden und wegzuhören, zu filtern und zu ignorieren. Und genau darum ist es zwangsläufig zu einem gesteigerten Sprachkrach gekommen. Denn schließlich wollen Politiker, Friseure, Sonnenbrillenhersteller und Co. nichts anderes, als dass wir sie wahrnehmen. Dies ist die Voraussetzung, um uns als Zuhörer oder Kunden zu gewinnen.

Folglich müssen sie auffallen. Um jeden Preis. Sie müssen herausstechen aus der Masse, sich bemerkbar machen. Rufen, kreischen und mit den Armen wedeln. Wie eine Ameise unter Tausenden, die sich hervortun will und schreit: »Hallo, hier bin ich! Beachtet mich! Ich bin etwas Besonderes!«

Die Sprache spielt in diesem Prozess eine zentrale Rolle: Sie wird zum Lockvogel. Zu einem wichtigen Vehikel, um Aufmerksamkeit zu erzielen. Sie muss ungewöhnlich sein, damit sie uns überhaupt erreicht. Muss protzen, damit wir ein, zwei Sekunden auf einem Schild, einem Slogan, einer Werbung verharren. Die Sprache versucht also nichts anderes, als uns Ignoranten zu ködern.

Das ist heute nicht mehr einfach, da in den letzten dreißig, vierzig Jahren sehr viel passiert ist. Die Welt ist schneller, bunter, voller und lauter geworden. Vor allem das Fernsehen, das Internet und die massenhafte Verbreitung von Sprache haben maßgeblich dazu beigetragen. Angesichts dieser Veränderungen hat es eine Ameise ziemlich schwer, sich Gehör zu verschaffen: »Hallo, ich bin hier! Nehmt mich wahr! Betretet mein Geschäft! Lasst euer Geld bei mir!« In den Fünfzigerjahren reichte ein hübsch gemaltes Schild, auf dem »Meisterbetrieb Müller« stand, um registriert zu werden. Hier und da waren auf Reklamen nette kleine Wörter zu lesen wie »gut«, »schön« oder »sehr beliebt«.

Solche Formulierungen waren niedlich, doch dem Untergang geweiht. Es dauerte nicht lange, da begann die Jagd nach den Superlativen. Gut. Besser. Am besten. Der Robinson Club rief den »Club der Besten« ins Leben. Eine Bar durfte nicht mehr nur »beliebt« oder »in« sein, sondern musste mindestens als die »hippste Bar der Stadt« gelten. Auf Margarinereklamen und in Supermärkten tönte es alsbald: »Für Sie nur das Beste.« Und die Ladenkette Blume 2000 wirbt noch heute: »Die schönste Ware der Welt …« Die besten, tollsten, schönsten – das waren sie bald alle. Und so geschah es, dass der gemeine Superlativ nur noch zum Mittelmaß reichte. Danach blieb nichts anderes übrig, als den Superlativ weiter zu steigern.

Plötzlich wurde alles cool, trendy, hip, funky, groovy. Anschließend brach die Ära von mega, hyper, ultra und giga an. Geschäfte und Produkte waren auf einmal *hypergeil, ultracool* oder *gigamäßig.* Und einfache Trends mussten schon als *Megatrends* ausgerufen werden, um ein Fünkchen unserer begrenzten Geistesgegenwart zu erhaschen. Als KüchenQuelle 2008 sein dreißigjähriges Jubiläum feierte, warben die Küchenzeilenkonstrukteure mit einer Postkarte, die in

Zeitschriften klebte. Darauf stand, weil nicht doppelt, sondern fünffach besser hält: *Megarabatt* im *Megastore*. Und auf der Rückseite thronten die Kracher: *Mega-Auswahl, Mega-Sicherheit, Mega-Service.*

Es ist, als hätten die Deutschen eine Fußballpumpe in ihre Sprache gerammt und würden mit vereinten Kräften pumpen. Aus *gut* wurde *geil*. Aus *geil* wurde *saugeil*. Aus *saugeil* wurde *obergeil*. Aus *obergeil* alsbald *oberaffengeil*. Aus *oberaffengeil* dann *oberaffentittengeil*. Und aus *oberaffentittengeil* schließlich *oberaffentittenmegageil*. Das Wort fand sich bald in der Werbung wieder, schließlich in den Magazinen, und quält sich noch heute über so manche Lippe. Kann eine solch erigierte Sprache überhaupt noch auffallen? Noch immer mit neuen Reizen aufwarten, wo doch so ziemlich alles existent ist? Jeder kennt das Kürzelchinesisch, die Formelsprache, XXL-Zusätze, Computerlatein und mitten in die Worte getriebene @-Zeichen.

Ein Prinzip, um Sprache neu ins Rampenlicht zu setzen, besteht nun darin, die Welten zu verkehren: Dabei muss etwas als »peinlich« oder »daneben« bezeichnet werden, um als »klasse« oder »prima« zu gelten. Eine sprachliche Realität, die längst schon wieder in der Werbung angekommen ist. Ein Beispiel war ein Slogan für Nokia-Handys: »Der Song ist so peinlich, dass er schon wieder gut ist.« Man könnte dies auch als Atze-Schröder-Prinzip bezeichnen. Der Komiker Schröder turnt in den abendlichen TV-Shows als Vollproll, Goldkettenträger und Asi (Asozialer) durch die Gegend – und gibt sich ganz bewusst so peinlich, dass die Zuschauer es bereits wieder toll finden. Aber natürlich muss man das erst mal verstehen.

Nach den maßlosen Steigerungen, Anglizismen und sprachlich verkehrten Welten wird derzeit die Rückkehr zur Schlichtheit propagiert. Eine Studie über Anzeigentrends 2007 behauptet: »Einfachheit wird zum Megaversprechen« (wobei man auch hier ohne ein *Mega* nicht auskommt). In der Untersuchung wird beschrieben, wie sich Werbesprüche neuerdings präsentieren: »Slogans im Aufzählungsstil wirken wie Pistolenschüsse: kurz, schnell und intensiv.« Ein Potpourri von Parolen auf dem Titel der Studie soll zeigen, was die Wahrnehmung der Konsumenten heute stimulieren soll. Dort steht in Großbuchstaben:

WEIL EINFACH EINFACH EINFACH IST. ENT-SCHEIDE DICH. BERUHIGEND SICHER. LEBE BUNTER. EINFACH NÄHER. WO GIBT'S NOCH QUALITÄT WIE DIESE. SIMPLY UND GUT. NATÜRLICH DAS BESTE. GENAU WAS ICH WILL. DU BIST DEUTSCHLAND. ERFRISCHEND ECHT.

Immerhin kommt in diesen Aussagen nur ein Anglizismus vor *(simply)*. Doch ob wir tatsächlich zu solch relativ einfachem Deutsch zurückfinden, ist fast eine müßige Frage. Zu groß erscheint der Schlamassel, der durch die Sprachverwurstung entstanden ist. Da kann man fast verstehen, dass ein Fotogeschäft heute keine Bilder mehr entwickelt, sondern *Pics* (kurz für engl. *pictures*). Und wenn eine Konditorei Apfelstrudel anbietet, riecht's nach Altersheim im Schwarzwald. Nein, es muss schon eine *Bagel Company* sein, die *Apple Pie* und Kekse der Marke *Chocolate Heaven* anpreist.

Mit BMW auf der Reeperbahn

Und neuerdngs lsst mn übrgns gern auch mnchmal n paa Vokle und Bchstaben weg, wnn mn so rchtig auffalln wll: Das Auslassen von Vokalen ist derzeit der letzte Schrei, um Aufmerksamkeit mittels Sprache zu wecken. Als sei unser heutiges Deutsch ein Junkie, der nach immer neuen »Kicks« sucht. Am Trockendock Nummer zehn im Hamburger Hafen hatte der Autohersteller BMW einen 170 Meter langen Werbebanner gespannt, auf dem in acht Meter hohen Buchstaben zu lesen war: *Af dr Rprbhn nchts m hlb eins.* Was die

Bayerischen Motoren Werke mit dem berühmten Hamburger Rotlichtviertel und Hans Albers zu tun haben, bleibt dem Betrachter überlassen. Wir lernen jedoch, dass Sprache mit Inhalten nur noch sehr wenig zu tun hat, dagegen immer mehr vom hilflosen Streben nach Auffälligkeit bestimmt ist.

Dazu steht auf der Internetseite »Autokiste« Folgendes: »Vokale wegzulassen, erschwert das Lesen, macht es aber nicht unmöglich: Ein idealer Ansatz für Werbung, die wahrgenommen wird. BMW geht aktuell diesen Weg – und setzt auch sonst auf Unübersehbarkeit: Das aktuelle Transparent im Hamburger Hafen ist vierzig Meter länger als der berühmte Hollywood-Schriftzug in Los Angeles.« Und weiter heißt es: »Das 170 Meter lange und zehn Meter hohe Riesenplakat wird für das neue BMW 1er-Coupé werben. Das Auto sei ›Fahrfreude pur‹, schwärmt BMW-Marketingchef Manfred Bräunl. ›Wir wollen, dass der Betrachter spürt, was es heißt, dieses Auto zu fahren.‹«

Die weggepurzelten Vokale sollen laut »Autokiste« weiterhin eine ›verdichtete Intensität‹ widerspiegeln, die sich quer durch alle Kampagnenelemente zieht. Andere verkürzte Worte, von BMW zurechtgestutzt, um uns zu stimulieren, heißen: *Hrzrasn, Gnshaut, Adrnln, Rck'n'Rll* oder *Kribbln*. Dabei sind sie eher der Beweis dafür, dass weniger nicht immer mehr ist. Zu anstrengend scheint der Versuch gewesen zu sein, mit normaler Sprache eine wirklich clevere Idee zu formulieren.

Der Grund für solche Affentänze liegt unter anderem darin, dass Sprache sich abnutzen kann wie ein Paar Schuhe. Irgendwann blitzen sie nicht mehr, das Leder ist brüchig, keiner sieht mehr hin und bewundert die einstmals schicken Treter. So kann es auch Wörtern gehen, die wir zu oft gelesen und gehört haben. Sie leiern aus und klingen dann ein wenig gammelig. Sagen Sie zum Beispiel noch *sahnemäßig* oder *alles paletti?* Und was, wenn die Telekom den Teenagern heute *heiße* Handys und *dufte* Klingeltöne anböte? Die Kids würden kotzen, die Umsätze purzeln.

Folglich müssen in gewissen Abständen neue Schuhe her. Sprachlich gesehen, sollten es dann schon ein Paar neue High Heels sein, am besten in pinkfarbenem Leopardenfell mit grünen Kringeln darauf. Sonst guckt ja keiner hin! Man soll ja regelrecht darüberstolpern.

Wissenschaftler haben natürlich auch untersucht, was beim Lesen genau geschieht. Das Auge fixiert eine Buchstabenfolge, und erst wenn die Bedeutung im Gehirn angekommen ist, springt es weiter zum nächsten Wort. Diese Augensprünge heißen Sakkaden und dauern zwischen 150 und 350 Millisekunden. Kurz: Unsere Augen hangeln sich beim Lesen von Buchstabe zu Buchstabe, von Wort zu Wort.

Das klingt quälend, aber zum Glück sind wir ziemlich gut im Hangeln. Und lernfähig obendrein. Wörter, die kaum Silben haben, erfassen wir rasend schnell. Begriffe wie *Auto, Haus* oder *Cola* nehmen wir quasi im Affentempo wahr. Und selbst längere Wörter wie *Eisenbahngesellschaft* oder *Tiefkühltruhe* meistern wir problemlos – weil wir sie schon zigmal gesehen haben und ihr »Bild« sofort erkennen. Dabei gilt: Je kürzer und bekannter das Wort, desto kürzer die Sakkade. Je komplizierter und unbekannter das Wort, desto länger bleibt das Auge an ihm haften.

Und genau darauf setzen die Sprachverwurster. Sie wollen, dass wir ins Stocken geraten. Dass das Auge ein Wort zweimal, dreimal, viermal abtastet, ins Straucheln gerät und nach hinten meldet: »Huch, was ist das denn Tolles?« So kriegen sie uns. So schaffen sie es, dass wir bei der Botschaft, bei einem Produktnamen oder dem neuen Telefontarif hängen bleiben.

Kein Wunder, dass uns heute *BasiX-Packages 2.0* vor die Augen kommen. Dass eine neue Skibrille nicht mehr nur gut ihren Zweck erfüllt, sondern eine *Revolutionary Performance* besitzt. Und wenn wir so rchtg stlpern und stürzn sllen, na, Sie wissn schn – dann schleudert uns BMW gerade einen Stock in die Speichen.

Wir sollten uns also nicht ständig über aufgepumpte Wörter, verunstaltete Sätze und hochtrabende Produktnamen aufregen. Die Sprache versucht nur buchstabenringend, unsere Aufmerksamkeit zu erregen. Lies mich! Bitte, bitte, lies mich! Manchen freilich geht das langsam auf den Wecker. Und es soll Leute geben, die ödet das Ganze nur noch an. Rat von mir: ab sofort nur noch mit Sturzhelm vor die Tür gehen. Am besten mit diesem sprachlich leicht aufgemotzten Modell: dem *Superhelix GT* – mit siebzehn Belüftungsschlitzen, IAS 3D Anpasssystem, Monomatic Verschluss, optionaler Helm-LED plus abnehmbarer Cross-Blende XB 320. Und falls es draußen Kampfdeutsch hagelt – der Superhelix-Helm ist zum Glück noch mit einem Fliegennetz ausgestattet.

Einfach runterklappen, Augen zu und durch!

12

**Wir und die
Key-Learnings**

*Multitasking und Wichtig-
sprache total: wie Werber,
Banker und Co. die ganz
große Welle machen*

Hoffentlich sind Sie frisch gebügelt, gut drauf und können
routiniert mit dem Wort *kreativ* umgehen. Denn Achtung,
wir betreten gerade eine Werbeagentur. Richtig, einen dieser
Kampagnero-Tempel mit den komischen Namen. Wie heißen die noch? K.N.S.K, B.B.D.O., T.B.D., B. & D, A. & W.
und wie sich die Kürzelfetischisten alle nennen. Wir nehmen
den Fahrstuhl. Wir gehen durch zwei Glastüren. Wir sehen
eine Empfangsdame.

Die Empfangsdame hat einen Bügel auf dem Kopf und ein
Mikro vor den Mund geklemmt. Freisprechanlage für Profis.
Ob wir einen Termin hätten? Nein, haben wir nicht. Wir
kommen nur mal so vorbei. Wir wollen nur mal ein bisschen
lauschen.

Hören Sie es schon? Es arbeitet sich jetzt durch den Flur
direkt auf uns zu, trippelnde Schritte, braune Schnabel-
schuhe, Rolli, Sakko, Designerbrille auf der Nase. Sind Sie so
weit? Gut. Dann holen Sie jetzt Ihr Surfbrett raus. Denn die
wichtig gepuderten Herrschaften, die Ihnen da entgegenmar-
schieren, schieben in der Regel eine so dicke Bugwelle vor
sich her, dass man darauf surfen kann.

Charly don't surf. Wir schon!

Und jetzt hören wir es klar und deutlich: Wir werden von einer *Location* erfasst, einem *Shooting*, einem *Pitch, Branding* und einem *Cross-Selling Value*, einem *Treatment*, einer *Corporate* soundso und einer *Corporate* tralala. Hoffentlich ist Ihr Brett gut gewachst, die Damen und Herren sind nur noch zwei Meter entfernt, und jetzt kommt die Killerwelle.

Der Mann im Rolli sagt: »Das *Key Visual* sollte besser platziert werden, dann hat die *Out-of-Home-Kampagne* einen höheren *Benefit*.«

Jener im hippen T-Shirt gibt seinen Senf dazu: »Wir brauchen dringend ein *Pre-Test-Verfahren*. Können wir das mit einer *In-House-Solution* machen?«

Der Art Director zieht prompt nach: »Habt ihr die letzten *Media-Charts* nach dem *Re-Launch* gesehen? Wenn das der Kunde erfährt, sind wir unseren *Key Account* los!«

Jetzt ist der CEO an der Reihe, der Chief Executive Officer: »Wir müssen sofort den *Media-Mix* hochfahren, wir benötigen mehr inhaltliche *Learnings* und *Recognition*. Hat irgendjemand die neuen *Recall-Screenings*?«

Das hört sich mächtig nach Madison Avenue an und klingt nach strategischen Großtaten. *Good morning, Germany:* Willkommen in jenen Sphären, in denen die Sprecher nur noch 50 Prozent Deutsch reden und von den restlichen 50 Prozent annehmen, es sei Englisch. Das ist es aber nicht. Vielmehr ist es ein seltsames Kauderwelsch, das sich in den Werbe-, Event-, Medien-, Marketing- und PR-Agenturen eingenistet hat – und von vielen nur noch als linguistische Seifenoper wahrgenommen wird. Im Internet machen sich einige Leute schon gezielt lustig über die Werber und halten sich die Bäuche. Etwa in einem Beitrag mit dem Titel: »Werbedeutsch – da krisch isch Plak!« Kölner Kneipenslang. Übersetzt bedeutet dies, dass der Kommentator das Werbedeutsch so dämlich findet, dass er schon Belag auf den Zäh-

WERBEDEUTSCH – DA KRISCH ISCH PLAK!

Verfasst am March 10, 2008
Autor: Texterchen
Abgelegt unter Werbung

Mir ist hier ein Manifest mit Tipps zur Erstellung von Plakaten in die Hände gefallen und beim einfachen drüberlesen, habe ich mich mehrmals beim Kopfschütteln ertappt.
Ich verstehe alles was gesagt wird, meine aber, so manches lässt sich elegant auch auf Deutsch sagen.
Ein paar Zitate:

"Das Key Visual und/oder der Slogan sollten daher entsprechend groß platziert werden, damit die Out-of-Home Kampagne ihre volle Leistung entfalten kann."

"Die optimale Platzierung des Markennamens/Logos lässt sich mit Hilfe von Pre-Test Verfahren bestimmen."

"Das Produkt wird am PoS/Supermarktregal eher wiedererkannt und die

nen bekommt. Wobei die Werber nicht allein in der Kritik stehen. Die Banker und Manager machen ihnen ordentlich Konkurrenz.

Seit dem verschärften Aufstreben der Controller, Marketingstrategen und Media Consultants haben die Inhaber dieser Berufsbezeichnungen ihr anstudiertes Wissen mit voller Breitseite in die deutsche Arbeitswelt geschwemmt. Dabei ist es vor allem die Generation der hochgedrillten Trainees und Business-Akademiker, die ihre »Master«-Studiengänge, MBAs und Managementlehrgänge im Ausland absolvieren und ihre Kollegen nach der Rückkehr in die Heimat weltmännisch zudröhnen.

Dabei ist einiges passiert. Allein Begriffe wie *Business* und *Management* haben die deutsche Geschäftssprache munter aufgemischt, ein jeder musste mithalten – und seitdem übt sich ein großer Teil des geldscheffelnden Deutschlands darin, alles zu sprechen, nur kein Deutsch. Man agiert mit Begriffen wie *Global Players, Blue Chips* und *Revenue Strategies,* als ginge es um alles oder nichts.

Vor allem die Werber, *Trendspotter,* PR-Profis und diverse Schreibtischhheroen sind mit fliegenden Fahnen auf den Zug aufgesprungen. Das Ergebnis: so eine Art Elite-Denglisch mit rosa Krawatte und leichtem Top-Spin. Nur schade, dass man Kant, den alten Schwarzseher, nicht noch mal einfliegen und bei so einem *Shareholder Meeting* zu den CEOs aufs Podium schicken kann. Ihm hätten exakt sechs Worte zur Vernichtung gereicht. Schon zu Lebzeiten befand er: »Fremdwörter verraten entweder Nachlässigkeit oder Armut.«

Etwas mehr Worte benötigt der Journalist Markus Reiter, wenn er in seinem Buch *Die Phrasendrescher* zu einem ähnlichen Fazit gelangt: »Die Phrasendrescher aber bedienen sich des fremdsprachlichen Ausdrucks, weil sie die Wahrheit verschleiern, weil sie bewusst unklar und unpräzise bleiben wollen.« Und vielleicht gar nicht mehr anders können?

Cool-Deutsch. Mediensprech. Banker-Gebrabbel. Werbergestotter. Manager-Gestelze. Der Volksmund hat der gefühlten Falschgeldsprache inzwischen viele Namen gegeben. Denn was aus den Agenturen, Banken und Trainee-Büros strömt, ist längst zum Klischee verkommen – obschon deren Sprache weiterhin fleißig durch Konferenzsäle und Hotel-Lobbys gellt. Vor allem auf den Flughäfen, den *Airports*, gibt es kein Entrinnen, wenn die einheitlich gewandte Diaspora der Geschäftsreisenden zum allmorgendlichen Pilgerstrom aufbricht und an den *Gates* noch schnell die letzten *Updates* für die *Meetings* in Düsseldorf, Frankfurt, München, Hamburg durch die Handys schickt. Mit Blick auf den *Boarding-Pass*, die *Key Assets* auf den Lippen, verschwinden sie in den Fliegern, das Gesicht wichtig, das Leben ach so hart.

Das auf Normalnull zurückgebliebene Deutschland sollte indes die Kreuzworträtsel beiseitelegen und einmal bewusst dieser abgehobenen Sprache zuhören. Das kann richtig Spaß machen. Statt über den Nebenfluss der Rhone oder den Nachfolger von Ramses III. nachzudenken, sollten wir zur Abwechslung einmal versuchen, das uns zu Ohren steigende *Modern German* zu entschlüsseln.

Schritt eins: aufschreiben, was wir hören. Also notieren, wenn der *Key Account Manager* mit dem *Customer Service* telefoniert, sich über die *Manpower* beschwert, weil die bei den *Human Resources* mal wieder nur die Nieten aus dem letzten *Assessment Center* gezogen haben. Wo bleiben da die *Soft Skills?* Wo die *Performance-Strategien?* Wo die *Procedures* für die neuen *Core Tools?* Da stimmt doch etwas mit dem *Turnout* nicht!

Zweiter Schritt: Nun versuchen wir zu übersetzen, was wir da hören. Na? Hm. So einfach ist das gar nicht. Denn in der Tat haben sich die englischen Begriffe inzwischen so heimisch gemacht, dass uns die deutschen Wörter kaum noch einfallen. Der *Verkaufsplatz* hat sich klammheimlich hinter dem *Point of Sale* verdrückt. Die *Personalabteilung* schleicht kleinlaut hinter der *Human Resources Division* den Flur entlang. Und wenn wir von der deutschen *Arbeitskraft* sprechen, klingt das schon nach Kolchose. Zu hochnäsig blickt diesem Wort heute die moderne englische *Manpower* ins Gesicht.

Und die *Soft Skills?* Die *Core Tools* und das *Assessment Center?* Was für Übersetzungen können wir in diesen Fällen anbieten? Sind *Soft Skills* womöglich »weiche Fähigkeiten«? Menschliche Begabungen? Soziale Kompetenzen? Also am Ende so skurrile Züge wie Entschlossenheit, Ehrlichkeit, Teamgeist oder Freundlichkeit? Was für Worte! Und die *Core Tools?* Kernwerkzeuge? Richtige Maßnahmen? Schon nicht schlecht. Aber was genau ist damit gemeint? Vielleicht die jeweils wesentlichen Schritte, um etwas zu erreichen? Vielleicht das nötige Handeln? Oder könnte man gegebenenfalls sogar in knallhartem Deutsch sagen: »Lasst uns tun, was wir zu tun haben«?

Und nun das *Assessment Center*, welches Tausenden von Kandidaten für eine Stelle in einer Firma den Schweiß auf die Stirn treibt. Was hat es damit auf sich? Ist es das Personalauswahlverfahren? Aber nein, das ist ja kein *Center*. Also kein Zentrum, kein Gebäude, kein Ort. Vielleicht dies: eine Anstalt zur systematischen Hinterfragung der beruflichen Kompetenzen? Grauenhaft! Eine Ausleseklinik? Noch schlimmer! Und was ist eigentlich noch mal genau eine Klinik? Steckt hinter dem Wort stets ein Krankenhaus? Immerhin besuchen manche vor Saisonbeginn eine Golfklinik – nicht wegen einer Operation, sondern zum Golfspielen! Wie lässt sich aber nun dieser dämliche Begriff *Assessment Center* übersetzen? Ist es eine Berufsfähigkeitsuntersuchungsstätte? Bloß nicht, denn das ist ein Bandwurm. Ein Qualifikationssaal? Schon kürzer, schon schöner. Aber würde hier zwangsläufig etwas getestet, eingeschätzt, geprüft, festgestellt – wie es das englische Verb *to assess* nahelegt?

Müssen wir uns geschlagen geben? Und selbst wenn uns in allerletzter Sekunde noch die knappe Bezeichnung *Berufstest* einfiele – wir müssten wohl einen Kompromiss eingehen. Denn es bliebe noch immer die Frage offen, die jeder logischen Betrachtung entbehrt: Würde dieses deutsche Wort auch so gut, so modern klingen wie das englische? Würde dieses Wort Gefallen finden? Oder kämen bei vielen Rückübersetzungen ins Deutsche am Ende nur miefige und altbackene Ausdrücke heraus?

Fragen über Fragen. Die uns eines zeigen: Ganz simpel ist es nicht, dem Denglisch-Geschnatter die Stirn zu bieten. Und doch hat allein der Versuch zwei Vorteile: Zum einen denken wir über unsere Muttersprache nach und kramen ein wenig in unseren Hinterstübchen. (Und über Sprache und

Wörter zu grübeln kann gelegentlich zu unerwartet erhellenden Erkenntnissen führen.) Zum anderen: Wir lernen englische Vokabeln. Und anstatt sie wahllos nachzuplappern, fragen wir sogar nach ihren Feinheiten, nach ihrer wirklichen Bedeutung.

Sprachbeobachter haben sich derweil längst in zwei Lager aufgeteilt. Die einen lieben das Amüsement und lauschen mit offenen Ohren den täglichen Schwadroneuren, die das Land unterhalten. Im Internet existieren Foren, die das Werbe-, Business- und Marketingdeutsch frontal auf die Schippe nehmen. So sind mancherorts die schönsten Trouvaillen aus den einschlägigen Büroetagen sogar systematisch aufgelistet. Darunter Sätze wie diese:

- Wir wollen mit dem Konsumenten noch stärker als bislang über alle Touchpoints in Dialog treten.
- Wir bieten einen Benefit, den der Kunde von uns erwartet.
- Interaktivität ist für uns im Branding ein ganz wichtiges Asset.
- Was wir brauchen, ist deutlich mehr Core Target!

Solche Sätze klingen fantastisch. Sie ähneln Overheadprojektoren, die man in ein Blumenbeet gerammt hat. Aber es geht noch besser. Denn weitaus interessanter sind die Kommentare, die solche Höhenflüge genervten Bürgern entlocken. Darunter diese leicht echauffierten Stimmen aus dem Netz:

- Plapperlapapp ist ein Tandaradei auf dem Wuschiwusch der Core Targets.
- Bytheway. Core Targets haben sich noch nicht so durchgesetzt wie Core Value. Vielleicht werden die Targets gerade noch generiert.

- Hoffentlich komme ich nicht als ein Core Target auf den Schießstand unserer Marketeere. Wenn ich so weitermache, wird das noch eines der ersten Core Assets … Oder wie jetzt?
- Wichtig-Deutsch. Das ist die beste Vorlage für ein neues Bullshit-Bingo!
- Sehr schön war auch der Satz von einem Kunden, den ich mal bei einem Meeting gehört habe. Achtung, jetzt kommt's: »Den Sell-out zu pushen, das ist der Need, den wir haben …« Noch Fragen?
- Priorität liegt auf jeden Fall bei crossmedialen Mehrwert-ketten, die wir synergiegenerierend am Markt platzieren. Ist halt alles Customer-sharing.
- Ich sach nur: Wir müssen da proaktiv rangehen!
- Siehst du den Case dabei frontend-bezogen oder generell underrated?
- Alles Quatsch! Wir sollten sämtliche Learnings bündeln, um endlich eine Win-Win-Situation zu forcieren. Und damit basta!

Kawumm! Die Stimme des Volkes hat gesprochen. Und die dick lackierten Bügelfaltenjohnnys sind am Ende selbst schuld, dass sich halb Deutschland inzwischen auf die Schenkel klopft.

Viele Sprachhüter hingegen finden diese Art des Sprechens weniger amüsant, vielmehr alarmierend. Sie behaupten, die Anglisierung wäre keinesfalls gewinnbringend, im Gegenteil: Das denglische Geschwurbel koste obendrein eine Menge Geld! Viele junge Mitarbeiter in Firmen würden viel Zeit damit verbringen – Zeit, die man für sinnvollere Tätigkeiten verwenden könnte –, um in speziellen Onlinelexika nachzuschlagen, wie man das Geschwätz der Chefs und Abteilungsleiter zu verstehen habe.

Inzwischen gehen sogar europäische Kulturhüter ob der neuen Sprachgepflogenheiten auf die Barrikaden. Ihr Argument: Das zurechtgestutzte Neuzeit-Denglisch würde das alte, echte Englisch gefährden – einen wahren Sprachschatz. In einem soliden englischen Drama würden jene, die mit ihrem zusammengeschusterten Business-Slang durch die Welt ziehen, noch nicht einmal den Prolog überleben. Das Gestammel von *Corporate Identity*, *Executive Consulting* und *Company Commitment* habe mit gutem Englisch so viel zu tun wie Babysprache mit Goethe. Und so war vor Kurzem nicht der Ausruf »Rettet das Deutsch!« zu vernehmen, sondern der Hilfeschrei »Rettet das Englisch!«.

Eine von der Europäischen Kommission einberufene Gruppe fordert daraufhin schon die Abkehr des Englischen als zentraler europäischer Verkehrssprache. Der englischen Sprache, so war in einem Kommentar zu lesen, würde dies sicher guttun. Denn ihren Liebhabern bereite es Seelenqualen, dass sie von allzu vielen unberufenen Menschen herumgereicht, zerkaut, entstellt und gedankenlos ausgespuckt werden würde. Das Englische habe den Charakter einer Sprache verloren und sei nur noch Kommunikationsmittel, entkleidet von allen historischen und kulturellen Accessoires. Mithin ein ausgetrocknetes Skelett.

Inzwischen tröten allen voran die Deutschen weiterhin von großen Dingen und wichtigen Taten. Von *Capture Tools* und *Multitasking*, *Casting Shows* und *Venture Capital*.

Wissen sie, was das heißt? Was es *genau* heißt? Mit einer klaren *Win-win-Situation* sollten wir bei der Klärung dieser Frage nicht rechnen. Wenn wir Glück haben, geht es fifty-fify aus. Wenn wir Pech haben, steht am Ende ein kleinlauter *Loser* vor dem *Flip-Chart*.

Aber das kapiert zum Glück dann jeder.

13
Zugedröhnt und vollgetextet

Quantität geht über Qualität: Längst können wir nicht mehr alles lesen, was wir dringend lesen sollten. Ist da vielleicht die Gesetzesflut schuld?

Das Lesen einer Zeitschrift beginnt in letzter Zeit immer häufiger mit dem Gang zum Papierkorb, es ist längst zu einem Ritual geworden. Manchmal rutschen mir die Werbebeilagen auch bereits auf offener Straße aus den Magazinen heraus, kurz nachdem ich den Kiosk verlassen habe. Vor dem Lesegenuss steht dann zunächst diese Übung an: bücken, aufsammeln, fluchen.

Es ist schon erstaunlich, was einem aus einer Zeitschrift so alles entgegenkommt. Ich habe einmal nachgezählt. Aus den Seiten eines einzigen Magazins flogen mir insgesamt sieben Werbebeilagen entgegen und segelten mir unkontrolliert um die Beine. Darunter der Prospekt eines Handyanbieters, die Broschüre eines Kreditinstituts, eine Abo-Werbung und der noch eingeschweißte Prospekt eines Möbelherstellers. Gab es nicht einmal den Aufruf, Journale und Zeitungen sollten lesefreundlicher werden?

Er scheint überhört worden zu sein. Im Gegenteil, der schlichte Akt des Zeitschriftenlesens wird immer umständlicher. Die Blattmacher scheinen ihre Berufsbezeichnung in letzter Zeit sehr wörtlich zu nehmen: Sie produzieren Blätter – je mehr, desto besser.

Und auch das schnelle Durchblättern eines Magazins wird uns nicht leichter gemacht. Denn meistens kleben irgendwelche Postkarten, Lotteriescheine und Sonderhefte in den Magazinen, die man erst mühsam heraustrennen muss, sonst klappen mitten während des Umblätterns plötzlich fünfzig Seiten auf einmal um. Mein Vater ist inzwischen so weit, dass er die Beilagen sammelt, einmal am Tag sorgfältig stapelt und auf der Fensterablage im Treppenhaus platziert. Vielleicht möchte sie ja doch noch jemand lesen? Will natürlich keiner. Und so marschiert er einmal wöchentlich mit einem haushohen Berg Werbeschrott tapfer zum Altpapiercontainer.

Das kollektive Wegschmeißen von Papier ist jedoch nur das Symptom einer weitaus besorgniserregenderen Krankheit: Dabei handelt es sich um das maßloses Anschwellen von Sprache. Als ich kürzlich einen Freund in Berlin besuchte, sah ich in der Küche zwei gigantische Türme, gebaut aus Werbebeilagen, Broschüren, Gratismagazinen und Wochenendbeilagen, neben Spüle und Kühlschrank wackeln. Millionen von Buchstaben hatten hier ungelesen ihren Tod gefunden. In einem einzigen Haushalt!

Das Virus breitet sich übrigens rasant aus, als ginge es um eine Attacke auf breiter Front. Dabei geschehen Dinge von seltsamer Natur. Wie oft beispielsweise mussten wir schon Unterschriften unter Dokumente setzen, die wir gar nicht erst durchgelesen haben? Durchlesen konnten?

Nehmen wir nur die Textwüsten unserer Versicherungspolicen. Allein bei einer noch relativ harmlosen Berufsunfähigkeitsversicherung hatte ich es mit einem zwölfseitigen Dokument zu tun, in dem so viel Information stand, dass mich dessen Lektüre mindestens vier Stunden gekostet hätte. Von den unzumutbaren und grausamen Sätzen, also von der Qualität, wollen wir gar nicht erst reden. Allein die Quantität ließ mich ohnmächtig auf das Papier starren. Zwölf vollgedruckte Seiten in einer winzigen Schriftgröße, dazu Paragrafen, Klauseln, Bedingungen. Geht's denen noch gut?

Doch komisch: Am Ende unterschrieb ich trotzdem. Ich unterschrieb in mehr oder weniger blindem Vertrauen – aus dem einzigen Grund, weil ich weder die Zeit noch die Lust oder die Kenntnisse hatte, mich durch diese unfassbare Menge an Buchstaben hindurchzuquälen.

Ein anderes Beispiel dieser Größenordnung ist ein Faltblatt, das mir ungefähr viermal im Jahr von meiner Bank zugeschickt wird. Es trägt den Titel: »Merkblatt für den inländischen Steuerzahler«. Ein Merkblatt also. Ich hingegen wäre froh, wenn ich mir auch nur den ersten Absatz merken könnte, denn danach folgen Tabellen, Hinweise, Beispiele und am Ende sogar eine *Matrix*. Das gesamte Ding ist so kompakt und buchstabenmäßig verdichtet, dass ich verstumme. Kurzum: Der Versuch, die Bleiwüste auch nur ansatzweise durchzulesen, lässt mich machtlos dreinblicken. Aber was soll man tun? Ich entscheide mich meist dafür, solche Merkblätter fürs Erste beiseitezulegen. Es könnte ja doch etwas Wichtiges drinstehen. Irgendetwas, das ich eigentlich wissen müsste. Immerhin, es geht um Steuern, ums liebe Geld. Nach einigen Wochen finde ich solche Dokumente irgendwo in der Wohnung wieder. Seltsamerweise haben sie dann jegliche Dringlichkeit verloren. Ich schmeiße sie weg.

In bestimmten Zeitabständen weist mich mein Computer darauf hin, dass mal wieder eine neue Version für mein Musikprogramm iTunes verfügbar ist. Tatsächlich lade ich die neue Software auch herunter (ist man doch angehalten, dies zu tun, da der Computer sonst irgendwann abschmiert). Danach muss ich meinen PC in der Regel neu starten. Habe ich das bewerkstelligt, erscheint ein Fenster, auf dem zu lesen ist, ich müsse jetzt die »Bedingungen akzeptieren«. Ich weiß genau, was ich in diesem Moment immer mache. Und ich weiß auch, dass die meisten dasselbe machen. Sie scrollen nach ganz unten und setzen bedenkenlos einen Haken unter das Nichtgelesene. Akzeptiert. Ist okay. Bloß weg damit. Musik hören! Die Frage ist nur, *was* wir eigentlich in diesem Augenblick akzeptiert haben.

Nun, wer sich das Ganze einmal zu Gemüte führt, bekommt einen Schock. Der Text über die anzunehmenden Konditionen hat über 30 000 Anschläge Text. Völlig unzumutbar. Das entspricht rund fünfzehn Seiten in diesem Buch. Und von der Qualität, also von den Inhalten, wollen wir hier ebenso nicht lange sprechen. Denn es hagelt in den besagten »Bedingungen« Sätze wie etwa diesen:

Sie verpflichten sich, dass Sie Gracenote-Daten, den Gracenote CDDB-Client und die Gracenote CDDB-Server nur für Ihre eigenen persönlichen, nicht kommerziellen Zwecke verwenden.

Gracenote-Daten? CDDB-Client? CDDB-Server? Ja, spinnen die denn? Erstens: Ich bin auf diesem Gebiet kein Fachmann und will auch keinesfalls einer werden. Zweitens: Ich bin kein Scanner, kein Leseroboter und auch keine Sprachfressmaschine. Ich will doch nur Musik hören.

Die Sintflut in der Bibel ist nichts gegen die sprachliche Sintflut. Zumal sie Dinge betrifft, die uns besonders wichtig sein müssen. Nicht nur die Policen bei einer Berufsunfähigkeitsversicherung, sondern auch die unserer Krankenkassen, die der Hausrat- und Haftpflichtversicherungen, der Telefon- und Stromverträge sind ausufernd und dazu extrem klein gedruckt. Dadurch sind wir so überfordert, dass wir nicht mal mehr den Versuch starten, alles durchzulesen.

Der »Auszug aus den Wasserlieferungsbedingungen«, den mir mein Wasseranbieter einmal jährlich zuschickt, soll zwar schon für den Verbraucher zurechtgestutzt sein. Beim Lesen der 19 Paragrafen aber kann man es kaum glauben: Zutrittsrechte, Versorgungsverträge, Vertragsstrafenregelungen, Kündigungsbedingungen, Einleitungen von Verwaltungszwangsverfahren, Sperrankündigungen – alles präsentiert in Minischrift, damit die Informationen auf ein doppelseitig bedrucktes Blatt Papier passen. Eine Zwangsjacke aus Buchstaben. Dabei will ich einzig duschen, Zähne putzen und Kaffeewasser heiß machen. Doch spätestens hier endet sie, unsere Dienstleistungsgesellschaft. Denn Schreiben dieser Art sind für den Verbraucher oft nur noch eines: ein Muss für Marathonleser und Rätselfreunde.

Achtung, die Fußnotenpest kommt!

Was ist der Grund für diesen Buchstabensturzbach? Warum werden wir mit derartigen Textmengen konfrontiert? Nahe liegt der Verdacht, dass die Sprache nur die sichtbare Oberfläche eines völlig undurchschaubaren Systems geworden ist. Die Sprache als Spiegel einer außer Kontrolle geratenen Regulierungswut, als Manifest eines Paragrafensumpfs.

Ich habe mal einen Politiker gefragt, womit er seine Tage verbringen würde. Seine Antwort: »Lesen, lesen, lesen.« Und dann fügte er noch hinzu, dass er nur einen Bruchteil von dem lesen *könne*, was er eigentlich lesen *müsste:* Akten, Statistiken, Kommentare, Beschlüsse, Beschlussvorbereitungen, Beschlusserweiterungen und Gesetzesvorlagen. Ach ja, und dann wäre da noch die Tagespresse, die sollte man als Politiker hier und da auch zur Kenntnis nehmen. Längst haben Politiker Pressebüros, geschulte Mitarbeiter, die die Masse an

Sprachinformationen gezielt für sie durchforsten, sie filtern, vorsortieren, auswählen. Das Fazit des Politikers klang am Ende in etwa so: »Was immer ich sage und entscheide – ich kann gar nicht so viel lesen, um mir vorab ein wirklich umfassendes Bild zu machen.« Das klingt richtig ermutigend. Jetzt ist die Welt schon derart verschlungen, dass selbst Politiker nicht mehr durchsteigen.

Doch wer ist schuld daran, dass auch Sie sich höchstwahrscheinlich vor lauter Buchstaben gelegentlich kaum mehr retten können? Dass auch Sie längst nicht mehr alles lesen, was Sie eigentlich lesen sollten? Wagen wir die These, dass zu einem Großteil sie selbst schuld sind: unsere verehrten Politiker.

Vor wenigen Jahren redeten sie noch davon, die Gesetze und Regulierungen eindämmen, das System »entschlacken« zu wollen. Das Gegenteil ist geschehen. Am 10. Januar 2008 titelte das *Hamburger Abendblatt:* »Gesetzesflut – Staat greift immer mehr ins Leben ein«. Darunter war folgender Text zu einer Studie zu lesen: »Regulierungswut und Bürokratismus in Deutschland nehmen immer mehr zu statt ab. Allein seit Antritt der Großen Koalition im Herbst 2005 wurden im Bundesgesetzbuch 198 Gesetze und 500 Verordnungen veröffentlicht, das ergab eine Studie im Auftrag der Initiative Neue Soziale Marktwirtschaft. ›Das wird sich bis Ende der Legislaturperiode sogar noch auf das Doppelte erhöhen.‹«

Der Wust an Gesetzen sei inzwischen so undurchschaubar, dass selbst Experten nicht mehr wüssten, was Gültigkeit besitze. In dem Artikel hieß es weiter: »Laut der Studie verursachen 76 Prozent der neuen Verordnungen zudem noch mehr Bürokratiekosten für Bürger, Unternehmen und Verwaltung; 58 Prozent werden innerhalb von zwei Jahren wieder geändert; 50 Prozent sind unverständlich.«

Dass die Politiker eine derartige Masse an Gesetzen – und somit Sprache – erzeugen und sich am Ende noch persönlich damit beschäftigen müssen, ist schlimm genug. Aber sollen sie doch tun, was sie nicht lassen können. Schlimmer ist die Tatsache, dass der Irrsinn mehr oder weniger direkt auf die Bürger überschwappt. Breiten Sie nur einmal Traktate wie das oben beschriebene von meiner Bank aus. Allein mit diesem einen Merkblatt könnte ich mein halbes Wohnzimmer auslegen.

Doch dies ist längst nicht alles. Haben Sie einmal einen Blick in die Kataloge der einschlägigen Handyanbieter geworfen? Heiliger Strohsack! Da wimmelt es von Kleingedrucktem, und in letzter Zeit immer häufiger auch von Fußnoten. Jede Doktorarbeit erscheint dagegen als eine leicht verdauliche Kinderfibel. Allein ein Katalog von T-Mobile schleudert dem Leser 89 Fußnoten ins Gesicht. Gedruckt in so winziger Schrift, dass man selbst als nicht kurzsichtiger Mensch eine Lupe braucht. Wobei der Text einer einzigen Fußnote locker eine halbe Buchseite füllen würde. Um Ihnen eine Vorstellung von den Inhalten dieser kleinen Texte zu geben, will ich hier einen Auszug von Fußnote 65 anbringen. Darin heißt es (und bitte halten Sie wirklich durch):

Xtra Nonstop ist zubuchbar in den Tarifen Xtra Classic und Xtra Friends. Monatlicher Optionspreis 1,99 Euro. Inlandsgespräche zu T-Mobile Deutschland und ins dt. Festnetz (ausgenommen Sonder- und Servicerufnummern) 0,39 Euro für die erste Gesprächsminute. Bei Buchung von Xtra Nonstop im Tarif Xtra Friends entfällt die Sonderbepreisung der Xtra Nummer Eins. Jede Verbindung wird netzseitig nach zwei Stunden getrennt. Die sofortige Wiederherstellung der Verbindung ist möglich; es wird dann erneut für die erste

Gesprächsminute ein Preis von 0,39 Euro/Minute berechnet. Voraussetzung für die Wirksamkeit von Xtra Nonstop ist, dass zum jeweiligen Abbuchungszeitpunkt des mtl. Optionspreises ein ausreichendes Guthaben (1,99 Euro) auf dem Xtra Konto besteht.

Sie dürfen sich kurz den Schweiß von der Stirn wischen. Aber bedenken Sie: Dies war nur ein Teil (!) der Fußnote 65. Und die Fußnote 65 wiederum ist nur eine von insgesamt 89 (!) Fußnoten. Vorne auf dem Katalog (der bis vor Kurzem noch in allen T-Punkt-Läden auslag) waren fünf fröhliche junge Menschen auf einer grünen Wiese zu sehen. Darüber war die Zeile »Magazin für Handys und Lifestyle« zu lesen.

Das also ist der neue Lifestyle: Augenwischerei und heiteres Telefonieren – gefolgt von Bedingungen, Fußnoten, Querverweisen, Abbuchungszeitpunkten, Optionspreisen, netzseitigen Trennungen und Wirksamkeitsvoraussetzungen. Wer versteht das? Wer tut sich das an? Wer liest das?

Man traut sich kaum vorzustellen, in was für einem Labyrinth aus Gesetzen, Regulierungen und Tarifbedingungen eine Firma wie T-Mobile steckt. Denn aus Spaß muten die uns solche Texte bestimmt nicht zu. Und wir? Wir kapitulieren. Können nur kapitulieren. Nicht umsonst schütteln viele nur noch den Kopf, wenn sie mit Textmengen der eben beschriebenen Sorte konfrontiert sind.

Auch die Bedingungen eines Katalogs von Telekommunikationsanbieter O_2 sollte in diesem Zusammenhang nicht unterschlagen werden. Diese Broschüre muss man sogar ausklappen, um sich durch 43 Anmerkungen zu kämpfen. Über diesen steht der dezente Text: »Alles, was Recht ist – unsere Hinweistexte«!

Aha. Es geht also ums Recht. Um die Gesetze. Um die unfassbaren Bedingungen von Regulierungs-, Telekommunikationsbehörden und Konsorten. Sicher, die wollen uns schützen. Und das ist gut so. Aber nicht auf diese Weise! Denn was uns da an Sprache entgegenbrandet, will sich keiner antun. Kann sich keiner antun. Und wird sich auch keiner antun.

Fast schon unbewusst nehmen wir das Kleingedruckte auf den Flugtickets, den Rückseiten von Lottoscheinen, die Benutzerhinweise für Tiefkühltruhen, Fernsehgeräte oder Autoradios wahr. Hilflos sind wir den Packungsbeilagen von Arzneimitteln ausgeliefert wie auch den sagenhaften »Sielbenutzungsgebührenbescheiden«. Und wehe dem, der ein Haus bauen, ein Bistro eröffnen oder ein Taxiunternehmen gründen will. Unternehmermut muss er mitbringen, klar. Vor allem aber dieses: reichlich Durchhaltevermögen beim Lesen.

Unwissen schützt vor Strafe nicht, das wird uns immer vorgekaut. Wie schön! Um sich jedoch genügend Wissen anzueignen, müssten wir uns regelmäßig in unsägliche Lesesitzungen stürzen. Mediziner können ein Lied davon singen. Die GOZ, die Gebührenordnung für Zahnärzte beispielsweise, umfasst einen Text von über 100 000 Anschlägen, das entspricht etwa fünfzig Buchseiten. Bevor sie zum Bohrer greifen, müssen auch sie erst einmal lesen, lesen, lesen. Oder gleich ins nächste Kloster flüchten.

Doch bei solch papiernen Buchstabenwüsten ist noch lange nicht Schluss. Denn es wird so ziemlich alles zugedruckt, was sich bedrucken lässt. Cornflakes-Packungen weisen fast keine weiße Stelle mehr auf. Die Pappbecher von McDonald's bersten vor Werbung und Gewinnspielen, und als ich einmal aus Versehen auf die Rückseite eines Kassenbons schaute, nachdem ich im Supermarkt einkaufen war, entdeckte ich nur Spracharabesken: einen Gutschein für Blumen, einen »Vorteils-Tipp« für Edeka-Kunden (schönen Dank übrigens: auf einen Tipp zu meinen Nachteilen kann ich nämlich herzlich gern verzichten), dazu einen Spendenaufruf für »Mittagskinder«. Und an den Rand des armen, kleinen Kassenbons hatten sie dann noch eine Internetadresse und eine Telefonnummer gequetscht, weiterhin einen Slogan in roter Schrift: »Multibon, der Kassenbon, der Umsatz macht!«

Jeder thematisiert heute die Umweltverschmutzung. In Amerika reden sie sogar von Verschmutzung durch Licht *(light pollution)* und von Verschmutzung durch Lärm *(noise pollution)*. Fragt sich, wann wir endlich von einer Umweltverschmutzung durch Sprache sprechen dürfen.

So abwegig ist das jedenfalls nicht. Vor einiger Zeit kam ein Großkonzern auf die Idee, zwei riesige Werbeplakate in den Weltraum zu schießen, so groß, dass wir sie nachts von unserem Planeten aus hätten sehen und lesen können. Vorerst wurde der Plan auf Eis gelegt. Der Grund: Es müssten erst mal ein paar Gesetze geschrieben werden, um die Idee mit der Weltraumwerbung entsprechend zu regulieren.

Kaum zu glauben. Aber dafür sind wenigstens wir – sprachlos.

14
Hairlich!

Viel Schaum um nichts:
Unsere Friseure haben
ihren Läden endlich Gel in
die Namen geschmiert.

Können Friseure heute noch waschen und legen? Oder muss man damit rechnen, in den Studios, Styling-Boutiquen und Beauty-Companys nicht mehr unter einem *Cut* und einer *Bleaching-Session* davonzukommen? Wer heute schlicht seine Haare waschen oder schneiden lassen will, muss sich diese Fragen stellen. Und diese gleich hinterher: Haben unsere Friseure in New York heimlich Kurse im kreativen Schreiben absolviert? Auf einem Nachbarplaneten Seminare in Buchstabenakrobatik belegt?

Auf jeden Fall sind Friseure heute keine Friseure mehr, sondern Designer, Hair-Stylisten und Make-up-Artisten. Das hört sich gut an. Und soll Kunden locken. Namen wie *Salon Meier* oder *Salon Marianne* haben keine Chance mehr. Bei solch rückständigen Bezeichnungen müssten wir eigentlich damit rechnen, unsere Locken beim Besuch dieser Läden mit einer gotischen Streitaxt gedreht zu bekommen. Nein, der Trend geht in eine andere Richtung. Irgendwohin gen Irrsinn und freier Improvisation. Sie glauben das alles nicht? Nun, ich habe selbst nachgefragt.

Es war ein wolkenloser Dienstagmorgen in Hamburg. Ich betrat eine Bäckerei, kaufte mir ein halbes Brötchen mit knallgelben hart gekochten Eiern darauf und bestellte einen Kaffee. In der Zeitung stand nichts wirklich Bemerkenswertes. Frau Merkel rüffelte einen Minister, der angeblich etwas Unpassendes gesagt hatte. In Südspanien herrschte Frost. Doch dann beobachtete ich eine Frau mit sehr langen Fingernägeln, die die Bäckerei verließ und die Straße überquerte.

Sie suchte schnurstracks einen Friseurladen auf, der *HAir-Teil for You* hieß (kein Witz). Der Name thronte völlig ungeniert auf einem vier Meter breiten Schild aus Plexiglas, das nach Sonnenuntergang wahrscheinlich auch noch zu leuchten begann. Was war das? Was sollte dieses sagenhafte Wortgequirle bedeuten? Ein Haar-Teil für mich? Vielleicht eine nette Umschreibung für Perücken? Aber was suchte dann das große *A* hinter dem *H?* Dass *Air* in deutscher Übersetzung *Luft* heißt, ist klar. Aber was hatte auch das mit Frisuren zu tun?

Ich beschloss spontan, in das Geschäft zu gehen und nachzuforschen, was sich hinter diesem Namen verbarg: *HAirteil for You.* Was sollte dieser wirklich haarsträubende Name eigentlich bezwecken?

Ich überquerte die Straße, stieg vier Stufen hoch und öffnete die Ladentür. Hinter der Kasse stand eine junge Dame,

die Lippen hatte wie Stoßstangen, eine knallenge Bluse trug und, logisch, ein Piercing in der Nase. Ich erkundigte mich, ob es heute noch einen freien Termin gäbe. Die Friseurin lächelte mich an und schaute in ihr Buch. »Sorry, erst morgen, siebzehn Uhr?« Ich antwortete: »Prima, dann morgen um siebzehn Uhr.« Im Herausgehen fragte ich, ganz beiläufig: »Übrigens, was genau bedeutet eigentlich der Name Ihres Geschäfts, *HAir-Teil for You*, mit dem großen *A* drin«?

»Ach«, sagte die Dame, die seltsam metallisch gefärbte Haare hatte, »das verstehen viele nicht auf Anhieb. *Hair-Teil* steht für *Vorteil*, weil wir vor zwölf Uhr Spezialpreise machen. Na ja, und *Air* heißt *Luft*, wir wollten irgendwie leicht und luftig rüberkommen. Deshalb auch das große *A* wie in *Air*. Und das Wort *Hair* ist ja sowieso klar, weil wir ja ein Friseurgeschäft sind.«

Schweigen. »Ach so«, sagte ich schließlich. »Bis morgen um siebzehn Uhr also.« Ich verließ den Friseurladen. Und kam vor Schreck nie wieder.

Am Mittag surfte ich im Internet herum. Zwei *Pop-ups* sprangen mir entgegen, schließlich lud ich eine Liste mit den Adressen und Namen bundesweiter Friseursalons herunter. Sie wollte überhaupt kein Ende nehmen, nicht mal nach minutenlangem Scrollen. Hunderte von Namen flogen mir entgegen, die teilweise der freien Assoziation entstammen, teilweise auf starkem Haschischkonsum zurückzuführen sein mussten.

Harmlos erschienen noch Salonbezeichnungen wie *Haarlekin*, *Champu* oder *Salon Köpfchen*. Danach folgten Läden, die sich *Hairsystems Heydecker* nannten oder *Boutique Monique*. Vier Coiffeure im Ruhrpott liefen unter *Schnipp schnapp*, *Chici Mici*, *Essentielle* und *Salon In Sense*. *Schnipp schnapp* gefiel mir am besten, denn darin klingt das »übergeschnappt« schon deutlich an.

Aber das war nichts gegen eine Friseur-Crew, deren Geschäft den Namen *Haarstylistik Klein-Köln* trug. Ein zufriedener Kunde schrieb auf der Website des Salons, orthografisch leicht improvisierend: »Die beide Chefs Peter und Armin sorgen, zusammen mit Ihren 5–7 Haarstylistinnen, immer für gute Stimmung im Laden. Wenn sich die Herrn nicht gerade mit den Damen am Käbbeln sind, erzählen Sie eine lustige Story. Die Mädels im Alter von 17 bis Anfang 30 sehen nicht nur hervorragend aus. Der Haarschnitt ist immer zu meiner vollsten Zufriedenheit geschehen. Ja selbst einen schlimmen Kater vom Vorabend hat mir eins der Mädels mit einer Kopfmassage beim Haarewaschen weggeblasen.«

Heiteres Gekäbbele, lustige Storys und weggeblasene Kater. Man ahnt gar nicht, was in den heutigen *Hairstylistik*-Läden alles los ist.

Ich scrollte noch weiter runter auf der Liste, und dann ging es langsam zur Sache. Da lockte ein Salon seine Kunden mit dem sensationellen Namen *Biostehtik Haarstudio Bolz*. Andere hießen Frisurenstudio *Hairlich*, bei der *Haar@mbulance* bekam man Echthaar- und *Hightec*-Perücken verpasst, während der nächste Laden schlicht und ehrlich *Studio Holzköpfe* bevorzugte.

Es ist anzunehmen, dass sich Inhaber moderner Friseursalons heute aus einer sehr bunten Gruppe von Menschen zusammensetzen. Etwa aus gescheiterten Gynäkologen, die nun mit dem Salon *Kaiserschnitt* ihr Geld verdienen. Weshalb der Kunde beim Gang zum Friseur an eine Entbindungstechnik denken soll, bleibt eine gute Frage. Dabei haben sich die Betreiber hohe Ziele gesetzt: »Willkommen bei KAISERSCHNITT!«, ist im Internet zu lesen. »Die Frisuren und Make-Up's von Kaiserschnitt dienen der Erhaltung von Lebensqualität in einer Zeit der charakterlosen, qualitativ minderwertigen Massenproduktionen. Unsere Arbeiten un-

151

terstützen unsere Kunden, ihre eigene Individualität zu finden.« Aha.

Manche Wortspielerei nahm sogar beinahe artistische Züge an. Da gab es Barbiershops, die sich *CreHaartiv, United Haartists, Fön X, Haarmonie* oder *Friseur Headline* nannten. *Friseur Schlagzeile* – jedem das seine. Heiß hergehen muss es auch in den Köpfen jener, die über ihre Läden *Haircondition* oder *Schnittstelle Stefanie* schreiben.

Was aber verraten uns all die *hairlichen* Wortschöpfungen und *föntastischen* Namen? Man traut sich kaum, weiter darüber nachzudenken. Fest steht, dass das Sprachzentrum im Hirn mächtig angeregt werden muss, wenn man zu lange unter der Heißlufthaube sitzt.

Die Folge: Unter Friseuren ist ein munteres Assoziations- und Kombinationsspiel im Gang – wie verwursten wir alle erdenklichen englischen und deutschen Verben, Adjektive und Substantive, die uns rund ums Thema Haare einfallen?

Wo könnten wir hier noch ein @-Zeichen reinquetschen, dort noch eine Wortspielerei erfinden? Kein Wunder, dass wir inzwischen mit dem reinsten H@irstyling-Deutsch schamponiert werden.

Fast schon erfrischend bodenständig muten dabei jene Haarschneider an, die sich völlig unkapriziös *Kahlschlag* nennen, *Friseur Christian* oder *Salon Hammer*. Natürlich muss es inmitten dieser Wahnsinnstruppe auch Optimisten geben. Solche, die ein Friseurgeschäft gründen und stoisch daran glauben, dass Kundschaft auftaucht, auch wenn über ihrer Haarboutique *Calamistrum* steht (darunter prangt das Motto: *Hairdreams come true*). Ein Calamistrum ist ein Brenneisen aus der griechischen Antike, das auf Holzasche erwärmt wurde und mit dem die Sklavinnen den Herrschaften anschließend unter Schmerzen die Locken drehten.

Dass das Wortgewürge rund um unser Haupthaar überhandgenommen hat, zeigt die Protesthaltung zweier Salons, die in Hamburg eröffnet wurden und denen die überbordende Kreativität ihrer Kollegen offensichtlich mächtig auf die Nerven geht. Die beiden Läden kontern durch Enthaltung. Sie heißen: *Friseur Namenlos* und *FON – Friseur ohne Namen*. Getoppt wird das Ganze nur noch von einem Geschäft im Berliner Szeneviertel Prenzlauer Berg. Die Macher haben längst erkannt, dass wir uns beim Gang zum Friseur sprachlich irgendwo zwischen Schmerzgrenze und Hörsturz bewegen – und nennen sich dementsprechend: *Notaufnahme*.

Der in Brasilien geborene und in Deutschland lebende Schriftsteller Zé do Rock sieht sich unser Deutsch schon eine ganze Zeit lang aufmerksam an und hat bereits mehrere Bücher geschrieben, wie etwa *fom winde ferfeelt*. Sein Fazit, nachdem er nur mal schnell in Bayern ein Bier trinken wollte:

»Da gibt es eine Münchner Kneipe, die einem ›sandwich mit cheese und bacon‹ anbietet. Der Wahnsinn, oder?« Für uns längst gängige Englisch-Importe wie *sandwich, cheese* und *bacon* scheinen einem Brasilianer in Deutschland noch aufzufallen. Vielleicht, weil man in seiner Heimat noch nicht komplett dem Ami-Talk verfallen ist?

Lieber Herr Zé do Rock, sind Sie angeschnallt? Gut. Denn nun geht es nicht um ein *sandwich* mit *cheese* und *bacon* und auch um kein Bier in einer Münchner Kneipe. Zur Abwechslung betreten wir mal wieder einen deutschen Friseursalon und nehmen eines der Heftchen zur Hand, die dort ausliegen. Wir blättern darin herum, sehen sehr viele Fläschchen, Tuben und Sprays abgebildet. Und nun beginnen wir in ihr zu lesen, jener Broschüre, die sich *Bed Head – It's a Lifestyle* nennt und in vielen Salons verbreitet ist. Achtung, Schutzbrille auf:

MANIPULATOR Shampoo. Das »funky« Shampoo für die tägliche Wäsche – It Rocks! SELF ABSORBED Mega Vitamin Shampoo. CONTROL FREAK CONDITIONER. MOISTURE MANIAC. DUMB BLONDE Shampoo. Speziell für gefärbtes und chemisch behandeltes Haar. TREAT ME RIGHT. Peppermint Hair Mask. EGO BOOST. Leave-in Conditioner, glättet Spliss – Gib Deinem Ego neuen Schwung und rette Dein Haar! HEALTH GODDESS. Vitaminbombe für Feuchtigkeit & Entwirrung. SUPERSTAR. Queen for a day – Fühle Dich wie eine Königin und sehe dabei aus wie ein Superstar! SUPERSTAR Föhnlotion. Gibt MEGA dickes, kräftiges Haar. HARD HEAD MOHAWK GEL – Mega-hartes-Gel. Für Igellook und ultimativen Halt. Willst Du ein bisschen eigensinnig sein? Sei frech und hol Dir Deinen Igellook. HEAD SHRINK. Mega-festes Gel. Schick Deinen Psychiater in die Wüste und hol Dir selbst die Kontrolle über Deinen Kopf! Dieses mega-feste Gel kreiert einen glatten Nass-Look. Es riecht so gut, dass es Dich vor jeder Psychose bewahrt! RUBBER RAGE. Nur für absolut coole Leute. Der letzte Schrei – »Gummi« für Dein Haar! Überragende Textur – wahnsinniger Glanz! Wirklich nur für absolut coole Leute.

Uff. Wir dürfen kurz entspannen. Deutlich erkennen wir jedoch, dass Friseure vor nichts mehr haltmachen. Unser Deutsch kommt langsam im neolinguistischen Afrolook daher. In der *Bed Head*-Broschüre findet sozusagen ein Gipfeltreffen der *Megas*, *Ultimativs* und *Absoluts* statt. Ein G8-Gipfel der Anglizismen und Superstars, der *Ego-Booster* und *Funkys*.

Willkommen in ganz neuen Sphären. Allerdings sei die Frage erlaubt, ob hier oben womöglich nur Menschen weilen, die sich Gummi in die Haare schmieren, mit *Peppermint Hair Masks* vor dem Fernseher hocken und anschließend mit *geboostetem Ego* in die Disco rennen.

Banales Haareschneiden? Wo denken Sie hin! Es geht um ein ganz neues Universum, um einen völlig neuen Sound. Die Friseurkette *Unisex* etwa wirbt mit dem Spruch: »Sex – Luxus & ein geiler Haarschnitt« und bietet obendrein hausgemixte CDs an, die *Unisex Housebesuche* heißen. Wem das nicht reicht, kann sich im Internetauftritt dieser Salonkette *sexy Partypics* und *heiße Shootings* von den letzten Unisex-Shows anschauen. Da wackeln *sexy Models* in knappen Bikinis über den Laufsteg, zappeln in Glitzerkleidchen und hopsen in Strapsen durch die Gegend. Man könnte auch von Lockenwickling extrem sprechen oder von Freesör-Sprache im Endstadium.

Und Sie? Tragen Sie noch Dauerwelle oder leben Sie schon?

15

Staubsauger, red mit mir!

Immer mehr Gegenstände lernen sprechen. Nach den Navigationsgeräten jetzt sogar schon die Tüten, Kaffeeautomaten und diverse Spielzeuge

Vor einiger Zeit sprach mich am Pariser Flughafen ein Kaffeeautomat an. Dieser war eine Französin, schätzungsweise Mitte dreißig, jedenfalls ihrer Stimme nach zu urteilen. Mit größter Wahrscheinlichkeit hatte sie ein bis zwei Whiskys getrunken und keinen unwesentlichen Teil ihres Lebens in verrauchten Bistros verbracht. Das weibliche Gerät war sehr freundlich und sprach langsam und klar. Auf Knopfdruck redete es aber auch Englisch, Russisch oder Deutsch. Letzten Endes entschied ich mich gegen die Französin, für das Deutsche. Ich sollte jetzt mein Getränk wählen, sagte das Ding zu mir. Cappuccino, Milchkaffee, schwarzer Kaffee, Tee oder heiße Schokolade. »Bitte werfen Sie den Betrag ein.« Auf dem Display erschien der Preis für meinen Cappuccino: 2,50 Euro.

Anschließend erklärte mir der Kaffeeautomat, auf welche Knöpfe ich noch zu drücken hätte, um mir schließlich in einem leicht rostig klingenden Deutsch zu flüstern, dass es jetzt noch etwa dreißig Sekunden dauern würde, bis mein Getränk fertig wäre. Und ich sollte es ja nicht aus der Abfüllhalterung nehmen, bevor das grüne Licht oben links leuchten würde. Der französische Filmkomiker Jacques Tati hätte in diesem Moment seinen Spaß gehabt, kämpfte er doch nur allzu gern mit den hübschen Effekten des technischen Fortschritts.

Denn was geschah? Der Automat spuckte weder einen Plastikbecher aus noch floss aus den beiden Düsen auch nur ein einziger Tropfen Cappuccino. Dafür blieben die 2,50 Euro für immer in den Schlünden des Kaffeezubereiters verschwunden. Er, sie, es sagte nun auf Englisch: »*Thank you and call again.*« Dann hörte ich Deutsch: »Vielen Dank und auf Wiedersehen.« Und schließlich ertönte die Heimatsprache des Kaffeeautomaten: »*Merci pour votre achat et bon voyage.*« Es wurde höchste Zeit, zum Gate zu gehen.

Weniger interessant war hierbei die hinlänglich bekannte Tatsache, dass Automaten einem gern mal das Geld abknöpfen, ohne etwas dafür herauszurücken. Viel spannender war die Vorahnung, die sich bei mir auftat, dass demnächst wahrscheinlich alles reden wird. Die Autos tun es längst. Bei der Telekom führe ich fast nur noch Gespräche mit einer Bandstimme. Vor Kurzem stand ich in einem sprechenden Fahrstuhl und habe im Internet sogar ein redendes Fieberthermometer entdeckt. Auf einem anderen Flughafen hat neulich ein Bankautomat mit mir kommuniziert. Und in Japan soll es schon Worte ausspuckende Hotelzimmer geben und Betten, die lachen können. Aber Japan war anderen Ländern schon immer weit voraus. Da gibt es sogar Familien, die man sich über Weihnachten mieten kann, falls man solo ist.

Bei uns können wir wenigstens auf die erste sprechende Zahnbürste stolz sein. Zumindest kann sie sich ansatzweise artikulieren. Die Firma Oral-B, inzwischen »powered by Braun«, hat die Zahnbürste »Triumph SmartGuide« auf den Markt gebracht. Diese elektrische Bürste sieht ein wenig wie eine Saturn-V-Mondrakete aus, mit blauen Knöpfen und externem Batterie-Display. Auszeichnen tut sie sich durch

Sensoren und das besagte intelligente »SmartGuide«-System. Wenn Sie also die Pflegebürste in den Mund führen, sendet sie sofort Signale an jenes externe drahtlose Display, das Sie irgendwo neben dem Waschbecken platziert haben sollten. Auf dem tauchen dann lustige kleine Zeichen, Icons sowie eine Stoppuhr auf. Laut einer Anzeige hat die Zahnbürste uns dabei etwa Folgendes zu sagen:

»Erst mal die Zähne oben rechts, los geht's. Da ist es gut, weiter so. Noch ein bisschen länger. Nicht ganz so fest. Gut gemacht. Nun unten rechts, weitermachen. Schön gleichmäßig. Genau richtig. Ist das nicht ein prima Gefühl? Nur noch 15 Sekunden auf dieser Seite. Etwas weniger andrücken. Super, hier sind wir fertig. Und jetzt: unten links. Sieht aus, als hättest du den Dreh raus. Echt, du putzt Zähne wie ein Profi. Fühlt sich das nicht großartig an?«

Dieser Oral-B-»SmartGuide« muss fantastisch sein. Wer sich damit die Zähne reinigt, darf sich ein wenig vorkommen wie in den USA der Fünfzigerjahre, als plötzlich pinkfarbene Kühlschränke zu kaufen waren, motorbetriebene Rasenmäher und die ersten Golf Carts. Bekanntlich folgte prompt ein Wirtschaftswunder, und die Amerikaner standen bald auf dem Mond.

Allmählich sollten wir uns auf eine völlig neue Sprachlandschaft einstellen. Sprechende Einkaufstüten. Beratende MP3-Player. Redende Kerzenhalter. Vor allem aber uns sanft bezirzende Weingläser, die einem kein schlechtes Gewissen mehr einreden, sondern in gewissen Abständen wiederholen: »Trink mich. Du hast den Dreh raus. Echt, du trinkst wie ein Profi. Fühlt sich das nicht großartig an?« Dann endlich müssten wir nicht mehr von der Generation X sprechen, von der Generation Golf oder von der Generation Klingeltöne. Dann könnten wir endlich von der »Generation sprechende Gebrauchsgegenstände« schwärmen und dürften uns zurücklehnen. Ich bin sicher: Das Reden würden wir uns daraufhin im Handumdrehen abgewöhnen. Denn bis die Experten den Zahnbürsten und Fahrstühlen Ohren und Hirne einbauen, dürfte noch eine Weile vergehen.

Immerhin sollten wir uns schon jetzt über sprechende Solarien freuen. Wobei das Gerät dann nicht mehr einfach nur ein Solarium ist, sondern »megaSun 6800 XXL Ultra Power« heißt. Und diese verschärfte Bräunungsliege hat nicht nur *aquaCool* integriert, eine Technik, bei der über kleine Düsen feine Duftkonzentrate (»Sunrise« oder »Daydream«) versprüht werden, sondern sie verfügt auch über das Hochleistungsklimasystem *airCon*, das ionisierte Luft via *pureAir*-System verströmt.

Wie dem auch sei, man ahnt, dass das Geschoss nicht ganz einfach zu bedienen ist. Und darum wurde bei »megaSun 6800 XXL Ultra Power« auch ein *megaVoice* eingebaut, eine nette Frauenstimme, die einen sanft durch das Bedienungsmenü führt, während man daniederliegt. Sie sagt einem, wo man nach wie viel Minuten drücken muss und wann man in etwa Mallorca-Niveau erreicht hat.

Der regierende Wischmop

Natürlich ist das alles noch Lichtjahre entfernt von den sprechenden Hotelzimmern in Japan. Dafür arbeiten die Deutschen daran, dass die Maschinen nicht nur mit uns plaudern, sondern dass wir auch mit den Maschinen schwatzen können. (Anzunehmen ist, dass japanische Techniker auch in dieser Hinsicht nicht hinter dem Mond geblieben sind.) Experten bezeichnen diese Möglichkeit als »Sprachsteuerung«. In der Folge haben sie »ScanSoft Dragon« entwickelt, eine sprecherabhängige Spracherkennungs- und Diktiersoftware, die auch »Speech Control« genannt wird und ohne die bald nichts mehr läuft.

Demnächst werden wir also mit diversen elektronischen Geräten über Mikrofone kommunizieren können, und laut der Erfinder wird die Steuerung von Maschinen per Spracheingabe sogar schon morgen zum Standard technischer Gegenstände gehören. Die Firma Novotech beispielsweise, die Entwicklungen auf dem Gebiet von Elektronik- und Banksytemen vorantreibt, schreibt auf ihrer Homepage: »Warum auch sollten die Mitarbeiter Ihrer Kunden die Arbeit unterbrechen, nur weil sie etwa eine Hand vom Werkstück nehmen müssen, um eine Einstellung der Maschine zu ändern oder weil sie von einem Ende der Anlage zum Steuerpult gehen müssen, um Betriebsparameter einzugeben? Ihre Kunden können mit ihren Geräten und Maschinen reden!«

Das ist noch nicht alles. So betonen die Kreativen von »Speech Control« wiederum, dass die Sprachsteuerung generell immer dort sinnvoll und ökonomisch ist, wo eine dritte Hand nötig wäre. Wo größere Entfernungen zwischen Konsole und Arbeitsort liegen, eine Gefahr von Verschmutzung und Kontamination durch Handbedienung besteht und wo am Ende auch noch »tief geschachtelte Menühierarchien« in Bedienungsprogrammen bestehen.

Im Klartext heißt das: Es gibt also weiterhin Mitarbeiter, die zwischen Arbeitsgerät und Bedienkonsole hin und her latschen, nur um irgendwelche Einstellungen vorzunehmen. Demnächst wird sich das also ändern, und das wurde auch höchste Eisenbahn. Danach werden die Mitarbeiter beide Hände unablässig am Arbeitsgerät haben, der Bedienkonsole etwas zurufen, und diese stellt daraufhin alles automatisch ein, um und ab. Fantastisch! Denn das würde bedeuten, dass unsere *Tools* und Maschinen am Ende doch so etwas wie Ohren und Gehirne haben. Sind wir möglicherweise schon bei der Generation mitdenkender Gebrauchsgegenstände angelangt?

Und jetzt stelle man sich einmal vor, was angesichts einer solchen Entwicklung bei der Telekom los wäre! Wir könnten einfach auf deren Bedienkonsolen quasseln – und die würden augenblicklich parieren. Unfassbar!

Für Kinder hat man übrigens seit längerer Zeit an Erfindungen dieser Art gearbeitet. Sprechende Bären und singende Puppen sind für sie geradezu ein alter Hut. Seit einiger Zeit gibt es aber auch dozierende Globen, auf dessen Länder man je nach Wunsch mit einem Digi-Stick drücken kann. Die Erdkugel erzählt den Jungen und Mädchen daraufhin alles Wissenswerte über Geografie, Bevölkerung, Vulkanausbrüche und die letzte Dürreperiode des jeweils ausgewählten Staates.

Brandneu ist allerdings »Fussel, der sprechende Staubsauger«, von der Firma Hasbro Playskool. In der Beschreibung dieses Geräts heißt es, Kinder würden es lieben, im Rollenspiel Erwachsene und ihre Tätigkeiten nachzuahmen. Zitat: »Auf diese Art und Weise lernen sie ihre Umwelt kennen. Fussel, der freche Staubsauger, hat es in sich. Kaum wird er bewegt, quasselt er drauflos und fordert auf liebevolle Art und Weise seinen Besitzer zum Mitspielen auf. So wird nicht nur die Sprachentwicklung gefördert, sondern auch das Sozialverhalten und das Wahrnehmungsvermögen der Kleinsten.«

Jetzt brabbeln also auch schon die Spielzeugstaubsauger. Bestens! Und dann sollen die Kleinen gleich mal loslegen. Wenn sie mit ihrem »Fussel« unterwegs sind, unter den Betten und hinter den Wohnzimmergarnituren, dann können sie sich prima mit ihrem Staubsauger unterhalten, bekommen nebenbei den letzten Schliff in Sachen Sprache, Wahrnehmung und Sozialverhalten – und lernen obendrein noch, dass Schule auf Englisch *skool* heißt und auch exakt so geschrieben wird. Auf jeden Fall ist »Fussel, der sprechende

– Fussel, der sprechende Staubsauger

Staubsauger«, derzeit für 21,89 Euro im Sonderangebot zu haben und eine absolute Marktneuheit.

Glauben Sie nur nicht, dass ich mir das eben Geschriebene ausgedacht habe. Es soll Kolumnisten geben, die Geschichten erfinden, nur um den Leser bei Laune zu halten. Aber das hier ist knallhart recherchiert und Wort für Wort belegbar. So auch die Tatsache, dass es sprechende Tüten gibt. Das sind zwar keine Einkaufstüten, sondern sogenannte *Gag Bags*, nur elf mal vierzehn Zentimeter groß, aber immerhin. Mit den *Gag Bags* können Sie anderen Leuten eine kleine Freude machen. Bei Krankheit kann die Tüte laut dem Hersteller aufmunternd wirken. Ihrem Partner können Sie mit den Tüten Ihre Liebe zeigen, aber ihm durchaus auch mit etwas Ironie begegnen. So steht es wenigstens im »Beipackzettel« zu lesen. Und der Vertreiber meint ferner, man solle es doch einfach mal durch die Tüte sagen.

Zu diesem Zweck gibt es die Tüten in verschiedenen Ausführungen, etwa die Modelle »Sprechende Tüte Geburtstag«, »Sprechende Tüte Lebenslänglich«, »Sprechende Tüte Nachwuchs«, »Sprechende Tüte Weiblichkeit«, »Sprechende Tüte Urlaub« oder die »Sprechende Tüte Spaß«. Zum Glück hat man sich auch noch eine besprechbare Tüte einfallen lassen, also quasi eine Blankotüte, auf die der Schenkende dann quatschen kann, was er will. Er hat dafür übrigens zehn Sekunden Zeit. Die Tüte überzeugt durch ihre »Klangqualität« – so wird es dem möglichen Käufer suggeriert –, und schließlich muss man durch diese tönernen Objekte (ein Sender befindet sich im Verschlusskopf der Tüte) nie mehr den Kuli schwingen und eine Botschaft per Hand verfassen.

Wer übrigens doch hier und da noch zu einem Schreibgerät greift, also Sprache weiterhin tatsächlich eigenhändig verfasst, für den gibt es sogar einen sprechenden Stifthalter. Der sieht in etwa so aus wie ein liegender Käpt'n Haddock aus *Tim und Struppi*. Und wenn man den Stift dann in den Bauchnabel des Kapitäns bohrt, sagt Meister Haddock: »Danke, Tim, einen schönen Tag noch.«

Erwähnenswert für Kinder wären schließlich noch sprechende Rasenmäher, sprechende Flaschenöffner und sprechende Backöfen – all diese Gerätschaften wirken selbstverständlich ebenfalls sozial stimulierend und maximieren die sprachlichen Kompetenzen.

Falls Sie eine einsame Seele sind, kramen Sie doch einfach mal Ihren Handfeger oder einen alten Tennisball heraus. Die hören zu, tagelang. Und wenn Sie nur genug Geduld haben, werden die eines Tages bestimmt auch mit Ihnen reden. So abwegig ist das übrigens nicht. In einem Internetforum für Sprachfreunde war bereits vor einigen Jahren zu lesen – als Gerhard Schröder als Bundeskanzler ging und Angela Merkel kam –, dass Worte von sich gebende Haushaltsgeräte jetzt sogar regieren. Ein Thomas D. vermeldete dort eine linguistische Weltsensation: »Sprechender Wischmop wird Bundeskanzlerin.«

16
Ein reizendes Thema

Was wäre die Sprache ohne uns? Und was wären wir ohne sie? Um die Macht des Worts ist eine Diskussion entbrannt, die spannender ist als mancher Boxkampf

Die Gemüter sind erhitzt. Was ist mit unserer Sprache geschehen? Ist sie noch zu retten? Was veranstalten die Menschen mit ihr? Wieso verunstalten sie, was sich über Jahrhunderte entwickelt hat? »Jetzt reicht's!«, sagen die einen. »Unternehmt etwas!«, rufen andere.

Glaubt man Kritikern, ist unsere Sprache schwer *angeknockt*. Und da haben wir auch schon das erste Problem: gefährliche Anglizismen, die sich klammheimlich in unsere Sprache eingemischt haben. Das amerikanische *knockout* ist so ein Beispiel. Irgendwann einmal ist es über den Atlantik zu uns geschwappt und hat sich in unser Deutsch gemogelt. Heute knocken Teenager Rentner weg, knocken sich Gangs gegenseitg aus, und nach den Flatratepartys liegt die Jugend ausgeknockt in den *Chillout areas* herum.

Laut Duden dürfen wir in solchen Extremsituationen von einem *Knockout* sprechen (im Deutschen wird es dann großgeschrieben). Doch Begriffe wie *Knockout, ausknocken* oder *wegknocken* sind noch harmlos. Ähnlich unbedarft wie die *Show* eines *Clowns*, der *Camping*-Ausflug oder der eiskalte *Drink*, den uns der *Barkeeper* mixt. Das alles sind Wörter, die so amerikanisch sind, dass sie sich längst deutsch anhören.

Doch damit hört es nicht auf, inzwischen prasseln die Anglizismen wie Sturmregen auf uns nieder.

Genau davon haben viele Augen und Ohren gestrichen voll. Von der »hündischen Hingabe« zum Englischen ist zu hören, vom »Ausverkauf der deutschen Sprache«. Und mancher fürchtet sich bereits vor »unseren Angloholikern« und vor tückischen »Anglotrojanismen«, die das Land besetzen. Die *Zeit* beschreibt unser Deutsch als »Sanierungsfall«, andere sehen darin nur noch eine »Giftmülldeponie«. Viele kreiden zudem an, wir seien von »Plastikwörtern« und »Wegwerf-Deutsch« umgeben. Auf schlecht Deutsch gesagt: Unsere gute alte Muttersprache – kaputt! Doch weil es so schön ist, prügeln im Rahmen dieses spannenden Boxkampfs immer mehr mit. »Die zerbreite Klumpwortsprache« wurde eine Zeitungskolumne betitelt, ein Buch des Wissenschaftsjournalisten Dieter E. Zimmer nennt sich *Sprache in Zeiten ihrer Unverbesserlichkeit*. Selbst bei dem Hamburger Fußballklub mit der Piratenflagge, dem FC St. Pauli, ist man alarmiert. In einem Internetforum des Vereins beharkten sich die *Blogger* ob der dortigen Umgangssprache – denn die sei stellenweise nur noch unterirdisch und schlimmer als warmes Bier.

Inzwischen läuten einige, bereits genervt von den Sprachnörglern, schon die nächste Runde ein. So bestieg auch der *stern*-Autor Wolfgang Röhl den Ring und teilte gleich mehrere derbe Kinnhaken aus. Alles »Sprachkritik-Spießer!«, donnerte er im Juni 2007. Für ihn sind dies Besserwisser, die es immer noch für originell halten, schwachsinniges Denglisch oder ein falsch gesetztes Apostroph zu geißeln. Er schreibt von »Sprachblockwarten«, die noch den dreihundertsten *Zeit*-Artikel über die Rechtschreibreform verschlängen, als hinge davon die westliche Zivilisation ab.

Doch die Röhls sind die Ausnahme, deren Hohn sich aus großen Höhen herablässt. Vielen kommt das Deutsch nämlich tatsächlich langsam spanisch vor. Vom Denglisch zerhackstückt, von Anglizismen verdünnt und von kuriosen Wortschöpfungen verfremdet. Fast will man schon Mitleid haben mit unserem lieben Idiom. Als könne unsere Sprache etwas dafür, dass der Irrsinn der Deutschen ihr Tod ist und wir dann mal verloren sind. Harald Schmidt nannte sein Buch, eine Art Vermessung der deutschen Gegenwart: *Sex ist dem Jakobsweg sein Genitiv*. Ein Paukenschlag mit der Zyniker-Brechstange.

Es ist nicht neu, sich darüber zu echauffieren, wie die Mitmenschen sprechen und schreiben. Schon Arthur Schopenhauer, dem die weißen Haare weit abstanden und der das System des empirischen und metaphysischen Pessimismus begründet hat, machte sich so seine Gedanken. Er hielt die Welt für etwas durch und durch Schlechtes und verfasste 1852 dementsprechend ein Pamphlet mit dem Titel: *Über die seit einigen Jahren methodisch betriebene Verhunzung der Deutschen Sprache*. Auch Kurt Tucholsky beklagte »den bösen Verfall der deutschen Sprache«, das immerhin fast achtzig Jahre später.

Unsere Sprache bietet seit Langem Zündstoff, der bis heute nicht ausgegangen ist. Hans Magnus Enzensberger beispielsweise erkennt im Deutschen »Partikel, die ein fantastisches, koboldartiges Eigenleben führen«. In seinem Buch *Heraus mit der Sprache. Ein bisschen Deutsch*, das er unter dem Pseudonym Andreas Thalmayr geschrieben hat, verneigt er sich vor der deutschen Sprache – beim Umgang mit ihr kommen ihm jedoch gewisse Zweifel. Oder wie erklärt sich sonst der »Kreis von Legasthenikern, der es zu Ministerämtern gebracht hat«?

Was unsere Bundestagsabgeordneten und Parlamentarier angeht, hat auch der frühere Bundesminister Erhard Eppler die Keule geschwungen. Er verfasste Anfang der Neunziger ein Buch mit dem schönen Titel: *Kavalleriepferde beim Horn-signal. Die Krise der Politik im Spiegel der Sprache.* Beim Lesen dieser Worte sieht man die Parlamentarier augenblicklich vor sich, mit dicken Backen, die Tröte zwischen den Lippen.

Doch viele Vordenker sorgen sich nicht nur um heiße Luft von der Regierung, sondern zunehmend auch um die sprach-lichen Kompetenzen des Volks. Dafür zitieren sie gern eine Umfrage, die in *Geo Wissen* zitiert wurde, nach der angeblich 70 Prozent der befragten Deutschen nicht mehr erklären konnten, was an dem Satz falsch war, den uns vor einiger Zeit Verona Feldbusch (heute Pooth) in der Werbung entge-genschleuderte: »Hier werden Sie geholfen.«

Große Firmen sorgen inzwischen ebenfalls für allgemeine Sprachverwirrung. Die einstige KarstadtQuelle AG, Europas größter Versand- und Warenhauskonzern, war auf dem bes-ten Weg pleitezugehen. Während der Sanierung wurde schnell nach einem neuen Namen gesucht. Einem Namen, der flott, modern und innovativ klingen sollte. Schließlich war dieser gefunden: »Arcandor« (Motto: »*Committed to creating Value*«). Während der Hauptversammlung fragte ein Aktionär den Konzernchef Thomas Middelhoff, ob es sich bei »Arcandor« um einen Vogel handele oder ob die Namensfinder womög-lich zu lange in dem Fantasyroman *Der Herr der Ringe* ge-lesen hätten? Eine schöne Frage.

Die Diskussion um die Sprache ist nicht neu. Philosophen, Linguisten und Literaten versuchen seit jeher, der mit Ab-stand verrücktesten Erfindung der Menschen beizukommen. Doch bisher sind alle Versuche gescheitert, dieses wunder-volle Etwas, mit dem man endlos herumtricksen kann, all-umfassend zu beschreiben und zu verstehen. Die Sprache ist viel zu schnell, viel zu ausgebufft – und wandlungsfähiger als jedes Chamäleon.

Kein Wunder, dass sie uns so beschäftigt. Wir leben in einer ziemlich vertrackten Schicksalsehe mit ihr. Was wäre die Sprache ohne uns? Und was wären wir ohne sie? Nehmen wir also Platz am Ring, um einmal zuzuschauen, wo sich das alte Paar derzeit die schönsten Auseinandersetzungen liefert.

Kampf dem Denglisch

Die Invasion von Wörtern und Redewendungen aus England und Amerika – dies ist momentan der heiß umkämpfteste Schauplatz. Kritische Beobachter behaupten, unsere Sprache – und selbst unser Denken – sei inzwischen von Anglizismen durchtränkt wie ein Schwamm mit Teufelswasser. Um dem Phänomen zu begegnen, muss jeder nur seinen eigenen Mund aufmachen. Es wird nicht lange dauern, bis das erste *okay* über die Lippen kommt, und sommers springen wir in einen *Pool*, gehen zum *Joggen* oder treiben einen anderen *Sport*, um uns *fit* zu halten. Alles Anglizismen, die längst normales Deutsch geworden sind.

Es gibt Menschen, die Anglizismen komplett abschaffen wollen. Würden wir ihnen folgen, müssten wir sagen: »Alles in Ordnung, sommers springen wir in ein Schwimmbad, machen einen Dauerlauf oder andere Leibesübungen, um uns körperlich zu ertüchtigen.« Nun, was schöner klingt, das ist Geschmackssache.

Viele im Land stören die Anglizismen jedoch, vor allem jene importierten Vokabeln, die als Imponiergehabe daherkommen und von den meisten nicht mehr so recht verstanden werden. Das ist etwa dann der Fall, wenn der Supermarktboss ein *Operations Director* ist und der Ressortleiter eines Modemagazins ein *Fashion Supervisor at Large*. Wenn Massagen als *Recharge Treatments* deklariert werden, Cremes als *Nutri-Liftings* und Polizisten als *Cops*. Was ist da zu tun? Der Stilpapst und Journalistenausbilder Wolf Schneider rät in seinem Buch *Speak German!:* »Wer zu oft mit *Popcorn* und *Vanilla Fudge* gefüttert worden ist, bekommt schließlich Appetit auf Schwarzbrot. Write German! Nothing beats it.«

Einige Firmen haben bereits reagiert und hochtrabendes Englisch aus dem Betriebsvokabular gestrichen. Der *Chief Executive Officer* ist wieder der Herr Direktor, der *Head of Operations* ein Abteilungsleiter. Aber solche Maßnahmen sind bisher noch äußerst rar.

Vor allem der Verein Deutsche Sprache (VDS) hat der Denglisierung den Kampf angesagt. Dieser Kreis von Sprachpflegern beschreibt sich laut Eigenauskunft als eine »bunte und schnell wachsende Bürgerinitiative mit mittlerweile 30 000 Mitgliedern«, darunter befinden sich Prominente wie Nina Ruge und Hape Kerkeling. Aber es wäre furchtbar langweilig, würde man den Verein nicht auch gleich wieder kritisieren, etwa mit dem Hinweis, dass er eine »reine« deutsche Sprache anstrebe. Die Antwort der Initiative auf einen solchen Vorwurf: »Diese Unterstellung dient dazu, uns als pedantische Saubermänner schlechtzumachen … Wir halten es mit den Franzosen, die dem Grundsatz folgen: *Ni laxisme, ni purisme* – weder Laxheit noch Purismus. Wir wollen kein ›reines‹ Deutsch. Allerdings wollen wir die Flut überflüssiger englischer Wörter zurückdrängen. Wir tolerieren aber einige englische Ausdrücke wie *Laser, Jeans, dopen, surfen, Team, Stress, Internet,* wenn sie international sind und sich in das Laut- und Formensystem der deutschen Sprache einordnen lassen. Die Zahl dieser englischen oder amerikanischen Anleihen soll möglichst niedrig gehalten werden.«

Ob dies funktioniert, steht in den Sternen. Denn wie schon gesagt, viele befürchten, dass die amerikanische Sprache wie ein trojanisches Pferd bei uns hereinspaziert und wir

Deutsche durch die vielen Anglizismen unser Ich verlieren oder schon längst verloren haben. Vor lauter *Coolness, Drinks* und anderen *Power*-Parolen hätten wir glatt vergessen, woher wir kommen und wer wir sind. Dies glaubt auch Dieter E. Zimmer, der in der heutigen Sprache bereits den »angefaulten Kern unserer Identität« erkennen will. Er plädiert gar dafür, die Deutschrudimente auf die Liste bedrohter Idiome setzen zu lassen.

Doch ruhig Blut. Rudi Keller, Professor für Germanistik an der Universität Düsseldorf, ist ganz anderer Meinung. Die deutsche Sprache sei gut in Schuss, sagt der Experte in einem Interview mit dem Magazin *Geo Wissen 2007*. »Was wir als Sprachverfall wahrnehmen, ist nichts anderes als der allgegenwärtige Sprachwandel.« Und den habe es schon immer gegeben.

Recht hat der Mann. Oder womöglich doch eine beschlagene Brille vor den Augen? Egal. *Anyway. Whatever. C'est la vie. That's life. Let it be.* Oder wie viele inzwischen in feinstem Englisch sagen: *Fuck it!*

Endstation German? Deutsch oder Denglisch? Sein oder *not to be?* Immerhin gibt es im Englischen Worterfindungen, die wir mit unserem Deutsch kaum überbieten können. Wie etwa sollen wir jenes Phänomen nennen, bei dem sich die verbannten Raucher vor Kneipen und Restaurants treffen und sich anschließend im Kreis der Qualmenden näherkommen? Englisch sprechende Menschen haben längst ein treffendes Wort ersonnen, das *Smoking* und *Flirting* vereint: *Smirting!* Wobei niemand genau weiß, wer diesen neuen Begriff in die Welt gesetzt hat. Denn inzwischen basteln sich die Deutschen sogar ihre eigenen Anglizismen zusammen und erfinden fleißig fremdsprachig klingende Ausdrücke. Doch wer immer dieses *Smirting* ersonnen hat: Dieser Ausdruck ist kurz, prägnant und gut.

Was hätten wir stattdessen anzubieten? Rauchertreff? Raucherflirten? Raucherkennenlernen? Qualmende Single-Party? Open-Air-Fluppenknutschen? Längst gibt es im Internet Foren, in denen Sprachbegeisterte Vorschläge machen, wie man englische Einwanderer durch einheimische Wörter ersetzen könnte. Für *Fast Food* gab es beispielsweise folgende Vorschläge: *Issfix. Eilmampf. Hastmahl. Flinkie. Raschnasch.* Andere empfahlen sogar *Dampfmampf.* Nun ja.

Wie also mit dem Problem umgehen? Vielleicht sei den Deutschen dazu geraten, erst mal richtig Englisch zu lernen, bevor sie das richtige Deutsch langsam verlernen. Die Folgen wären so effektiv wie belebend. Eleganz und Schärfe beider Sprachen kämen zum Vorschein. Wir könnten uns gezielt der jeweiligen Vor- und Nachteile bedienen, Törichtes erkennen und aussortieren, Schönes begrüßen. Vor allem aber würden viele endlich verstehen, was sie sagen, sehen, hören – und ständig konsumieren. Im Land würde keine bilaterale *Confusion* mehr herrschen, sondern Klarheit.

Die Sprache lebt! Nein, sie lebt nicht!

Betreten wir Schauplatz Nummer zwei. Und auch hier fliegen die Fäuste, dass man schon in Deckung gehen will. Die Fragen, die die Gemüter in diesem Fall in Wallung bringen, sind folgende: Gehorcht die Sprache eigenen Gesetzen? Oder sind allein wir es, die Wort und Schrift formen und die Verantwortung dafür zu tragen haben? Spätestens bei dieser Überlegung geht es rund, und wir taumeln ins Philosophische.

Beherrschen wir die Sprache? Beherrscht die Sprache uns? Inwiefern hat sie einen Einfluss auf die Gesellschaft und ihre Entwicklung? Besitzt sie am Ende so etwas wie eine eigene Logik, womöglich eine Art eigenen Verstand? Wie dürfen, wie sollen, wie müssen wir mit ihr umgehen? Könnte die Sprache zugrunde gehen? Wie wandelt sie sich, und nach welchen Regeln? Und: Darf es eine Institution geben, eine Macht, die uns vorschreibt, wie wir zu sprechen und zu schreiben haben? Wo darf oder sollte dieser Sprachgott uns Sprachgesetze mitgeben? Wo nicht?

Fragen über Fragen. Und wehe dem, der sich anmaßt, schnelle Antworten finden zu wollen. Denn nein, so ganz einfach ist dies nicht. Um dem einen oder anderen Aspekt etwas genauer zu fassen, scheint es sinnvoll zu sein, zwei derzeit heiß diskutierte Punkte zu betrachten. Erstens: Lebt die Sprache – oder lebt sie nicht? Zweitens: Sollen wir sie steuern – oder sollen wir es lieber nicht tun?

Jener Andreas Thalmayr (oder Hans Magnus Enzensberger) schreibt in seinem bereits erwähnten Buch, die Sprache blühe und gedeihe wie ein Baum, der fast so groß sei wie die Welt selbst. Er beruft sich dabei auf den Denker Ludwig Wittgenstein, der behauptete: »Die Umgangssprache ist ein Teil des menschlichen Organismus und nicht weniger kompliziert als dieser.« Und weil dem so sei, so Thalmayr, trieben es die natürlichen Sprachen ebenso bunt wie unsere Gehirne, denen es ja, wie jeder von uns aus Erfahrung wisse, nicht an Launen, Mucken und Absonderlichkeiten mangeln würde. Die Sprache entwickle sich wie ein riesiges Biotop, wie ein menschliches Gehirn. Und nein, mit keiner Logik sei ihr beizukommen.

Dass die Sprache »lebe« und sich natürlich entwickle, davon wollen andere wiederum nichts wissen. So etwa der schon vorgestellte Verein Deutsche Sprache. Dieses alte Klischee würde von einigen treuherzigen Zeitgenossen benutzt, versichern sie, um die »der deutschen Sprache aufgepfropften angloamerikanischen Brocken als Zeichen von Leben und natürlicher Entwicklung hinzustellen«. Den laxen Sprachverstehern hält die Bürgerinitiative weiterhin entgegen: »Gleichzeitig lehnen sie Sprachpflege als lenkende Eingriffe in den Sprachgebrauch ab. Ein kluger Philologe in Münster hat erklärt, es sei Zeit, die Vorstellung von Sprache als eines ›natürlichen, also lebendigen Organismus‹ so schnell wie möglich in die linguistische Mottenkiste zu tun. Schon der alte Grieche Platon sagte, Sprache sei nicht *physis* (Natur), sondern *nomos* (Vereinbarung, Konvention) … Die Anglizismen verdrängen deutsche Wörter. Wo *single, news, bike* und *shop* Wörter wie Junggeselle, Nachrichten, Fahrrad und Laden ersetzen, sterben die deutschen Ausdrücke aus. Es ist barer Unsinn, diesen Vorgang als Leben zu bezeichnen.«

Wollen die einen die Sprache pflegen und lenkend eingreifen, um uns vor noch mehr Stumpfsinn und Deutschschwund zu bewahren, holen die anderen aus und rufen: »Lasst nur, lasst nur – die Sprache gedeiht. Und zwar von ganz allein!«

Ja, was denn nun?

Ob die Sprache nun lebt oder nicht – spätestens hier geraten wir ins Gezerre der Wortklauberei. Denn es geht allein um die Auslegung des Verbs *leben*. Und dazu sollten sich die Sprachregulierer einmal anschauen, was alles lebt: Die Wüste lebt. Die Revolution lebt. *Vive la France* – es lebe Frankreich! Die Legende lebt. Der Mythos lebt. Das alte Propellerflugzeug erwacht zum Leben (sobald der Neun-Zylinder-Sternmotor anspringt). Ein Hersteller für Motoröl wirbt: »Und Ihr Auto lebt auf.« Und schließlich wackelt sogar noch mit den Hüften, was eigentlich seit Jahrzehnten unter der Erde liegt. Elvis lebt!

Mit Verlaub also: Wenn schon Propellerflugzeuge, Wüsten, Revolutionen, Autos, Mythen, Legenden und der hoffentlich in Frieden ruhende Elvis leben – dann lebt die Sprache doch wohl erst recht!

Und wer noch immer anderer Meinung ist, sollte nur mal auf den nächsten Schulhof um die Ecke spazieren. Vor allem jeder eingefleischte Sprachregulierer mit Aktentasche unterm Arm sollte sich genau dort einmal umhören. Zuerst flögen ihm so viele »Ey, Dicker, was los, Alter!« um die Ohren, dass ihm Hören und Sehen verginge. Aus zweiter Reihe würde bald der nächste Spruch rübersausen: »Ey, was 'n das für 'n edgy motherfucker!« Danach würde der Sprachregulierer ins Schwitzen geraten, woraufhin ihm zu Ohren käme: »Hassu Achselterror, oder was? Los, geh dich fiedeln und heul dich bei deiner Embryoschubse aus!« Der Sprachregulierer sollte spätestens jetzt die Beine in die Hand nehmen, sonst würden sie ihm nämlich als Nächstes in reinem Deutsch eine *Sportzigarette* (Joint) anbieten, ihn danach einen *Festnetztelefonierer* (Spießer) schimpfen und ihn anschließend ordentlich *frottieren* (verprügeln).

Spätestens jetzt weiß der Sprachregulierer, dass die Sprache lebt. Und wie sie lebt!

Das heißt natürlich nicht, dass die Sprache aus Fleisch und Blut besteht oder gar eine Art Gehirn besitzt. Es ist vielmehr so, dass sie in stiller Schönheit und komplizierter Pracht wie eine millionenfach verknotete und in sich verdrahtete Maschine auf uns wartet. Ein riesiges, sagenhaftes und wundersames Monstrum, das schweigt – bis wir es an den Strom anschließen, auf den »On«-Knopf drücken und zu sprechen beginnen.

Ab diesem Moment werden wir Teil dieser irren Maschine.

Ab dann können wir ihre Tasten drücken, in ihren Eingeweiden forschen und all die sagenhaften Hebel und Stromkreise aktivieren. Und bald merken wir, noch als Kind, dass man fast alles mit ihr machen kann. Reden, schreien, kreischen. Spitzfindig vermag man mit ihr umzugehen. Witzig, bösartig, gemein. Traurig und fröhlich. Und dann sind da hinten noch diese Regler, mal laut, mal leise. Fantastisch, was man mit dem Ding alles anstellen kann! Und tief in ihr drin befindet sich ein weiterer Schalter, einer für die Poesie – denn reimen kann man mit ihr auch noch. Ene, mene, mu. Und weiter geht's. Abteilung: Erfindungen. Da kann man den Räuber Hotzenplotz im Nu zum Räuber Motzenklotz machen oder eben mal ein neues Wort für einen schönen Tag in die Welt pusten: Sonnenwolkensahnetag! Ach ja: Eis kann man mit ihr auch bestellen. Und Bärchen aus Gummi und Küsse von Mohren.

Später merken wir, was diese unglaubliche Maschine Sprache noch so alles zuwege bringt, wenn wir sie nur einigermaßen beherrschen. Mit ihr verschafft man sich den Eintritt in die Welt. Man kann mit ihr gewinnen und verlieren. Wir lernen, dass man mit ihr verreisen und herrliche Nachmittage auf dem Sofa verbringen kann. Wir erfahren, dass man mit ihr lieben und töten kann.

Die Sprache ist ein fantastisches Instrument. Vielleicht sogar das fantastischste Phänomen, das wir kennen – außer der wortlosen Fantasie selbst. Und natürlich muss eine solch unglaubliche Maschine gehegt und gepflegt werden.

Doch wie? Brauchen wir eine Bedienungsanleitung? Wer schreibt sie? Wer darf sie modifizieren? Wer versteht das Ding überhaupt gut genug, um sich so etwas anzumaßen?

Hier kommen wir zum zweiten Punkt, der Denker, Linguisten und Sprachhüter schon seit Jahrhunderten dazu verleitete, regalweise Bücher und Aufsätze, Grammatiken und Lexika zu schreiben. Und nicht selten geraten die Damen und Herren wutschnaubend aneinander. Dieter E. Zimmer fasst die Grundfragen der Diskussion in seinem schon genannten Buch so zusammen: »Soll, will, darf, kann irgendjemand jemand anderem vorschreiben oder auch nur empfehlen, wie er reden und schreiben soll? Wer wem? Gibt es überhaupt ein absolut gutes oder schlechtes, ein richtiges oder falsches Deutsch? Gibt es wenigstens von Fall zu Fall ein relativ besseres oder richtigeres? Es ist eine dieser beunruhigenden Hintergrundfragen, die allen zu schaffen machen.«

Daraus folgt letztlich die Frage: Sollen wir die Sprache nun steuern und regulieren? Oder sollen wir es nicht?

Diese Frage ist natürlich blanker Unsinn – denn wir lenken und justieren die Sprache ständig und überall. Wir tun es, sobald wir morgens aufstehen und nur den Mund aufmachen. Da fängt es schon an, das Kneten, Biegen und Verbiegen. Immer sind wir dabei, sie zu manipulieren. Mit ihr zu spielen. Und sie somit auch in eine bestimmte Richtung zu bringen!

Martin Luther hat mit seiner Übersetzung der Bibel das heutige Deutsch maßgeblich geformt. Er machte dabei aus komplizierter Sprache einfache Sprache. Doch es muss nicht gleich ein Luther am Werk sein. Die Sprachsteuerer sind unter uns. Und so hat irgendjemand in einem Partykeller irgendwann aus dem *gut* ein *geil* gemacht. Vielleicht bei einem Bier, wahrscheinlich bei zwei. Und wie er die Sprache damit gesteuert hat! Bis weit ins dritte Millennium. Bis in die landesweiten Reihen der heutigen Erstklässler.

Das Fazit dieses kleinen Exkurses: Jeder gestaltet die Sprache. Jeder, wie er mag. Jeder, wie er kann. Jeder trägt sein Scherflein dazu bei, die Sprache zu bereichern oder zu beschneiden. Sie auszuschöpfen oder zu ignorieren. Sie zu pflegen oder zu zerstümmeln. Vielleicht sollten wir uns das lediglich hin und wieder ins Gedächtnis rufen.

Sprache als Demokratiekiller

Die Kämpfe um unser Deutsch, Denglisch, Germenglish oder wie immer man es nennen mag, sind noch nicht beendet. Die Businesssprache oder jener seltsame Slang der Manager, Werber und Experten erhält nun auch noch einige Schläge in unserem Ring. Diese parfümierten Zeitgenossen reden gern von *Branding,* davon, dass man sich mehr *committen,* den *staff outsourcen* und die *Venture Capital Outlook Capacity* noch einmal *evaluaten* müsse. Wir haben diese Art der Sprache zwar schon in einem vorigen Kapitel behandelt, doch hier geht es um einen völlig anderen Aspekt.

Nimmt man nämlich einige Sprachkritiker beim Wort, könnten die Verwender dieses Codes demnächst Ärger bekommen. Und dies nicht etwa, weil sie Denglisch *talken,* sondern weil sie die Demokratie untergraben. »Letztlich sind die Folgen, die die Sprachaufblähung unserer Eliten zeitigt, schlimmer als nur die volks- und betriebswirtschaftlichen Kosten. Sie gefährden die Demokratie und das Miteinander in unserer Gesellschaft«, schreibt Markus Reiter. Wobei der Politologe und Sprachtrainer nicht nur die aufgeplusterte Geschäftssprache meint, sondern sämtliches Deutsch, welches mehr sein will, als es ist. Mit anderen Worten: Ob Manager, Politiker, Wissenschaftler oder jene flott gekleidete Sekte der *Business Traveller* – ihr aufgetakeltes Deutsch-Denglisch grenzt andere Mitbürger aus.

»Der gesellschaftliche Dialog funktioniert schon auf der untersten Ebene nicht mehr«, schreibt Reiter weiter. »Nämlich auf der sprachlichen.« Dies ist noch vergleichsweise sachlich formuliert. Der Schweizer Schriftsteller Urs Widmer drückt sich drastischer aus, so nachzulesen in Wolf Schneiders Buch *Speak German:* »Die mit Anglizismen durchsetzte Sprache der globalen Wirtschaft ist eine Siegersprache mit präfaschistischen Zügen. Sie hat militärischen Klang, kommt aber im Maßanzug daher.«

Man muss also nur die richtige Sprache beherrschen. Jenen, die des *Businesstalks* mächtig sind, verhilft sie in die ledernen Bürosessel. Die anderen müssen putzen gehen.

Ist es so drastisch?

Verschiedene Arbeitskreise an Universitäten haben immer wieder mit Studien belegt, dass viele Menschen die Sprache, die sie erreicht, tatsächlich nicht mehr verstehen. Ob Beipackzettel von Medikamenten, Erläuterungen zur Steuererklärung oder blasierter Zunftjargon – schon 1974 fand das Psychologische Institut der Universität Hamburg heraus, dass nur 25 Prozent der Informationen von den Verbrauchern verstanden wurden. Absurd, aber wahr. Seit diesen Ergebnissen hat sich in der akademischen Welt sogar der Zweig der »Verständlichkeitsforschung« etabliert, und man traut sich kaum vorzustellen, wie wenig heute noch von der Sprache begriffen wird. Denn gemessen am Deutsch der Siebzigerjahre ist heute eine Art globales Zukunftschinesisch zu beobachten.

Glaubt man einer weiteren Umfrage mehrerer Universitäten von 2007, kann man davon ausgehen, dass sich viele Bürger der Bundesrepublik von der heutigen Sprache überrannt fühlen. So gaben beispielsweise 70 Prozent der Deutschen an, viele Begriffe, die allein im Zusammenhang mit der Gesundheitsreform genannt werden, nicht mehr nachvollziehen zu können. Doch wie soll man bei einem so wichtigen Thema mitreden, wenn man nicht einmal versteht, warum es geht? Es stellt sich die Frage: Machen die Benutzer und Erschaffer solcher Ausdrücke dies bewusst? Die Politiker, die Ärzte, die Wissenschaftler, die Businessleute? Sprechen sie absichtlich in ihrem bisweilen seltsamen Eliteslang, um sich selbst herauszukehren – und andere auszugrenzen?

Chronikregelung, Beitragsbemessungsgrenze, Rehabilitationsleistung – das sind nur drei Begriffe, die ständig im Zusammenhang mit der neuen Gesundheitsreform genannt werden. Doch weiß jeder genau, was mit diesen Wortkonstruktionen gemeint ist? Man darf davon ausgehen, dass manche Mitbürger nur schüchtern die Schultern heben würden, wenn man sie genauer danach befragt. Politiker wiederum benutzen gern den Ausdruck *Gender Mainstreaming*. Das hört sich großartig an, obwohl sie damit nur die Gleichberechtigung von Frauen in Betrieben meinen. Und wenn das die betroffenen Frauen mangels Übersetzung nicht einmal erreicht, könnte die Gleichberechtigung glatt verloren gehen.

Die Demokratie wird nach Meinung der Kritiker aber noch auf vielen anderen Gebieten durch eine hochtrabende Sprache gefährdet. Eine Betäubungsspritze auf einer Zahnarztrechnung heißt dort zum Beispiel nicht mehr schlicht Betäubungsspritze, sondern wird als *Intraorale Infiltrationsanästhesie* aufgeführt. Fachlich mag das präzise sein, aber die Patienten, die für die Dienstleistung immerhin viel Geld bezahlen, trauen sich kaum noch, die Rechnung zu prüfen. Denn darin versteht man eh nichts mehr.

Schön ist auch die Tatsache, dass wir uns verstärkt um unsere eigene Altervorsorge kümmern und hier und da in Fonds, Aktien oder sonstige Geldanlagen investieren sollen. Das ist herrlich – nur müsste man hierfür zunächst einen speziellen Sprachkurs belegen, denn auch die Finanzexperten üben sich fleißig in abgehobener Codesprache.

Indizes. Mutterholding. Blue Chips. Realtimekurse. Futures. Hedgefonds. Discountzertifikate. Near-Time-Orderbücher. Click-Options. Diversifizierte Private Equity-Zertifikate. Penionsanleihen. Rentenindizes. Silberengagements. Na, prima. Viele werden dagegen schon bei einem *Portfolio* und einem *Fonds* kaum mehr wissen, was damit eigentlich gemeint ist – dabei sollen sie genau da jetzt mitmischen. Die Folge: Wenn einem der Anlageberater mit derart dicklippiger Fachsprache kommt, will man sein Geld am liebsten wieder unterm Kopfkissen verstecken.

Viele Kritiker halten die elitäre Sprache für ein perfides Spiel. Die Menschen sollen eingeschüchtert und in die Irre geführt werden. Der einstige Bundespräsident Gustav Heinemann formulierte einmal: »Sich in Sprachzucht zu nehmen ist sicher nicht immer leicht, aber ein Beitrag sowohl zur Demokratie wie auch zur Bewahrung der Schönheit unserer Sprache.«

Manipulation und Ausgrenzung, darum geht es in vielen Fällen. Aus welchem Grund sonst sprechen Politiker von der »Entzerrung des Preisgefüges« und nicht einfach davon, dass vieles teurer wird? Warum reden sie von »Entsorgungsparks«, obschon sie damit nichts anderes meinen als Atommülldeponien? Die Diskussion um Sprache nimmt hier geradezu politische Züge an. Da werden Wörter zu Waffen, Ausdrücke zum Teil einer Strategie.

Die Sprache als Machtinstrument der oberen Etagen, um die Masse zu beeindrucken und in Schach zu halten? Neu ist das nicht. Schon früher benutzten Aristokraten und oberste Kirchenleute Latein oder Französisch – und wollten sich damit gesellschaftlich abgrenzen. Die Herrschaften parlierten in einem gepflegten Elitejargon, den die Bauern und der Pöbel gar nicht erst verstehen sollten. Wir hier oben und ihr da unten, und jedem sein Geschwätz.

Was bleibt dem ganz normalen Sprachbenutzer? Unbedingt hinhören! Wenn man nur weiß, worum es geht und das Blähdeutsch entlarven kann, dann sieht man plötzlich echte Komiker vor sich. Dann werden die Dampfplauderer zu Schießbudenfiguren, die sogar großen Unterhaltungswert besitzen. Auf den Jahrmärkten waren solche Leute früher eine Attraktion.

Und wer einen Hang zu schlichtem Normaldeutsch hat, dem sei empfohlen, durchaus auch mal zu reagieren. Ein Feuilleton, das sich mit Fremdwörtern selbst beweihräuchert, dürfen Sie ungestraft zusammenfalten und einem Nachbarn schenken, der einen Kamin hat. Oder Sie schicken Ihrem Arzt demnächst die Rechnung zurück mit der Bitte um Übersetzung. Und spätestens dann, wenn die Politiker nicht von Atommülldeponien, sondern von brennwert-lateralen Freizeitparks reden, sollten wir die faulen Eier herausholen.

Der Philosoph Karl Popper formulierte klug: »Der Stil der großen, dunklen, eindrucksvollen und unverständlichen Worte sollte nicht länger bewundert, ja er sollte von den Intellektuellen nicht einmal mehr geduldet werden. Er ist intellektuell unverantwortlich. Er zerstört den gesunden Menschenverstand.« Und weiter: »Wer's nicht einfach und klar sagen kann, der soll schweigen und weiterarbeiten, bis er's klar sagen kann.«

Na bitte, das sitzt.

Der Duden und andere Keulenschläge

Vierte Runde: Der Kampf um die Sprache geht weiter. Und diese Runde wird unter den Fehlerbeseitigungskommandeuren ausgefochten. Das sind jene Aufpasser, die falsche Schreibweisen registrieren und fehlenden und überflüssigen Häkchen auf der Spur sind. Doch jenen, die überall Legastheniker ausmachen, halten andere entgegen, dass sich selbst Goethe nicht um korrekte Schreibweisen geschert habe. Standardisierung von Ausdrücken, Orthografie, Grammatik – das alles interessierte den Poeten herzlich wenig. Statt »Zucker« verwendete er auch schon mal ein »Zukker«. Und wenn es ihm passte, wurde aus einem »Mädchen« ein »Mädgen«. Würden Schüler jedoch in seine Fußstapfen treten, ein Fehlerstrich wäre ihnen gewiss.

Viel Prügel bekommt der Duden ab, das Zentralgestirn unserer Sprachgalaxis. Die einen bezeichnen ihn als »große Hure«, weil er sich in ihren Augen der »Sprachentwicklung« anbiedert. Sie werfen ihm vor, er sei nur ein halbherziger Zuschauer, ein wenig strenges Gremium, das die Sprache in Deutschland in jeder Neuausgabe lediglich beschreibt, aber selbst keine Maßstäbe setzt. Der Duden als eine Art *Top of the Pops*. Die Charts der Umgangssprache.

Das heißt: Werden altgediente Wörter nicht mehr oft genug im alltäglichen Sprachgebrauch entdeckt, fliegen sie raus. Sie geraten dadurch in Vergessenheit, sterben aus. Einzug halten indes jene Ausdrücke, die uns häufig genug umgarnen. Werden etwa Wörter wie *Edutainment, Alcopop* oder *Flatrateparty* regelmäßig registriert, könnten sie – zack – in die Liste gelangen. Und schon werden all die neuen Anglizismen und hippen Trendvokabeln salonfähig und somit zu echtem, dudenreinem Deutsch!

Letztlich würde der Duden mit dieser Taktik nicht nur beschreiben, sondern am Ende auch vorschreiben, da ihn im Zweifelsfall jeder heranzieht. Und dies betrifft ebenso die Grammatik. Wenn wir nur oft genug Sätze sagen wie: »Peter ist doof, weil der hat mir mein Eis geklaut«, statt: »Peter ist doof, weil er mir mein Eis geklaut hat« – dann flattern auch diese neumodischen US-Konstrukte prompt auf die Bestenliste. Und werden vom Duden abgenickter Alltag.

Wer nur beschreibt, beschreibt auch Fehler – und lässt am Ende zu, was nicht zugelassen werden dürfte. Diese Entwicklung ist allerdings nicht neu. Der Duden reagiert jedenfalls darauf seit Langem mit Gelassenheit.

Bleibt in diesem Zusammenhang noch die Frage aller Fragen. Was eigentlich ist Sprache? Wie können, wie sollen wir sie definieren?

Beamtensprache. Jugendsprache. Jargon. Stammtischgeschnatter. Small Talk. Kindersprache. Löffelsprache. Körpersprache. Schreien. Weinen. Lügen. Eine Schild. Ein Bild. Ein wasserfarbener Beuys und ein wilder Jackson Pollock. Hat die Gitarre von Jimi Hendrix gesprochen? Das Saxofon von Charlie Parker eine neue Sprache erfunden? Kann ein Blick Bände verraten? Eine Geste alles sagen? Können Bäume reden? Spricht gar das Meer eine Sprache? Sind wir nur nicht imstande, sie zu verstehen?

Linguisten und Philosophen haben sich genügend Gedanken dazu gemacht – bisher ohne einstimmiges Ergebnis. Die Autoren Veronika Claßen und Armin Reins haben in ihrem Buch *Deutsch für Inländer* das umfassende Themengebiet ein wenig eingekreist und entdeckt, dass – bezogen auf unsere Sprache – »fünfzehn neue Deutschs« existieren. So gibt es angeblich etwa ein Schwall-Deutsch, ein Gammel-Deutsch, ein Testosteron-Deutsch, ein Sims-Deutsch und sogar ein Krass-Deutsch. Die beiden Autoren konstatieren am Ende ihres Werks, wenn auch nicht ganz bierernst: »Unser Deutsch ist am Ende. In achtzig Jahren spricht keiner mehr Deutsch – und bis dahin zerfällt unsere liebe Muttersprache in 15 Rest-Deutschs.«

Aufregung herrscht auch bei solchen Phänomenen: Warum sind bestimmte Dinge immer mehr *spannend*, obwohl sie vor einiger Zeit noch *interessant* waren? Warum wird die *geschlossene* Tür nun ständig zur *zuen* Tür? Und warum treffen wir uns heute immer öfter *auf* ein Bier statt *für* ein Bier? Doch diese Petitessen taugen schon nicht mehr für einen soliden Kampf. Willkommen beim Fingerhakeln. Allerdings muss unsere Sprache auch hier herhalten, bis der letzte Kolumnist Feierabend hat.

Fazit: Kurs in die Südsee!

Hiebe, Seitenhiebe, Volltreffer. Neben der Sprache selbst und ihren Inhalten ist nun also auch die Diskussion um sie Teil der Schlacht. Gut so. Zum anderen: Sprache ist ein Reizthema geworden, führt zu einem erhöhten Puls – und ist heute populärer als zu vielen anderen Zeiten. Auch dies ist gut! Dümmer wird so keiner.

Ferner: Sprache gibt es heute mehr denn je. Am Kiosk, im TV, im Radio, im Internet, auf den Plakaten, überall. Das war nicht immer so. Es gab Zeiten, da waren Bücher rar, die Zeitung nicht mal erfunden. Ein Brief war Monate unterwegs. Der Überfluss an Sprache macht es heute nicht einfacher, sie zu deuten, sie zu beherrschen, sich eine Meinung zu bilden. Allemal ist sie vielseitiger geworden, schneller, wechselhafter, launischer – und fast allen Menschen in allen Facetten zugänglich. Auch dies ist gut. Aber es fordert uns: Augen öffnen. Ohren öffnen. Gehirne einschalten!

Und wer noch immer nicht so recht weiß, was er von den ganzen Auseinandersetzungen halten soll, dem sei versichert, dass er drei Dinge auf jeden Fall darf. Erstens: sich fürstlich amüsieren. Zweitens: sich vor der Sprache verbeugen. Denn sie lebt nicht nur, sie ist ein fantastisches, wundersames Monstrum. Und drittens darf sich jeder getrost auch an den eigenen Kopf fassen. Ein wenig mit anpacken beim Kurshalten. Hier und da eine Hand ans Steuerrad legen und gelegentlich mithelfen beim Navigieren durch dieses Zauberreich der Sprache.

Sonst wir Eismeer.

17
Planet
Saftladen

*Flagship Stores, Brötchen-Companys und Pommes-Universen. Die Namen unserer Geschäfte sind auch nicht kleinlauter geworden. Das Motto: **Think big!***

In einer Seitenstraße unweit meines Wohnhauses gibt es ein kleines Geschäft für Damenmoden. Verkauft werden dort Blusen, Hosen und Röcke, dazu bunte Ketten und Kopftücher. In dem Laden liegt, nun ja, ich will es mal so sagen, nicht zwingend der letzte Schrei aus. Aber das macht nichts. Denn die Boutique für Damenmoden besitzt dafür einen kaum zu überbietenden Namen. Nämlich diesen: *Die Dietrich.*

Die Dietrich ist bekanntlich eine Legende. Ein Mythos. Einer der größten Stars, die das Land je hervorgebracht hat. Es ist schon nicht schlecht, einen kleinen Laden für Damenmoden nach der vielleicht gefeiertsten Sängerin und Schauspielerin Deutschlands zu benennen.

Doch wer immer die Boutique so benannt hat, er befindet sich in bester Gesellschaft. Eugen Block, der Betreiber der Restaurantkette »Blockhouse«, eröffnete in Hamburg ein Hotel und nannte es, obwohl schon etwas länger her, *Grand Elysee.* Der Name mag von der Pariser Avenue des Champs-Élysées stammen, ins Deutsche übersetzt bedeutet dies *Elysische Felder.* In der griechischen Mythologie durften ins Elysion nur auserwählte Helden einziehen. Vielleicht hat Herr

Block bei seiner Namensgebung auch an den Élysée-Palast im Herzen von Paris gedacht. Das ist immerhin der Amtssitz des französischen Staatspräsidenten. Und ob man diesen nun mag oder nicht: Der Élysée-Palast ist zweifellos ein recht stolzes und ehrwürdiges Gebäude der französischen Staatsgeschichte.

Ein deutsches Hotel nach dem französischen Amtssitz zu benennen – das Aussehen ist Geschmackssache, aber an den Élysée-Palast reicht es dennoch kaum heran –, darf man vor diesem Hintergrund schon als mutig bezeichnen. Vielleicht sogar als heldenhaft.

Höhenflüge dieser Art fallen nicht mehr jedem auf, längst hat man sich daran gewöhnt. Einige noch nicht restlos immunisierte Seelen aber schauen nach wie vor eine Spur genauer hin – und kommen auf herrlich entlarvende Ideen. So war ein Hamburger Geschäftsmann kurz davor, gegenüber dem *Grand Elysee* eine Würstchenbude aufzustellen. Nicht irgendeine, sondern den Imbissstand *Bratwürstchen Buckingham Palace*.

Wer die Umwelt einmal unter die Lupe nimmt, kann feststellen: Viele Übernachtungsstätten, Geschäfte und Bistros tragen Namen, die an leichten bis schweren Größenwahnsinn erinnern. Geradezu faszinierend sind die Namen vieler Geschäfte am Berliner Kudamm, der Vorzeigemeile unserer neuen Superhauptstadt. Das *Wall Street Institute* klingt nach New Yorker Börse, dahinter verbirgt sich aber nur eine fast schon altgediente Sprachenschule. Auf der anderen Straßenseite kommt man an einem Sport- und Modegeschäft vorbei, das als *Titus Zoopreme* zu identifizieren ist. Ein wild zusammengeschusterter Name aus *Zoo* und *supreme* – englisch für »das Größte«, »das Höchste«, ja »das Göttliche«.

Dass sich viele Läden inzwischen in gehobenen Sphären wähnen, zeigen noch etliche andere Inhaber am großen Kudamm. Ein Geschäft nennt sich *Inneneinrichtungen Empo-rium*, eine Bar lockt als *Universum Lounge*. Ebenfalls am Ku-damm nicht zu übersehen ist ein kleiner Imbiss, in dem leckere Pommes und Würstchen verkauft werden. Der Name der Bude: *Bistro Universum*. Galaktische Dimensionen, grö-ßer geht nicht mehr.

Natürlich macht es einige Mühe, einen richtig gelungenen Namen zu finden. Einfallsreiche Wortspiele zu ersinnen, die zudem den Kern der Sache treffen, bedarf des Grübelns. Vie-len ist das zu lästig. Sie greifen kurzerhand zu einem Rezept für den linguistischen Schnellkochtopf. Blase auf, gib dich groß, protze, bis sich die Balken biegen. Vielleicht haben die Ladenbesitzer in Deutschland auch nur zu viel George Bernard Shaw gelesen. Der irische Dramatiker sagte einmal: »Viele Menschen sehen die Dinge, wie sie sind – warum? Ich träume von Dingen, die nie gewesen sind, und sage – warum nicht?«

Wahrscheinlich sind die Geschäftsinhaber tatsächlich un-ter die Dramatiker gegangen. Wie sonst ist zu verstehen, wa-rum sich bundesweit Kleinstunternehmen Namen geben, die uns an Kaviardosen denken lassen, in denen am Ende aber doch nur Fischstäbchen stecken. Im Hamburger Schanzen-viertel existiert ein T-Shirt-Laden, der sich frech als *Human Empire* bezeichnet, was nichts anderes bedeutet als »Mensch-liches Kaiserreich«.

Dass ein Geschäft heute nicht mehr nur ein Geschäft sein will, zeigen bereits all die ausgewiesenen *Stores*, die Deutsch-land heute wie Mohnstreusel schmücken. *Record Stores, Fa shion Stores, Book Stores, Health Stores, Beauty Stores, Bio Stores.* Und weil dies nur halb so gut klingt, wie es klingen könnte, finden wir an jeder zweiten Ecke inzwischen *Mega Stores* oder *Outlet Stores* und neuerdings immer öfter: *Flagship Stores*.

Am Berliner Kudamm, so schnell verlassen wir ihn nicht, existiert ein Geschäft für Kinderspielzeug, das sich *Kids Pla-*

net nennt. Und mit den Planeten hat es auch so eine eigene Bewandtnis, jedenfalls was die Häufigkeit seines Erscheinens betrifft. So findet man als aufmerksamer Spaziergänger *Fashion Planets, Sport Planets, Toy Planets* oder *Wellness Planets*. Dazu gibt es jetzt auch das *Planet Radio* und in der Schweiz sogar einen sagenhaften *Kebab Planet*.

Manche Ladeninhaber reißen bei dem flotten Spielchen mit der Namensfindung sogar sämtliche Barrikaden ein. So etwa jener eines Berliner Uhrengeschäfts, das sich *Uhranus* nennt. Diese Bezeichnung soll ebenfalls an einen Planeten erinnern, detoniert allerdings als Knüller ganz anderer Art. Vor Schreck wurde nämlich übersehen, dass man beim mühevollen Entziffern nicht mehr an den Planeten Uranus denkt, sondern an eine Uhr und an den Afterschließmuskel. Auf Lateinisch *anus*.

Eine neue Coffeeshop-Kette heißt *World of Coffee* – und auch hier geht es gleich um ganze Welten. Doch dieses Phänomen tritt nicht nur beim Kaffee auf. Jedem bekannt sind die *Worlds of Music, Video Worlds* und *Fashion Worlds*. Andere Kleinstunternehmer wählen andere Vergrößerungsmaßnahmen, sie betiteln sich gern als *Fabrik* oder gleich als *Imperium*. Die Folge: Restaurants bezeichnen sich als *Spaghetti Factory* (essen wir Nudeln mit Vorliebe in einer Fabrik?), und in *Hair Factorys* kann man sich die Haare schneiden lassen. Ein Obst- und Getränkeladen im Berliner Stadtteil Prenzlauer Berg nennt sich weltmännisch *London Juice Company*.

Der Komiker Jacques Tati sagte einmal: »Wer sich zu wichtig ist für kleine Dinge, ist meist zu klein für wichtige Dinge.« Das hört sich heute nach einer staubigen, fast törichten Weisheit an. Oder etwa doch nicht? Und was, wenn wir diesen Spruch einmal leicht abwandeln? Versuchen wir es doch einmal damit: »Wer kleinen Dingen große Namen gibt, ist meist zu klein für große Namen.« Das könnte in etwa passen.

Imperien, Planeten, Universen, Superstores. Deutschland hat endlich verinnerlicht, was im Leben wirklich zählt: *Think big!* Doch wenn wir schon so breitformatig denken, dann sollten wir noch viel entschlossener ans Werk gehen. Dazu fällt mir ein Afrikaner ein, den ich einmal während einer Reise durch Nigeria gesehen habe. In der stinkenden Hafenstadt Lagos hatte er auf seine zerschundene Wellblechhütte eine zweite geschweißt und verkaufte vor seiner Baracke Hühnchenschenkel und gebratene Ziegenköpfe. Mitten auf seine wackelige, zweigeschossige Wellblechbude hatte er den Namen seines Geschäfts gepinselt: *Empire State Building*.

Keine Anmaßung, sondern feinster afrikanischer Humor.

18

Auf Pastafari in Deutschsurdistan

*Die Deutschen sind Welt-
meister im Wörter-
erfinden. Inzwischen
können wir sogar hyänen-
blutdopen und befinden
uns trotz Knirpsverbot
mitten im Kormorankrieg*

Vorsicht ist geboten, wenn Sie es mit Affixen, Affixoiden, Präfixen und Suffixen zu tun bekommen. Denn diese Sprachgeister können völlig neue Realitäten aus dem Boden stampfen. Deutlicher gesagt, sind dies Wortbildungselemente, die der Geburt neuer Wörter und Ausdrücke dienen.

Dieser Prozess ist ebenso fantastisch wie beängstigend. Denn er erlaubt den Menschen nicht nur, sich nach Belieben auszudrücken, sondern auch, neue Wörter spontan zusammenzubacken – und diese ohne Vorwarnung auf die Mitbürger loszulassen. Das Schöne daran ist, dass das Deutsch eine Sprache der unbegrenzten Möglichkeiten ist. Das Tückische, dass man nie sicher sein kann, welchen Unwörtern und Sprachgirlanden man urplötzlich gegenübersteht.

Auf diese Weise hatten wir es auf einmal auch mit dem berühmten *Migrationshintergrund* zu tun. *Migration* und *Hintergrund*, das sind zwei Wörter, die sich mithilfe des Fugen-s zwar mit Gewalt zusammenpressen lassen, im Grunde aber harmonieren wie eine Kühltruhe und ein Heißluftballon – die inhaltliche Dimension einmal ganz außer Acht gelassen. Und dennoch müssen wir das Wort bis heute ertragen.

Auf ähnliche Weise wurde in Deutschland einst auch der *Alterungsanzug* ersonnen oder der Begriff *Eduventure* zusammengeschraubt, der sich aus den englischen Wörtern *education* (Ausbildung) und *adventure* (Abenteuer) zusammensetzt. Es können bei der Geburt neuer Wörter aber auch *Beliebigkeitskanzler* herauskommen, so kuriose Wesen wie *Metrosexuals* oder auch so hübsche Einrichtungen wie eben *Qualmräume* für verbannte Raucher. Sprachlich gesehen, geschehen dabei die wundersamsten Dinge.

Zum Hintergrund: Affixe sind Sprachelemente, die um einen Wortstamm herum angeordnet werden (Affix bedeutet: »das Angehängte, Angeheftete«). Man bezeichnet sie als Präfixe, wenn sie vor dem Stamm eines Wortes stehen (wie etwa *un* in dem Begriff *un*kaputtbar); Suffixe werden sie genannt, wenn sie dahinterstehen (wie etwa *bar* in unkaputt*bar*).

Aber das ist noch nicht alles. Hinzu kommen Komposita und Konfixe. Komposita sind im Rahmen neuer Wortbildungen als »Zusammengesetztes« zu verstehen, etwa jene merkwürdige Verquickung von *Migration* und *Hintergrund*. Ein Konfix schließlich ist ein »gebundenes lexikalisches Morphem«, also ein Wortteil wie *Bio* in *Bio*logie, *Omni* in *Omni*bus oder *Stief* in *Stief*mutter.

Doch genug von komplizierter Linguistik. Halten wir fest: Mit den eben beschriebenen Elementen (und noch vielen anderen) können wir uns Wörter zusammenbasteln, wie es uns gerade in den Sinn gerät oder in den Kram passt. So könnten wir spontan etwa das Wort *Sinnkram* erfinden. Ob das Sinn macht, steht freilich auf einem anderen Blatt Papier.

Der Sprachwissenschaftler Lothar Lemnitzer schreibt in seinem Buch *Von Aldianer bis Zauselquote:* Man kann »ohne Übertreibung sagen, dass täglich neue Wörter entstehen«. Lemnitzer hat in den Jahren 2000 bis 2007 rund 25 000 innovativ erfundene Ausdrücke in Deutschland gezählt und diese in seinem Internetforum »Wortwarte« festgehalten. Seiner Meinung hat aber auch er – obwohl aufs Wörtersuchen spezialisiert – lediglich die Spitze des Wörterbergs erfassen können. Würde er hingegen alle neuen Begriffe aufführen, würde er wahrscheinlich darin ertrinken.

Lemnitzer vergleicht die Sprache mit einem Lego-Baukasten. Er betrachtet sie als »elastisches Werkzeug« mit vielen Bauelementen (Affixen etwa), die den Benutzern erlauben, unendlich viele neue Wörter nach Herzenslust »zusammenzustecken«. Diese Form der Wortbildung ist, wie schon gesagt, eine der großen Stärken unserer Sprache. Es können dadurch so praktische Bezeichnungen wie *Haustür* oder *Autoschlüssel* entstehen oder Schönheiten wie *Sonnenwende* oder *Meeresleuchten*. Es können durch dieses Lego-Prinzip aber auch Bandwürmer zustande kommen – jeder kennt das Wort *Oberweserdampfschifffahrtsgesellschaft*. Und mancher Ausdruck nach diesem Verfahren kommt einem Krampf gleich, etwa der beliebte *Innovationsstandort*.

Besonders inflationär treten die beiden Konfixe *Cyber* und *Bio* in Erscheinung – zwei Wortbildungselemente, mit denen die Deutschen regelrecht um sich schmeißen. Allein 700 neue Wörter hat Lemnitzer entdeckt, die mit dem Konfix *Cyber* der Welt zugemutet wurden und plötzlich durch Texte schlingerten, durchs Internet stelzten und diverse Produkte zierten: *Cyber-Comics, Cyber-Spiele, Cyber-Läden, Cyber-Drinks, Cyber-Mobbing, Cyber Sex*. Ich habe sogar das Wort *Cyber-Milch* gefunden, wobei man gar nicht erst wissen will, was passiert, wenn man sich dieses Getränk einverleibt.

Längst ist von einem Cyber-Deutsch die Rede. Das Wort *Cyber* ist vom englischen Begriff *cybernetics* (Kybernetik) abgeleitet, und der Ausdruck *Kybernetik* wiederum stammt aus dem Altgriechischen und bedeutet »Steuermannskunst«. In einem übertragenen Sinn kann dies als Navigieren durch komplexe Systeme aufgefasst werden – *Cyber* würde demnach auch sämtliche Weiten des Internets umfassen.

Noch viel produktiver aber ist das Konfix *Bio*. Kaum betritt man einen Supermarkt, ist alles Bio: *Biojoghurt, Biobrot, Biomilch, Biokäse, Biowein, Biobier, Bioschnaps, Biobutter, Biosaft.* Inzwischen ist aber nicht nur *Bio*, was wir essen und trinken, sondern fast alles. Da gibt es *Biohöfe, Biorestaurants, Biosocken, Biowäsche, Biosaunen, Bioakkus, Biocomputer, Biowellness, Biotoiletten, BioFenster* mit Binnenmajuskel und *Bio-F@shion* mit @-Zeichen. Die Firma Allnatura bietet sogar Schlafsofas in Bio-Ausführung an.

Das Wort mit den drei Buchstaben schafft es anscheinend, dass beim Lesen in den Hirnen irgendein Schalter umgelegt wird, der zu dem Kurzschluss führt: gesund – kaufen! Angesichts der Bioinvasion liegt der Schluss nahe, dass sprachlich hierzulande so ziemlich alles zusammengenagelt wird, was sich irgendwie vielversprechend anhört. Immerhin musste wegen der allgemeinen Biomanie bereits das Bundesministerium für Ernährung, Landwirtschaft und Verbraucherschutz einschreiten, indem sie das »Bio-Siegel« ins Leben rief, das die Öko-Kennzeichnung regelt. Sonst könnten wir wahrscheinlich auch schon *Bio-MP3-Player* kaufen oder *essbare Bio-Brillen von Fielmann*, wie in einem Internetforum befürchtet wird.

Wortbildungen dieser Art sind ein Steckenpferd der Deutschen, und die Teutonen sind noch zu ganz anderen Scherzen aufgelegt. Gern mixen sie sprachlich alles zusammen, was überhaupt möglich ist: Kopulativkomposita, affixoide Wortbildungen, Derivationen, Morpheme und Fugenelemente. Hinzu kommen Denglisch-Fragmente, englische Präfixe, Suffixe, Konfixe sowie Firmennamen, Kunstbegriffe und natürlich auch unsere geschätzten Binnenmajuskeln und @-Zeichen. Das alles haltlos vermengt, skrupellos verrührt und gnadenlos geschüttelt. Fertig ist unser neues Deutsch, das alsbald losmarschiert, um den Alltag zu erobern.

Man muss Lemnitzer dafür danken, dass er sich die Mühe macht, all diese Wortkreationen aufzuspüren. Mithin würden wir sonst nicht glauben, welche Wortbildungen tatsächlich auf uns losgelassen werden. Allein an einem Tag sammelte Lemnitzer 42 neue Wörter, die er in deutschen Texten fand. Darunter Neuschöpfungen wie:

Aktivfolterung, Bodyflirt, Chatlag, Crimesoap, Dogmushing, Filterpartei, Googleganger, Hirnbaumeister, Hyänenblutdoping, Kampftheologie, Knirpsverbot, Knuddelcomputer, Neuromorphing, Ramschkredit, Trümmerfrauennachzüglerkinder oder Vorratspreismodell

Der *Knuddelcomputer* ist nicht schlecht. Man weiß zwar nicht so recht, was gemeint ist, aber das Gerät muss süß aussehen. Vielleicht ein Computer in Herzform? Hart wird es bei Schlachtrufen wie *Aktivfolterung* oder *Kampftheologie*. Diese Worte überbieten sich gegenseitig und werden nur noch vom *Neuromorphing* in den Schatten gestellt. Spaß dürfte es aber vor allem machen, die Bürger bei einigen Beispielen mal präziser nach der Bedeutung zu fragen. *Dogmushing* – ist das ein neues Hundefutter? Sind beim *Knirpsverbot* nun Kinder oder Regenschirme untersagt? Und das *Vorratspreismodell?* Diese wilde Konstruktion besteht aus drei deutschen Worten, die sich in der Verbindung irgendwie nach einem günstigen Angebot anhören – was dies jedoch genau heißen soll, muss erst mal jemand erklären. Lemnitzer räumt ein, dass viele dieser Ausdrücke es niemals in unser tägliches Vokabular schaffen. Vielmehr kommen sie als Gelegenheitsgauner daher, um bald wieder zu verschwinden. Einige aber mischen sich hartnäckig unters Volk, etwa:

Extrembeschallung, Problemlösungsbär, Musicovery, Geomarketing, Buchungstool, Historytainment, Polittainment, Lafontainment, Speedflying, Speicherbakterium, Overshoot Day, Naviceiver, Mehrgenerationenhaus, Mentaliban, iVibrator, Schariarisierung, Ganzkörperlifting, Flatratesaufen, Elite-Kita, Eye-Gazing-Party, Koch-Dating, Speed-Dating, Crowdsourcing (nach Outsourcing), Cobranding, Bastard-Pop, Aldianer, Warkitting oder Zahnbörse

Sprachliche Schönheiten dieser Art haben Vor- wie auch Nachteile. Sie können einerseits recht frech daherkommen, andererseits einen Sachverhalt erstaunlich präzise fassen. Bei einem *Aldianer* etwa sieht man den Schnäppchenjäger mit meterhoch beladenem Einkaufswagen schon vor sich. Die meisten neuen Wörter aber werden nur verwendet, um aufzufallen und Eindruck zu schinden. Ein *Naviceiver* oder das *Geomarketing* werden von wenigen verstanden und sind in erster Linie nur Buchstabenmist.

Sicher, viele neue Ausdrücke stammen aus Amerika. Das macht aber nichts, denn die Deutschen integrieren diese Wörter so galant und reibungslos in ihren Wortschatz, dass wir bald von straßentauglichem Deutsch reden dürfen. Anschließend schnattern und schreiben viele munter drauflos – und können mit den tollen neuen Wörtern auch schon mal leichte Verwirrung stiften.

Zum Beispiel dann, wenn wegen verstärkten Flatratesaufens und Bodyflirtens die Mentaliban zur Schariarisierung aufrufen, in den Elite-Kitas wegen iVibrator-Neid der Kormorankrieg ausbricht und im Historytainmentsektor das La-

fontainmentfieber grassiert. In der Folge würden die Prob-
lemlösungsbären samt Trümmerfrauennachzüglerkindern auf
die Barrikaden gehen und die Bastard-Popper zum Warkitting aufrufen. Am Ende müssten die Nahkampftheologen
zum Hyänenblutdopen antreten und wir, trotz Knirpsverbot
und interkontinentalem Neuromorphing, würden massenweise mit Chatlag kämpfen. Anschließend müssten wir von
High-Speed-Sprach-Koch-Dating sprechen und eine brutale
Form aktiver Aktivfolterung über uns ergehen lassen, was zu
guter Letzt die Filterparteien auch noch zum Ganzkörperlifting verleiten würde. Und dann wäre alles aus. Sämtliche
Buchungstools im Land würden heiß laufen. Deutschland
würde mit einem Schlag crowdgesourct.

Völlig unwahrscheinlich sind solche Szenarien nicht. Immerhin: Lemnitzer spricht von einem gänzlich neuen »Krea-
tionismus«, was unsere Sprache betrifft. Wenn sich Freunde
der Körperverzierung etwa einen neuen Delfin oder ein
Arschgeweih in den Hintern stechen lassen, heißt das jetzt
plötzlich *BodMod* (selbstverständlich mit Binnenmajuskel).
BodMod steht für *body modification*, also für die Modifikation
des Körpers. Schön, dass wir uns jetzt modifizieren können.
Bisher gelang das nur bei Computerprogrammen, MP3-
Playern und anderen Maschinen. Jetzt funktioniert das auch
beim Menschen. Neue Sprachgebilde haben auch Freunde
italienischen Essens geschaffen: Sie streifen abends durch die
City, auf der Suche nach einem neuen Restaurant – sie gehen
dabei auf *Pastafari*

Das Bundesverdienstkreuz in Sachen Wortbildung aber
sollte auf jeden Fall der Telefonfirma Alice verliehen werden.
Dieser Anbieter hat sich so weit aus dem Fenster gelehnt,
dass die Feuerwehr mit dem Sprungtuch anrücken sollte.
Alice wirbt mit der »Ich-bin-nicht-der-Typ-der-sich-gerne-
bindet«-Flat.

Man könnte Mundstarre bekommen. Das reinste *Sprachgate* – und eigentlich sollte man dessen Wortvater *Watergate* eine Entschädigungsgebühr bezahlen. Denn inzwischen muss dieser Begriff aus dem Englischen auch bei uns für Unfälle jedweder Art herhalten. Als die Bayern um die Nachfolge Edmund Stoibers stritten, war von einem *Isargate* die Rede. Und die Affäre um die Entfernung der angeblich homosexuellen Teletubbies aus dem polnischen Fernsehen schlug ebenfalls Wellen – und kam als *Teletubbiegate* daher.

Apropos telefonieren. Das Nachrichtenmagazin *Der Spiegel* schenkte der Welt vor nicht allzu langer Zeit ein Wort, das bis dahin nicht einmal auf den Datenbahnen des Internets zu orten war. Der Begriff beschreibt ein Kultobjekt, das erstens besonders toll aussieht und mit dem man zweitens telefonieren und sogar Musik hören kann. Manche nennen so etwas iPhone. Der *Spiegel* schrieb: *Fetischfon*.

Willkommen in der Psychopathologie

Wortbildungen sind so beliebt, dass man sich fragt, warum sich manche Leute immer noch mit Sudoku die Zeit vertreiben. Abgesehen vom Unterhaltungswert kann man mit dem Erfinden neuer Wörter sogar reich werden. Dann nämlich, wenn man sich einen einfallsreichen Begriff schützen lässt und diesen anschließend für eine Millionensumme etwa an einen E-Commerce-Konzern verkauft.

Versuchen Sie es doch mal. Bilden Sie ein neues Wort. Wenn Sie zum Beispiel ein innovatives Adjektiv suchen – sagen wir eine anschauliche Steigerung für das Wort *unmöglich* –, könnten Sie etwa das Wort *telekomöglich* in die Welt hieven. Oder warum noch den langen Ausdruck *politikverdrossen* in den Mund nehmen? Es geht doch kürzer und treffender: *politot*.

Nun hat die heitere Wortbildung im Land nicht nur Freunde. Einige Kritiker glauben, die Sprache sei für vogelfrei erklärt worden. Und manche glauben sogar, sich in einem Irrenhaus zu befinden. So etwa der deutsche UNO-Verwaltungsleiter Dr. Franz Baumann in New York, der die Entwicklung der deutschen Sprache aus amerikanischer Distanz betrachtet. Ob des Sprachgeklingels ist er zu folgender Erkenntnis gelangt: »Was in Deutschland vor sich geht, gehört in den Bereich der kollektiven Psychopathologie«, schrieb er vor einiger Zeit in den monatlichen *Sprachnachrichten* des Vereins Deutsche Sprache. So würden hierzulande Anglizismen geschaffen, die es weder in England noch in Kanada oder in den Vereinigten Staaten gäbe. Kein US-Bürger würde beispielsweise bei dem Wort *Handy* an ein Mobiltelefon denken. Für sie hat die Bezeichnung *Handy* die Bedeutung von »geschickt«, »handlich« oder »zur Hand«. Und wenn man einem amerikanischen Sozialarbeiter erzählte, dass er ein guter Mensch sei und es in Deutschland ebenfalls viele *Streetworker* gäbe, dann würde uns der Mann wohl etwas seltsam ansehen. Die Deutschen wissen zwar genau, was sie mit *Streetworker* zum Ausdruck bringen wollen, eben jenen Sozialarbeiter. Für Amerikaner aber sind dies immer noch Prostituierte.

Was sollen wir von der deutschen Wortbildungswut halten? Nun, auch Sprache ist Geschmackssache. Und darum gilt grundsätzlich: Entscheiden Sie selbst, ob Ihnen ein neues Wort oder ein schaumschlagender Begriff gefällt. Wer allerdings Orientierungshilfe bei dieser Wahl benötigt, dem seien an dieser Stelle ein paar Worte von großen Denkern und echten Sprachpäpsten mitgegeben:

Erstens Voltaire. Er sagte: »Verwendet nie ein neues Wort, sofern es nicht drei Eigenschaften besitzt. Es muss notwendig sein, es muss verständlich und es muss wohlklingend sein.«

Zweitens Somerset Maugham. Der englische Schriftsteller meinte zu dieser Problematik: »Wenn alle Menschen nur reden, wenn sie etwas zu sagen haben, würden die Menschen sehr bald den Gebrauch der Sprache verlieren.«

Und drittens Ernest Hemingway. Er bekam immerhin den Nobelpreis für Literatur verliehen, auch wenn er zur Preisvergabe in Stockholm nicht auftauchte, sondern lieber vor der kubanischen Küste zum Angeln auf den Golfstrom hinausfuhr und sternhagelvoll Schwertfische tötete. Der Schriftstellerkollege William Faulkner hatte einmal gehänselt, Hemingway würde sich in seinen Büchern nicht trauen, komplizierte und ausgefallene Wörter zu wählen, womöglich, weil er diese gar nicht kennen würde. Hemingway sagte daraufhin zu seinem Freund A. E. Hotchner: »Glaubt Faulkner wirklich, dass große Worte große Gefühle machen? Er glaubt, dass ich die Zehndollarwörter nicht kenne. Ich kenne sie genau. Aber es gibt ältere, einfachere und bessere Wörter, und das sind die, die ich verwende. Hast du sein letztes Buch gelesen? Nur noch eine Soße.«

Eines sollten wir auf keinen Fall vergessen, wenn uns das nächste Hunderttausendeurowort entgegenkracht. Nämlich dass es vor allem zu protzen versucht – und eine Mogelpackung sein könnte. Lemnitzer dazu: »Das oberste Ziel (vieler neuer Wörter) ist es, Aufmerksamkeit zu erregen. Die Form der Botschaft ist dabei ebenso wichtig, wenn nicht gar wichtiger als ihr Inhalt.«

Sollten uns diese Worte nachdenklich stimmen? Manche könnten glatt vermuten, dass mancherorts nur noch das Äußere zählt, die inneren Werte abhandengekommen sind – und die Sprache dies lediglich widerspiegelt. Der Verlust innerer Werte? Wie verquast hört sich das denn an! Erfinden wir lieber schnell einen neuen Begriff. Wie wär's mit diesem: *Trümmerseelennachzüglersyndrom.* Klingt doch super, oder?

19

Voll beautyvoll

Botox für die Sprache: In der Wohlfühlszene sind die Wortchirurgen am Werk. Heute können wir Beauty-Schnaps trinken und sogar auf Wellness-toiletten sitzen

Die **Wellnesstoilette** ist eine Symbiose aus persönicher Hygiene, Komfort und Design. Ein warmer Duschstrahl reinigt sanft den Körper

Die großen Politik- und Wirtschaftsseiten der Tagespresse können einem zu schaffen machen. Der Dax geht hoch und runter, auch Dow Jones und Nikkei-Index geben sich launisch, und die Politiker sagen heute dies und morgen das. Mit wesentlich konstanteren Werten versorgen uns indes die kleinen gemischten Nachrichten am Rande. Meldungen wie aus der Zeitung *Die Welt* besitzen sogar richtigen Unterhaltungswert:

USA: Schülerin brachte Steakmesser in die Kantine – Festnahme. Brasilien: Weihnachtsmann in Rio im Kugelhagel. Münster: Gefrorener Eintopf durch die Scheibe geworfen. Frankreich: Auf der Flucht vor einer Treibjagd ist im Elsass ein Wildschwein in eine Grundschule geflüchtet und hat zwei Zimmer verwüstet.

Kaum zu glauben, aber diese Schlagzeilen wurden wirklich gedruckt. Und wenn in Münster schon gefrorener Eintopf durch die Fenster fliegt und im Elsass Wildschweine Schulen zerlegen, dann verwundert bald nichts mehr. Noch nicht einmal die Tatsache, dass in der Beauty- und Wellnessszene der Sprachwahnsinn ausgebrochen ist. Und das ist er.

Die passende Meldung dazu könnte in der Tagespresse folgendermaßen lauten:

Deutschland: Bürger massenhaft mit Wellnesssprache beschossen. In Boltenhagen schmierte sich ein selbsternannter Wellnessgott mit Beauty-Zahnpasta ein, um sich mit dem Weihnachtsmann in Rio zu solidarisieren. Für das Wochenende sind im Harz Protestmärsche angekündigt: Zehntausende Wellnessfreaks wollen zu symbolischen Hardcore-Wellnessläufen in den Wald aufbrechen und auf dem Brocken Wellnessbier trinken. Die Wellnesspolizei verweigert jede Stellungnahme.

Sprachlich gesehen, sollten wir uns auf solche Szenarien einstellen. Denn die eben zitierten *Beauty-Zahnpastas, Wellnessgötter, Wellnessbiere* und *Hardcore-Wellnessläufe* existieren tatsächlich, zumindest in Form von Wörtern. Und auch die Wellnesspolizei.de ist zu finden. Auf dieser Internetseite passen die Betreiber auf, dass wir nicht auf der faulen Haut liegen, bieten uns *Life Fitness Fitnessgeräte* an, *Life Fitness Ellip-*

sentrainer sowie *Tunturi Fitnessgeräte* mit *Features* wie *T-Scale,* *T-Pulse* und *T-Flex.* Angeblich soll man mit diesen Lebenshilfen 16 Kilogramm in einem Monat abnehmen, und gleich danach kann man sich direkt auf die *Official Site* von *Beachbody* klicken – wofür auch immer das gut sein soll.

Sprachlich durchlaufen wir derzeit ein strammes Programm. Wellness bis zum Abwinken, Beauty bis zum Abschminken und heilloses Wortgeblähe bis zum Gehtnichtmehr. Dass in der Wohlfühl- und Schönheitsszene der Wahnsinn ausgebrochen ist, beschreibt auch Markus Reiter in seinem bereits zitierten Buch: »Neben der Kommunikationsbranche ist die Wellnessbranche der größte Produzent von Phrasen und Wortmüll. Mit der Kommunikationsbranche hat sie gemein, dass durch Phrasendrescherei einfache Sachverhalte veredelt werden sollen.«

Man muss Reiter recht geben. Das gigantische Feld der Wohlfühlbranche umfasst nicht nur *Beauty-Salons, Beauty-Magazine* und das *Beauty-Shopping.* Es gibt *Beauty-Schränke, Beauty-Drinks, Beauty-Food, Beauty-Lampen, Beauty-Musik, Beauty-Brillen, Beauty-Car-Challenges* und *Beauty-Perücken* (»für geniale Fülle«). Wer friert, schmeißt die *Beauty-Heizung* an oder wärmt sich mit einem *Beauty-Schal.* All diese hübschen Dinge sind in der Tat zu haben. Auf der Seite www.beautynet.de konnte man zu Weihnachten 2007 sogar *beautyvoll* shoppen.

Das Leben ist schön. Den Sprachchirurgen geht's blendend. Und der Sprache haben sie Botox gespritzt. Das Wort *Beauty* macht sich aber noch relativ rar, vergleicht man es mit dem Begriff *Wellness.* Von diesem scheinen die Deutschen regelrecht besessen zu sein. Gibt man das Wort bei Google ein, ist man geneigt, vor seinem Computer ein Stoßgebet an einen Wellnessgott gen Himmel zu schicken: Der Rechner schafft es, in zwanzig Sekunden 190 Millionen Ergebnisse auszuspucken. Mit dabei sind sprachliche Konstrukte wie *Wellnessoasen, Well-*

nessguides, Wellnesscompanys, Wellnessbademäntel, Wellnesshosen, Wellnesscremes, Wellnessmilch, Wellnessdildos (glaubt man's?), *Wellnesssandalen* oder *Wellnesskissen.* All diese unentbehrlichen Produkte kann man tatsächlich kaufen. Und es geht noch weiter: *Wellnessvisionen, Wellnessschlösser, Wellnessbadewannen, Wellnesspäpste, Wellnesskönige, Wellnesshotlines, Wellnessarmaturen, Wellnessschokolade* oder *Wellnesskekse.*

Auf einer Schweizer Internetseite entdeckte ich sogar eine *Wellnesswurst.* Der Trendforscher Matthias Horx sagt in einer Mitteilung des Zukunftsinstituts sogar voraus, dass in nicht allzu ferner Zeit Produkte wie *Wellnesszigaretten* und *Wellnessschnaps* den Markt überschwemmen werden.

Die Firma Josef Küpper und Söhne, eine Firma für Sanitärbedarf, schießt den Vogel ab. Inzwischen, allen Megatrends meilenweit voraus, bieten sie sogar eine *Wellnesstoilette* an. »Die Wellnesstoilette«, so können wir auf der Website des Geschäfts lesen, »ist eine Symbiose aus persönlicher Hygiene, Komfort und Design. Ein warmer Duschstrahl reinigt sanft den Körper.«

Wie darf man sich das vorstellen? Sitzen wir mit der Toilette jetzt komplett unter der Dusche? Ist die Bezeichnung »Körper« hier ein Euphemismus – also ein Wort, das eine andere Bedeutung umschifft? Oder ist das Ganze am Ende nur eine Symbiose aus sehr persönlichem Design, sanfter Verstrahlung und purem Wellnesssprachwahn?

Wie auch immer: Deutschland muss sich angesichts so viel sprachlicher Wellness pudelwohl fühlen. Inzwischen erobern sogar Wörter wie *Wohlfühlmarkt, Wohlfühlstandort* oder *Wohlfühl-Feeling* das Land – immerhin nichts anderes als ein ziemlich doppelt gemoppeltes Wohlfühlgefühl.

In einem Interview mit dem Titel »Wellness in der Werbung« im Frühjahr 2008 hat *Geo Online* den Werber Marc Schwieger von der Agentur Scholz & Friends gefragt, ob sich hinter dem Wort *Wellness* womöglich falsche Versprechungen verstecken könnten. Autosuggestion würde eine große Rolle spielen, sagte daraufhin Schwieger. Der Begriff löse alternativloses Wohlgefallen aus. Das Wort *Gesundheit* klinge zu sehr nach Krankheit, *Fitness* sei mit Anstrengung verbunden. *Wellness* und *Wohlbefinden* aber hören sich nach Sich-aufs-Sofa-Schmeißen an. Der Begriff *Wellness* klinge zudem dynamisch, weil er aus dem Amerikanischen komme, wobei es egal sei, ob die Leute ihn übersetzen könnten. Außerdem, so Schwieger weiter, würde sich die Gesellschaft nach neuen Bedeutungsebenen sehnen, die gegen die kalte Rationalität eines alternativlosen Kapitalismus stünden. Durch Wellness könnten sich die Menschen »selbst als Gott betrachten« und sich »selbst religiösen Gefühlen hingeben«.

Da haben wir's: Der Deutsche in der Wellnessoase, eingewickelt in Algenpackungen und Thermodecken, hält sich für Gott. Schwieger übertreibt damit nicht einmal, sondern trifft den Nagel auf den Kopf. An einem Verkaufsständer des Spa- und Beauty-Papstes Ole Henrikson in Hamburg Eppendorf steht geschrieben: »*Worship your body*« – »Bete deinen Körper an«. Man kommt nicht umhin, an jenen berühmten Jüngling aus der griechischen Mythologie zu denken, der zu lange in einen Teich starrte und sich in sein eigenes Spiegelbild verliebte. Er verschoss sich dabei derartig heftig in sich selbst, dass er gar nicht mehr von sich loskam – und am Ende sterben musste. Armer Kerl, dieser Narziss.

Die Beauty und Wellnesszene aber übt sich weiterhin erfolgreich in Selbstanbetung. Und fordert uns regelrecht dazu auf. Der Ausdruck *Wellness* ist dabei vor allem der Beweis dafür, wie schnell uns ein einziges Wort um den Finger wickeln kann – und welche Macht Sprache besitzt. Laut Josef Hilbert, Forschungsdirektor am Institut Arbeit und Technik, sorgt der Wellnesstrend für einen anhaltenden Wachstum der

Gesundheitsbranche, in der über 1,2 Millionen Menschen arbeiten. Nach Aussage von Hilbert werden damit rund 73 Milliarden Euro im Jahr umgesetzt.

Bei solchen Summen ist es verständlich, dass die Branche ein schlechtes Gewissen hätte, würde sie uns lediglich Bäder, Cremes, Massagen und simple Seifen vorsetzen. Stattdessen dürfen wir uns eines reichhaltigen Angebots erfreuen: Ein schlichtes Gel nennt sich etwa *Flax Seed Strong Hold Sculpturing Gel*, eine Pflegeserie trägt die Bezeichnung *DermaGenesis*. Und was soll überhaupt ein *Light Elements Reviving Mist* sein? *Mist* wäre mit *Sprühnebel* zu übersetzen. Der Mist ist nur, dass dies kaum einer weiß.

Was wollen uns derartige Namen und Formulierungen mitteilen? Vielleicht fordern sie uns auf, unser gesamtes Dasein zu überdenken, gemäß eines Anzeigentextes für einen Duft von Paco Rabanne. In einem fast lupenreinen Deutsch heißt es dort: »Klarer, frischer Unisex-Duft, der durch seine Leichtigkeit eine neue Sichtweise des Lebens widerspiegelt«. So weit sind wir also. Die Duftsprays haben endlich den Status von Philosophen eingenommen.

Nie wieder sterben in zehn Minuten

Den jüngsten sprachlichen Nachschub erhielt die Schönheits- und Wohlfühlbranche mal wieder von den Amerikanern. Schuld daran trägt dieser eine hässliche Prozess, den wir noch immer nicht aus der Welt geschafft haben: das Altern (und damit verbunden den Tod). Doch die Experten haben sich wenigstens ein Wort einfallen lassen, welches das Reich der ewigen Jagdgründe in größtmögliche Ferne rückt. Statt von einer Extremverdrängung zu sprechen, beschallt uns die Wohlfühlbranche mit diesem Modegag: *Anti-Aging*.

Dies eine kleine Wort (oder sind es zwei?) hört sich prächtig an und lässt sich prima vor alles Mögliche stellen. So entstehen *Anti-Aging-Massagen, Anti-Aging-Pillen* oder *Anti-Aging-Angebote* jedweder Strickart. Die *Bunte* hat auf ihren Gesundheitsseiten sogar schon die roten Goji-Beeren aus Tibet zu *Anti-Aging-Beeren* erklärt und behauptet, die Früchtchen seien echte »Vitalstoffbomben«. Das Gesellschaftsblatt muss es wissen. Schließlich, so ist in ihm zu lesen, essen angeblich Kate Moss, Mick Jagger, Brooke Shields und sogar Madonna die Beeren. Mit der schrecklichen vorzeitigen Hautalterung ist nun endgültig Schluss. Wetten?

Die Sprache wider das Altern treibt die schönsten Blüten. Da werden Algenkuren zum »Geheimrezept für junge Haut« und Jojobaöle avancieren zum »exklusiven Jungbrunnen«. Ein Magazin für ein besseres, gesünderes und längeres Leben brachte die Sehnsüchte der Menschen auf den Punkt und titelte: »Anti-Aging – Können wir bald ewig leben?«

Wenn man anfängt, darüber nachzudenken, hört sich das Wort *Altern* eigentlich schon nach Pest an. Die Menschen jenseits der Rente wurden darum auch kurzerhand zu *Best Agern* umformuliert. Und um der anvisierten ewigen Jugend gerecht zu werden, reiht sich ein Wunder an das nächste. So werden *Bauch-weg-Workouts, Gen-Checks, Hormontherapien* und *Gehirn-Jogging* für die grauen Zellen angepriesen, das Neudeutsch als *Neurobics* daherkommt. Früher nannte man das *Gedächtnistraining* oder *Konzentrationsübung.* Aber das macht ja nichts her.

Eigentlich ist es erstaunlich, dass es noch keine *Anti-Death-Cremes* oder *Anti-Dying-Peelings* gibt. Damit könnte man sprachlich sogar dem Tod ein Schnippchen schlagen. Vielleicht sollten die Wellness-, Fitness- und Beauty-Magazine es auf ihren Titelseiten mal mit dieser Schlagzeile probieren: »Der letzte Trend aus Arkadien, jetzt neu: Anti-Death-Training – nie wieder Sterben in zehn Minuten!«

Man sehnt sich nach Menschen wie Humphrey Bogart. Der sagte einmal: »Mein größtes Kapital ist mein zerfurchtes Gesicht. Ich habe jahrelang sehr hart daran gearbeitet. Mehr Whisky kann man eigentlich nicht trinken.«

Bei der eigenwilligen Sprache der Schönheits- und Wohlfühlwelt stellt sich ebenfalls die Frage, ob die Menschen noch begreifen, was sie lesen und hören. Dabei ist ein Beispiel im Land längst berühmt geworden, das deutlich machte, wie es um das Verständnis bestellt ist. Die Parfümeriekette Douglas hatte einst mit dem Slogan »*Come in and find out*« geworben. Fragte man bei Kunden nach, was man damit wohl zum Ausdruck bringen wolle, übersetzten viele den Spruch nicht mit »Komm rein und entdecke«, wie es beabsichtigt war, sondern mit »Komm rein und versuche wieder herauszufinden«. Inzwischen wurde der Slogan korrigiert. Jetzt heißt es, ganz auf Nummer sicher: »Douglas macht das Leben schöner.«

Doch auch bei anderen Übersetzungsaufgaben hapert es. Als der TV-Sender Sat.1 mit den Worten »*Powered by emotion*« warb, meinten viele Zuschauer, dies würde doch so etwas wie »Kraft durch Freude« oder »Gepudert mit Gefühlen« bedeuten. Das ging selbst den sonst recht hartgesottenen Machern dieses Fernsehkanals zu weit. Seitdem wirbt der Privatsender kleinlaut mit »Sat.1 zeigt's allen«.

Die Kosmetikmarke La Prairie treibt es derweil auf die Spitze und bietet ihren deutschen Kunden diese fantastische Lotion an: *Skin Caviar Luxe Eye Lift Cream*. Man sollte vielleicht zur Abwechslung mal wieder einen RTL-Reporter losschicken, der ein paar Passanten nach der Übersetzung fragen könnte. »Vom Luchs gewonnener Kaviar für die Haut, im Fahrstuhl auf die Augen aufzutragen« – dies dürfte noch eine der harmloseren Antworten sein.

20

Ich so zu Chef

Vorteil Ellipsen – in manchen Sätzen Wörter wegzulassen macht Spaß. Doch nicht immer steckt in der Kürze die Würze

Unser Deutsch ist eine Schlangengrube. Wussten Sie etwa, dass wir mehr oder weniger regelmäßig Ungeheuern wie Hypostasen, Etymonen, Substraten oder Proklisen ausgesetzt sind? Auch so merkwürdige Wesen wie Vreddhis, Laryngale und Incohativa kommen hierzulande vor, und zwar in unserer Sprache. Linguisten mögen solche Bezeichnungen. Sie benutzen sie vor allem, um sprachliche Kuriositäten zu benennen. Die Begriffe stammen meist aus dem Lateinischen, sind präzise und machen durchaus Sinn – selbst wenn uns solche Fachwörter eher spanisch vorkommen. Doch auch wenn Sprachwissenschaftler sich gern in abstrakten Gedanken und Begriffen verlieren: Wir können von ihnen lernen.

Was wäre schließlich die uns umgebende Welt, wenn wir sie nicht exakt benennen könnten? Wenn wir keine Wörter für Auto, Haus, Mutter, Papa, Werbeplakat oder U-Bahn hätten? Wir stünden vor all diesen Gegenständen und Menschen – und könnten sie gar nicht bezeichnen. Wir wären verloren! Oder stellen Sie sich vor, unsere Vorfahren hätten sich für so elementare Dinge wie Wasser, Feuer und Luft keine Namen einfallen lassen? Gäbe es dann Streichhölzer oder so praktische Dinge wie Heißluftpistolen?

Allen in der Realität und in der Vorstellung existierenden Dingen und Phänomenen Namen zu geben ist wesentlich. Es ist die Grundlage, damit wir diese Erscheinungen überhaupt erst erkennen, registrieren und am Ende eventuell sogar verstehen. Kurz: Die Welt würde im Chaos versinken, könnten wir ihre einzelnen Elemente nicht sprachlich auseinanderhalten. Der Mensch wäre nicht, was er ist.

Doch zurück zu jener Spezies, die sich Linguisten nennt. Warum also ist es hilfreich, sich den einen oder anderen Begriff aus ihrem Vokabular einzuprägen? Es gibt dadurch einen entscheidenden Vorteil: Bestimmte sprachliche Phänomene können wir auf diese Weise bewusst wahrnehmen – und sie augenblicklich entzaubern. Anders gesagt: Wer seinen Feind nicht kennt (in diesem Fall seinen sprachlichen Gegner), wird ihn auch nicht entlarven können. Die Gefahr ist groß, ihm permanent in die Falle zu laufen.

Interessant sind in diesem Zusammenhang sogenannte Ellipsen. Gemeint sind hiermit nicht etwa geometrische Kurven oder fliegende Untertassen, sondern »Aussparungen von syntaktisch notwendigen sprachlichen Elementen, die aus dem sprachlichen Kontext oder der Redesituation rekonstruierbar sind« (so steht es in dem bekannten *Lexikon der Sprachwissenschaft* von Hadumod Bußmann). Einfach gesagt: Mit Ellipsen sind nichts anderes als Sätze gemeint, bei denen man Wörter weglässt, obwohl sie für die grammatikalische Vollständigkeit eigentlich nötig wären.

Dies ist übrigens ein legitimes und effizientes Mittel in der geschriebenen wie gesprochenen Sprache. Wenn Sie etwa jemand fragen will: »Wollen Sie einen Kaffee haben?«, reicht es im normalen Umgang, wenn derjenige zu Ihnen sagt: »Auch einen Kaffee?« (obgleich dies nicht ganz so höflich klingt). Und wenn Sie das Getränk haben möchten, genügt ein schlichtes »Ja« als Antwort – obwohl dieses Wort bei isolierter

Verwendung keinen Sinn macht, sondern nur, wenn der Fragende weiß, was Sie in diesem Fall meinen: »Ja, ich will einen Kaffee haben.«

Ellipsen sind alltägliches Geschäft. Jeder greift auf diese »Aussparungen« zurück. Kaum einer aber kennt den Namen für diesen praktischen Mechanismus. Dabei wäre es gut, ihn sich anzueignen, denn auch jene Ellipsen vermehren sich in letzter Zeit auf seltsame Weise im Land. Und zwar so vehement, dass sie vielen mächtig auf die Nerven gehen.

Auf Zigarettenautomaten ist beispielsweise folgender Hinweis zu finden: »Mit Karte. Ohne kompliziert.« Grammatikalisch vollständig hieße dies in etwa so: »Bei diesem Auto-

mat können Sie die Zigaretten mit der Karte ziehen, ohne dass dies kompliziert wäre.«

Ich wollte mehr zu diesem Thema in Erfahrung bringen und machte mich auf, einige Passanten auf der Straße zu befragen, was sie von dem Slogan eines Elektronikmarkts halten würden: »Wir lieben Technik. Wir hassen teuer.« Die Befragten schauten mich skeptisch an. Wie jetzt? Was soll daran komisch sein? Was falsch? Ist doch klar: »Hier gibt's alles für Zuhause, und zwar billig.« Oder: »Hier kann man Fernseher oder so kaufen, und die Preise stimmen auch.«

Die Antworten waren auf gewisse Weise sinnig, den Sprachunfall aber konnte keiner erklären. Wir können zwar *Technik* lieben, aber wir können keine Adjektive wie *teuer* hassen, sondern lediglich teure Produkte. Doch solche bewussten grammatikalischen Patzer sind inzwischen gang und gäbe. Die Werber wollen sich mal wieder auf Gedeih und Verderb aufspielen.

Eine sehenswerte Bruchlandung hat auch die SEB Bank zustande bekommen: »Italiener können küssen. Schweden können Konten« (statt: »Schweden können Konten führen«). Und in vielen Werbeaufrufen werden wir nicht einmal mehr als Personen angesprochen: »Jetzt testen!«, »Sofort anrufen!«, »Hier klicken!« Man gibt sich nicht einmal mehr die Mühe, den Menschen einzubeziehen, wie in: »Testen *Sie* jetzt!«, »Rufen *Sie* jetzt an«, »Klicken *Sie* hier!« Bei diesen »Aussparungen« bleiben die Verbraucher allein schon sprachlich auf der Strecke. Das ist vorbildlich. Und in etwa so vergnüglich, als würden Sie mit Ihrem Partner demnächst in folgender Stümmelsprache sprechen: »Jetzt Essen!«, »Jetzt Bett!«, »Heute Kino?«, »Jetzt Hund gassi!«, »Heute Länderspiel, Bier kalt?«

So heiter das Spiel ist, das Weglassen von Wörtern in Sätzen kann dazu führen, dass uns eine gewisse Höflichkeit abhandenkommt. Bisweilen auch ein, sagen wir, respektvoller Umgang mit der Sprache. Sie glauben, das sei übertrieben? Nun, in der Alltagssprache haben sich Ellipsen bereits derart eingenistet, dass es fast schon zur Satire reichen könnte. So etwa in Büros, in denen Dialoge nach folgendem Muster an der Tagesordnung sind:

Du, Herr Müller, ich also gestern so zu Chef rein und sage: »Und, was jetzt mit Weihnachtsfeier?«

Und Chef so: »Nix da, zu teuer.«

Und ich dann so zu ihm: »Was?! Und was mit Geld vom Betriebsrat?«

Und Chef: »Reicht nicht.«

Darauf ich so zu Chef: »Dann wohl wirklich nix Weihnachtsfeier dies Jahr, was?«

Und er so: »Nee, ist nicht.«

Und ich so: »Scheiße.«

Und Chef am Ende nur noch: »Kopp hoch! Heute Abend erst mal 'n Sekt auf Haus.«

Tja, Müller, sprachlos, was?

Vielleicht sollten wir Studien anregen, um herauszufinden, wie viel Zeit die Wirtschaft sparen würde, wenn wir uns sprachlich nur noch auf das Minimum beschränkten und versuchsweise einmal alle Verben und Artikel eine Woche lang aus unserem Vokabular strichen. Dialoge in den Familien könnten dann morgens so ablaufen:

Kaffee fertig. O-Saft neben Presse.

Gut. Kinder Brötchen in Ranzen, dann ab Kindergarten.

O.K. Jetzt Büro. Viel zu spät. Telefon heute Mittag, wann wer Kinder von Kindergarten.

Ja. Ich heute aber noch Saturn. MP3-Player und neue Bohlen-CD da.

Super! Wo eigentlich Autoschlüssel? Ich später nämlich Supermarkt. Heute Abend Chips, Pizza, Bier.

Au ja. Heute Abend wir wieder *Deutschland Superstar*. Kuss.

Auch.

Tschüss.

Wie effizient! Aus der Kunst des Weglassens wäre endlich ein Weglassen jeglicher Kunst und Normalsprache geworden. Der Vorteil eines solchen Stenogestammels: Millionen von Angestellten würden früher im Büro erscheinen, und Eheleute würden täglich nur noch vier Minuten statt der jetzt durchschnittlich acht Minuten miteinander sprechen (war sowieso zu viel). Würde man dies bundesweit hochrechnen, einschließlich der elend langen Konversationen etwa bei der Post, beim Bankschalter oder beim Betriebsrat, wir würden Tage, Wochen und Monate einsparen – und Milliarden von Euro gleich obendrein.

Am besten sollte die Regierung die Ellipsomanie gleich gesetzlich vorschreiben. Das Geld können sie gebrauchen.

21

X: der gefähr-
lichste Buchstabe
der Republik

*Deutschland denkt endlich
im Zeichen der Zukunft.
Was nicht niet- und nagelfest ist, das schreiben wir
jetzt bitteschön mit dickem
Icks*

Das Ding sieht schnittig aus mit seinen zwei gekreuzten Strichen, ein wenig wie eine auseinandergeklappte Schere. Und es
ist äußerst vielseitig. Es erinnert an die Bezeichnung eines
Chromosoms (des männlichen), an ein Kreuz, schließlich wiederum mutet es an wie ein frontal auf den Betrachter zuflie-
gender Sternenjäger aus *Star Wars*. Schon die Seeräuber krit-
zelten ein X aufs Papier, wenn sie ihren Namen nicht schreiben
konnten, und das sah ziemlich gefährlich aus. Gefährlich sieht
dieser Buchstabe noch heute aus, wenigstens neben dem eher
harmloseren Z oder Y. Immerhin erkennt man die Bundeswehr auch daran, dass auf den Nummernschildern ihrer Fahrzeuge ein X prangt. Aber nur, wenn diese Fahrzeuge zu einem
NATO-Hauptquartier gehören (sonst reicht ein Y).

Nebst Nato-Nummernschildern ist das X jedoch seit einiger Zeit republikweit zu entdecken. Und würde Deutschland
nicht den Superstar suchen, sondern den Superbuchstaben,
müsste das X umgehend zum unangefochtenen Helden der
Nation erklärt werden.

Überlegt man, in welchen Wörtern der vierundzwanzigste
Buchstabe unseres Alphabets vorkommt, muss man schon ein
wenig nachdenken. *Schweinshaxe* fällt einem ein, *Xanthippe*,

vielleicht noch *Sex*. Aber danach gerät man ins Stocken. Nicht weiter verwunderlich, denn laut Zählmaschinen kommt das X in deutschsprachigen Texten nur mit einer Häufigkeit von 0,03 Prozent vor – und ist somit der zweitseltenste Buchstabe. Doch diese Rechenmaschinen müssen Tomaten auf den Augen haben. Denn inzwischen wird das X verwertet und verwurstet, wo und wie es nur geht.

Die Hamburger Sparkasse bietet uns neuerdings eine *Flex-Rente* an. Bei diesem Kunstwort aus der Kamelsprache haben die engagierten Werber des Geldinstituts das Wort *flexibel* mittig zerhackt und den Schwanz *(bel)* weggeworfen, nur damit wir das *x* in *flex* besser erkennen können. Kinder spielen wiederum mit der Konsole *Xbox*, und die Marketingverantwortlichen bei T-Mobile scheinen völlig übergeschnappt zu sein, was den Hype um diesen Buchstaben betrifft. Da wird inzwischen alles, was sich nicht verteidigen kann, mit dem vorwitzigen X versehen, mal groß, mal klein geschrieben: *Xtra Card, Xtra Click, Xtra Pac, Basix-Tarife*. Hinzu kommen Flatrates, die *Max* und *Relax* heißen. Und weil man schon einmal dabei war, gibt es nun *Relax 1000 XL*-Tarife mit einem kleinem *x* und einem großem *X*, fast hintereinander.

Das X macht sich gut. Und wer auch immer sich diesen Buchstaben einst ausgedacht hat, sollte Tantiemen verlangen. Friseure heißen *Fön X*, ein Umzugsservice in Berlin nennt sich *StudentiX* mit kapitalem Final-X. Schaut man sich einmal bewusst im Land um, fliegen einem die Xe nur so vor die Augen. Die Hamburger Papeterie Otto F. K. Koch hat sogar Filofaxe im Angebot, die *X-17* und *X-47* heißen, was sich eher nach amerikanischen Kampfjets anhört. Dabei will man in die ledernen Notizbücher bloß die Nummer der neuen Freundin schreiben.

Aber das X besitzt anscheinend das gewisse Etwas, sonst wäre es wohl kaum so massiv in der Republik zu entdecken.

Comix, xtrem und *nix wie weg* sind dabei längst bekannt. Ebenso wie die *Generation X*, benannt nach einem gleichnamigen Roman des kanadischen Autors Douglas Coupland. Doch inzwischen hören wir statt Hi-Fi schon *X-Fi*, besuchen doppelt durchgeladene *Cinemaxx*-Kinos, klicken im Internet auf *Linx* statt auf Links und können seit geraumer Zeit einen *cineX*-Farbfernseher kaufen. Und wenn Sportler heute nach dem Schwimmen noch einige Runden joggen, dann absolvieren sie ein *X-Training*, sprich: ein interdisziplinäres *Cross-Training*.

Damit nicht genug. Briefe verschicken wir im *XPress-Modus*, Testberichte heißen nicht mehr Testberichte, sondern *Trendworx*. Seifen, Socken und Unterwäsche werden überall *xtra günstig* angeboten, während die Jugend auf BMX-Rädern durch die *Fun-Parx* heizt. Und im Internet treffen sich *Platten-Freax*, *Comic-Freax* und wahrscheinlich längst auch schon die *Dieter-Bohlen-Freax*.

Was ist nur an diesem doppelachsigen Ding mit den vier abgespreizten Flügeln dran? Sicher, ein I, ein O oder ein tumbes B sieht dagegen fast nach nichts aus. Doch dies kann nicht der einzige Grund sein, weshalb die Leute den Buchstaben X so ehren und begehren.

Bleiben wir dieser Frage weiter auf der Spur. Im Englischen steht ein dreifaches X, also XXX, für *kiss kiss kiss;* dieses Buchstabentrio wird zur Kennzeichnung von sexuellen und pornografischen Inhalten genutzt. Das X kann aber auch zu einem real gemeinten Kuss mutieren, ein zweifaches XX sogar zu mehreren Küssen: In SMS-Botschaften tauscht die internationale Jugend zwischen Dubai und Hongkong auf diese Weise Bussis aus – Lippenbekenntnisse in Form eines X. Häufig werden mit dem X auch geheimnisvolle oder unerforschte Dinge bezeichnet, die dann zu *X-Faktoren* werden. *Terra X* wiederum ist eine Infotainment-Fernsehserie des ZDF, die sich mit sogenannten Rätseln der Geschichte beschäftigt. Es ist die komplette Überdosis X.

Wahrscheinlich soll all dies an mathematische Gleichungen oder Ungleichungen erinnern, wo das X vielfach für das Unbekannte steht, für eine Variable. In den USA wird dieser außergewöhnliche Buchstabe auch als Abkürzung für experimentelle Testflugzeuge benutzt, etwa um diese als *X-Planes* oder *X-Fighter* zu kennzeichnen. Womit wir wieder beim Aggressionspotenzial des X wären und nicht bei ledernen Filofaxen.

Dabei gilt hierzulande: Was die Amerikaner schaffen, können wir schon lange. Und gehen dabei noch viel besser, effizienter, massiger, wuchtiger und wichtiger ans Werk. So bauen die Sprachprofis das X heute überall dort ein, wo es sich nur irgendwie hineinquetschen lässt und irgendwie einen Sinn ergibt (oder auch nicht). Das Ziel: Alles derart Verfremdete soll extragroß, extrafett, extradick, extragigantisch, extraspezial, extrabesonders und extrasuper aussehen. Jeder kennt das von XXXL-Jeans oder von Single-Foren, in denen verlassene X-Frauen und X-Typen ihre neue Liebe fürs Leben suchen.

Halt! Oder steht das X am Ende doch für die Geburt des Messias? Dafür spricht das X in *X-Mas*, der englischen Kurzvariante für Weihnachten *(christmas)*. Es könnte doch sein, dass das mysteriöse X sogar als Platzhalter für *christ* steht, also für Jesus? Der Heiland am Kreuz, obgleich er gerade erst geboren ist? Halleluja! Und willkommen im dritten Jahrtausend, auf einer total durchgegoogelten Earth 3.0 voller Cross-Country-Sprachvirtuosen.

Wir sollten uns jedenfalls schnell das *AntiVirenKit X Data* besorgen und dazu ein Navigationsgerät, um den schnellsten Weg in die Nervenheilanstalt zu finden. Nehmen Sie am besten dieses Gerät: das *Easy-Go XSC* von Yakumo.

Oder Sie fahren direkt nach Eckernförde an die Ostsee. Dort weht stets ein frischer Wind, die Menschen haben in dieser Region genug von all den *Xtra-Würsten* und längst eine Gegenbewegung zum allgemeinen X-Wahn ins Leben gerufen. Die heimischen Stadtwerke nannten ihren Ökostromtarif *Eckstra*. Das klingt nach einer heißen Mixtur aus Eckernförde und wildem Sprachgetrickse. Wobei man freilich nie so genau weiß, ob da am Ende nicht doch ein Analphabet am Werk war. Vielleicht auch nur ein Werber, der mal wieder mächtig unter Zeitdruck stand – und es noch nicht einmal bis zum Ende des Alphabets durchhielt.

Des Rätsels Lösung für den hemmungslosen Umgang mit dem X dürften wir aber wohl vor allem in seiner lautlichen und optischen Beschaffenheit finden. Kein anderer Buchstabe vermag auf eine solche Weise aufzufallen. Sprechen wir den Buchstaben aus, entströmt dem Mund ein Explosivlaut (linguistisch: »Plosiv«), unmittelbar gefolgt von einem Zischen (linguistisch: Frikativ). ICKSSS! Das hört sich ziemlich vorlaut und dramatisch an. Aber auch die Optik ist kaum zu überbieten: *Zwei* Striche, die sich kreuzen, sodass am Ende *vier* herausragende Enden entstehen. Zackiger und prominenter geht es nicht. Und somit ist auch das massenhaft benutzte X am Ende vielleicht nur ein Zeichen für ein ganz anderes Phänomen, dem wir in diesem Buch wieder und wieder begegnen: nämlich das immer hilflosere, wahllosere und dreistere Aufschreien der Sprachverwurster.

22

Pornos an der türkischen Riviera

Wenn Deutsche in den Urlaub fliegen, nehmen sie nicht nur die Badehose mit, sondern leider auch ihre Sprache. Mark-erschütternde O-Töne aus den Discos der Ferien-eldorados

Reporter und Buchautoren stehen gelegentlich vor einem Problem. Wenn sie etwas besonders Drastisches aufschreiben, das sie tatsächlich erlebt oder gehört haben, glaubt ihnen niemand. Ausgedacht!, denkt der Leser. So etwas kann doch gar nicht wahr sein! Das ist maßlos übertrieben! Und es gibt noch ein zweites Problem. Bei diesem geht es um die Frage, ob manche Sachverhalte oder Äußerungen überhaupt noch zu publizieren sind oder besser nie den Weg aufs Papier finden sollten. Anders gesagt: Was darf man schreiben? Und was sollte man lieber nicht in die Tasten hauen, damit es niemals in einer Zeitung oder einem Buch gedruckt wird?

Im Folgenden will ich diese heikle Grenze so weit wie möglich ausreizen. Getreu dem Motto »Schreib auf, was existiert. Halte fest, was wahrhaftig geschieht«.

Wie nicht anders zu erwarten, geht es in diesem Fall um Sprache. Um Sätze, formuliert von männlichen deutschen All-Inclusive-Urlaubern in einer Feriendisco an der türkischen Riviera – Wort für Wort authentisch und tatsächlich so über die Lippen gekommen. Manchen könnte allein schon beim Lesen die Kinnlade runterklappen. Wieder andere könnten sich dazu berufen fühlen, auf der Stelle die Sittenpolizei zu alarmieren. Nun, all jenen, die zu ähnlichen Reaktionen neigen, sei dringend geraten, dieses Kapitel zu überschlagen und erst beim nächsten weiterzulesen. Denn einige der gleich aufgeführten Beispiele werden leicht unter die Gürtellinie führen, dort zwei, drei Kreise drehen und anschließend senkrecht in die Abgründe der Sprache hinabstürzen. Doch damit genug der Warnungen.

Zu Beginn wird es nun etwas komplizierter. Ein kleiner Ausflug in Forschung und Wissenschaft ist jedoch unumgänglich. Denn nur so können wir die Hintergründe und Funktionsweisen unserer Sprache etwas besser verstehen. Nur so können wir einordnen, was in gewissen Kneipen und Ballermannstuben über die Tresen geschickt wird, wie hemmungslos, aber auch wie kreativ unser bier- und schnapsgeschwängertes Realdeutsch sein kann.

Der Exkurs kreist um die zentrale Frage: Wie funktionieren unsere Gehirne?

In der Wissenschaft sind vor allem zwei Wege bekannt, den Reaktionsweisen des menschlichen Gehirns auf die Schliche zu kommen: die Medizin und die Sprache. In der Medizin werden bei Toten Gehirne aufgeschnitten und die für das Sprechen relevanten Denkmassen seziert, etwa das Broca-Areal und das Wernicke-Zentrum. Bei noch lebenden Menschen geht man anders vor. Ihnen schließt man Elektroden, Dioden und sonstige Fühler an, um Gehirnströme und Nervenimpulse gezielt zu erfassen und zu messen.

Doch auch die Sprache ist in dieser Hinsicht unabdingbar. Sie gilt als einer der wichtigsten Schlüssel, um in die Schatzkammer unseres Gehirns vorzudringen. Mit ihrer Hilfe ist es möglich, zu erforschen, wie wir denken, strukturieren, kategorisieren und abstrahieren. Wie wir Dinge begreifen, ordnen und voneinander trennen. Die Sprache ist quasi das

Medium, das die Prozesse in unseren Gehirnen hörbar und sichtbar macht.

Besonders interessant sind in diesem Zusammenhang die Studien der Linguisten. Denn gerade in der kognitiven Semantik (Bedeutungslehre) versuchen Forscher der Bedeutung von Worten und Begriffen auf den Grund zu gehen. Schließlich ist Bedeutung nichts anderes als das komplexe Verhältnis zwischen einem sprachlichen Begriff und der durch ihn erfassten oder beschriebenen Realität. Die Fragen, die hierbei interessieren: Wie gelingt es uns, Bedeutung herzustellen? Wie nutzen, verfremden und spielen wir dabei mit der Sprache? Und was passiert bei Vertretern der Spezies Mensch, die nach zwei, drei Bier anfängt, verschärfte Sprüche zu klopfen?

In den letzten Jahrzehnten hat sich die Erkenntnis durchgesetzt, dass Sprache in hohem Maße kontextbezogen funktioniert. Einfacher gesagt: Die Sprache gewinnt ihre Bedeutung oft erst durch spezielle Situationen. Sie funktioniert, indem sie Momente nutzt und flexibel auf die Realität reagiert. Auf diese Weise ist es uns möglich, Bilder (Metaphern) zu erzeugen – also situativ und kreativ zu denken.

Gemerkt haben Wissenschaftler dies spätestens bei dem schwierigen Unterfangen, Computern die Sprache beizubringen. Sie begannen damit, die Bedeutungen einzelner, zunächst recht einfacher Wörter zu zerlegen und den Maschinen gezielt einzuprogrammieren. Die Bezeichnung *Haus* etwa wurde mit folgenden Begriffen definiert: Fundament, Mauern, Dach, Zimmer, Bleibe für Menschen etc. Bei dem Wort *Auto* gab man diese zuvor festgelegten Beschreibungsmöglichkeiten ein: vier Räder, Motor, Fenster, Lenkrad, Insassen etc. Ein Verb wie *gehen* umschrieb man mit Bedeutungen wie: langsame Fortbewegung auf zwei Beinen, Schritte machen, Beine bewegen.

Aber Computer sind keine Menschen, und so stießen die Forscher recht bald auf schwerwiegende Probleme. Eine dreirädrige BMW Isetta konnten die Rechner partout nicht mehr als Auto (vier Räder etc.) durchgehen lassen, obwohl niemand dem Oldtimer den Status eines Kraftfahrzeugs absprechen würde.

Noch komplizierter wurde es, als man überlegte, wie man einem Rechner den schlichten und äußerst gängigen Satz »Gib mir mal das Ding da hinten!« erklären sollte. Ein *Ding* kann für uns so ziemlich alles sein: ein Stift, eine Zange, ein Stück Draht, ein Bolzen, eine skurrile Lampenkonstruktion (»Hm, ich find das Ding irgendwie komisch …«), der neue Airbus A380 (»Was für ein fettes Ding!«), ein gelungenes Resultat (»Gut Ding will Weile haben«) oder auch nur eine ungewöhnlich lange Schraube. Ein Computer aber ist bei einem Wort wie *Ding* hoffnungslos überfordert.

Wenn man ihm schließlich noch mit besonders metaphorischen Bedeutungen kommt, wie etwa mit *dicke Dinger* (Brüste), *ein dolles Ding* (außergewöhnliche Tat), *ein süßes Ding* (hübsches Mädchen), ein *Ding drehen* (einbrechen) oder *dingfest machen* (festnehmen), dann muss der Computer endgültig das Handtuch schmeißen.

Der Grund: Wir Menschen können abstrahieren, wir erkennen den Kontext, nutzen die Sprache also in einem konkreten Umfeld – was uns sofort wissen lässt, wie ein Wort gerade zu verstehen ist. Ein Computer kann das nicht.

Noch eklatanter zeigt sich dies bei sogenannten deiktischen Begriffen. Gemeint sind damit Worte wie etwa *da, dort, da hinten, hier, hier vorn, etwas weiter, weiter unten, da drüben, auf* oder *unter*. Diese Sprachgebilde sind relativ und besitzen zunächst einmal überhaupt keine Bedeutung beziehungsweise keine konkrete Richtungsangabe. Sie gewinnen diese erst durch den Kontext, durch den zeitlichen, lokalen oder personellen Bezug. Würde man einem Computer also sagen: »Gib mir mal das Ding da hinten«, wüsste er weder, was gerade mit dem *Ding* gemeint ist, noch hätte er einen blassen Schimmer, ob mit *da hinten* nun links, rechts, oben, unten, eine Entfernung von vier Metern oder nur zehn Zentimetern gemeint ist. Das Problem: Der Computer sieht nicht, hört nicht, kapiert nicht. Er rechnet nur. Er ist eben kein Mensch.

Um zu zeigen, was diese Betrachtungen mit unserer heutigen Ballermannsprache zu tun haben, noch ein letztes Beispiel. Es macht klar, wie Worte in bestimmten Situationen eine ganz eigene Bedeutung entwickeln, wie wir mit Bedeutungen spielen und wie diese manchmal eine ungeheure Eigendynamik an den Tag legen.

Stellen wir uns folgende Situation vor: In einem Restaurant geht eine Serviererin zum Koch und sagt: »Der Ochse an Tisch drei behauptet schon wieder, sein Steak sei zu blutig.« Computer würden sofort registrieren, dass an Tisch drei ein Ochse sitzt (Tier, vier Beine, Schwanz, stark behaart, Hörner, gefährlich etc.). Dass die Bedienung dagegen einen Gast meint, diesen vor allem unsympathisch findet, der Restaurantbesucher wahrscheinlich gerade tierisch nervt und obendrein ein Idiot zu sein scheint, würde dem Computer überhaupt nicht in den Sinn kommen. Dem Menschen mit seiner Sprache schon. Denn erst sie, die Sprache, erlaubt es uns, das gigantische Feld der Bedeutungen, der Poesie, der Witze, der Situationskomik und des Zynismus zu betreten.

So könnte die Bedienung genauso gut sagen:

- »Der Hampelmann an Tisch drei behauptet schon wieder, sein Steak sei zu blutig!« (Bedienung findet den Gast lächerlich)
- »Der George Clooney an Tisch drei behauptet schon wieder, sein Steak sei zu blutig!« (Bedienung findet, dass der Gast nervt, aber blendend aussieht)

- »Der Giorgio Armani an Tisch drei behauptet schon wieder, sein Steak sei zu blutig!« (Bedienung findet, der Gast ist *overdressed*, auffällig stark gebräunt und ein Stenz)
- »Das Arschloch an Tisch drei behauptet schon wieder, sein Steak sei zu blutig!« (Bedienung würde dem Gast am liebsten in die Soße spucken)

Die Abstraktionsfähigkeit ist damit aber noch längst nicht ausgeschöpft. So könnte die Servierin dem Koch auch mit diesen völlig artfremden Bezeichnungen ihren Ärger mitteilen, und jeder würde es begreifen, nur die Computer mal wieder nicht:

- »Der Scheunendrescher an Tisch drei behauptet schon wieder, sein Steak sei zu blutig!«
- »Die Testosteronbombe an Tisch drei behauptet schon wieder, ihr Steak sei zu blutig!«
- »Die gequirlte Speckschwarte an Tisch drei behauptet schon wieder, ihr Steak sei zu blutig!«

Diese Sätze zeigen, dass bereits das Austauschen eines einzigen Worts oder Namens genügt, um himmelweite Unterschiede, Wahrnehmungen und Urteile zu kommunizieren. Dabei spielt vor allem die jeweilige Situation eine entscheidende Rolle, um etwa einen Witz zu landen, eine Höflichkeit zu formulieren, eine Kampfansage zu lancieren oder gar Krieg auszurufen.

Wir können aber noch viel raffinierter ans Werk gehen. Wir spielen und tricksen nicht nur mit Substantiven *(Ochse* oder *Speckschwarte)* herum, sondern tauschen auch Verben, Adjektive, Präpositionen, Artikel und Namen unentwegt aus, um sie für alle erdenklichen Zwecke anzuwenden. Versuchen wir uns dazu in die Lage der armen Semantiker zu versetzen, die einem Computer die Bedeutung des Wörtchens *auch* beibringen wollen. Dazu kämen folgende Möglichkeiten infrage: *zudem, außerdem, dazu, ferner, desgleichen, gleichermaßen, genauso, ebenso, sogar ...* Darüber hinaus kann *auch* aber noch viel mehr bedeuten, ja sogar tiefes Begehren ausdrücken. Etwa dann, wenn ein zweijähriges Mädchen mit großen, wehmütigen Augen dabei zusieht, wie seine Mutter ein großes Erdbeereis isst, und leise zu ihr sagt: »Auch!« Dann meint dieses winzige kleine *auch* auf einmal: »Lecker, ich will Erdbeereis! Bitte, bitte, Mama, lass mich schlecken!«

Ein anderes Beispiel. Angenommen, Sie sitzen in einem Zugabteil mit offenem Fenster und sagen zu Ihrem Nachbar: »Es zieht wie Hechtsuppe.« Computer würden jetzt bestenfalls registrieren, dass ein unangenehmer Luftzug entstanden ist, dem man nur entgeht, wenn man womöglich in den Speisewagen flüchtet. Doch Sie beabsichtigen mit diesem Satz etwas ganz anderes: »Mach endlich das Fenster zu, du Depp!«

Sprache ist nichts anderes als ein ständiges Spiel mit Bedeutungen, Schattierungen und Feinheiten. Ein Spiel, das allerdings nicht immer so glimpflich endet wie mit dem Erdbeereis oder dem Durchzug. Und hier sind wir am Kern angelangt: Der Umgang mit Sprache ist nämlich auch eine endlose Freihandelszone. Ein unerschöpfliches Feld für Schönsinn oder Wahnsinn. Für Frohsinn oder Unsinn. Für Poesie oder bodenlose Schmähungen. Sprache ist ein Pulverfass, in dem wir ohne Lizenzen herumstochern dürfen. Das wir anzapfen und hochgehen lassen dürfen, ohne Rücksicht auf Verfehlungen, Verluste, Verletzungen.

Kommen wir nun also zur Sache.

Die Rutsche ins Grauen

Treten wir eine kleine Reise an, mit dem Ziel türkische Riviera, wo es deutsche Urlauber hinzieht, die dort nicht nur in der Sonne liegen und ins Meer hüpfen, sondern sich spätestens ab mittags das eine oder andere Bierchen gönnen, abends das Büfett bis zum letzten Bananentörtchen abräumen, danach an der Bar zehn Cuba Libres in sich hineinschütten und anschließend zum allabendlichen Schaulauf in die Disco trampeln. Spätestens dort müssen alle Waffen abgegeben werden – nicht aber die Sprache.

Ich wagte mich einmal in eine solche Disco, genauer gesagt, in die eines All-inclusive-Ferienclubs, in dem ich mich aus beruflichen Gründen drei Tage lang aufhalten musste. In dem Club war gerade die Piratenshow auf der Hauptbühne zu Ende gegangen, die Animateure hopsten mit bemalten Gesichtern auf den Wegen herum.

Es war ein Samstagabend, kurz vor Mitternacht. Der DJ spielte einen Gassenhauer von Jürgen Drews, danach ertönten die sangriaschmachtenden Langzeitheuler der Gypsy Kings, die schließlich abgelöst wurden vom obligatorischen Techno-Gerummse. Es war ziemlich dunkel. Die letzten Mittsechziger verabschiedeten sich, während zunehmend jüngeres Publikum den Raum füllte, wahlweise in weißen Sakkos, Hawaiihemden oder Sportklamotten. Die Frisuren saßen, die Gesichter rot von der Sonne, und über der Tanzfläche hing wirklich so eine silberne Glitzerkugel.

Gegen ein Uhr nachts tauchte ein circa 1,85 Meter großer deutscher Urlauber auf, der nagelneue Turnschuhe mit Stoßdämpfern und Querfeldeinsohle trug, dazu fabrikfrisch ausgefranste Jeans und das Trikot eines Fußballclubs, dessen Name hier unerwähnt bleiben muss, weil dies sonst rufschädigend wäre. Der deutsche Cluburlauber, um die dreißig, Ring im Ohr und bereits leicht angezwitschert, marschierte mit zwei, drei Kumpels schnurstracks zur Bar. Und ich schwöre: Das Goldkettchen, das an seinem Hals hing, ist auch nicht erfunden.

Der Mann zündete sich erst einmal eine Zigarette an und platzierte ostentativ und gut sichtbar sein Handy auf den Tresen. Dabei ergab sich der Umstand, dass sich das Folgende in meiner unmittelbarer Nähe abspielte, ich also alles mit anhören durfte (oder musste, wie man es nimmt). Und zwar im O-Ton, und mit erschreckend wenig Abstand zu den Sprachtätern, die sich nun anschickten, als Nächstes ein »ordentliches Männergedeck« zu ordern. Also Getränke mit entsprechender Umdrehungszahl. Vulgo: Promille.

Der Cluburlauber winkte den Barmann heran, schob seinen Wanst an den Tresen, die Zigarette klemmte tief zwischen Zeige- und Mittelfinger. Und nun sind wir bei einem ersten Beispiel angelangt, das zeigt, wie Sprache – rein semantisch betrachtet! – äußerst kreative Pirouetten drehen kann. Pirouetten, die durchaus das Zeug dazu haben, so manchem das Schnapsglas aus der Hand fliegen zu lassen.

Als der Barkeeper in Hörweite war, lehnte sich der Goldkettchenträger weit über den Tresen und sagte: »Ey, Porno, mach ma dalli 'ne Rutsche fertig, sonst steck ich deiner Ollen meine Sneakers rein.«

Ruhen wir kurz aus, nach derartigen Sätzen ist das nötig.

Betrachtet man aber nun die Bestellung, wird erkennbar, dass der Cluburlauber in seinem Fußballtrikot nicht nur sprachlich abstrahierte, sondern bereits zu leichter Improvisation neigte. Als *Rutsche* bezeichnen Kneipenpoeten normalerweise ein großes Tablett mit mehreren frisch gezapften Bieren. Der All-inclusive-Urlauber dehnte jedoch den Begriff etwas und verlangte eine Runde, bestehend aus sechs randvoll eingeschenkten Wodka-Fanta-Cocktails, die er im weiteren Verlauf der Nacht als *korrekte Mischen* bezeichnete. Diese Erklärung zu den Getränken sei jedoch lediglich vorausgeschickt, um den Zustand unseres Sprachemittenten später noch etwas präziser einschätzen zu können. Denn die erste *Rutsche* sollte beileibe nicht die letzte des Abends bleiben.

Angesichts des von dem Discobesucher geäußerten Satzes dürften jedoch vor allem drei Dinge klar geworden sein. Erstens: das Ausmaß, das die bisher nicht regulierte Handhabung unserer Sprache annehmen kann. Zweitens: das kreative Potenzial, das die Sprache besitzt. Und drittens, auf welche Weise die Sprache es uns ermöglicht, tiefe Einsichten in die Gehirne unserer Mitbürger zu erlangen. Die Order des Goldkettchenträgers ist dabei nicht nur ziemlich bösartig, sondern auch hochexplosiv. Besitzt sie doch ausreichend Zunder, um nicht nur die Schützer der deutschen Sprache auf die Palme zu treiben, sondern auch die Feministen, Theologen, Ethiker sowie die Mannschaft vom Dudenverlag und wahrscheinlich auch noch die bestürzten Vertreter von Ver.di und Co.

Aber unabhängig davon und allen schockierten Lesern zum Trotz: Die Order besticht nicht minder durch ihre Genialität. Und das wiederum hängt mit dem Wortbedeutungsspiel zusammen. Der Cluburlauber vollbringt nämlich eine durchaus innovative Leistung, indem er die Liste gängiger Ausdrücke für die Kategorie »Mann« erweitert. Bekannt sind Bezeichnungen wie Hirni, Schlaffi oder Blödi. Aber auch artfremde Wörter wie Löwe, Krücke, Waschlappen oder Haudegen können einen Menschen mit den XX-Chromosomen bezeichnen. Hier jedoch redete jemand einen jungen türkischen Barmann mit einem Begriff an, der gemeinhin für Schmuddelfilme vorgesehen ist: *Ey, Porno!* Nimmt man auch noch die Worte *Rutsche, dalli, Olle* und *Sneakers* hinzu, könnte man diese Bestellung schon als Pop-Art bezeichnen. Von mir aus auch als Happening.

Der amerikanische Linguist Geoge Lakoff bringt das derartige Spiel mit der Sprache in seinem Buch *Women, Fire and Dangerous Things* auf den Punkt, nur wesentlich nüchterner: »Für unsere Gedanken, Wahrnehmungen, Taten und unsere Sprache gibt es nichts Grundlegenderes als die Kategorisierung.«

Computer würden bei dem Satz des Discobesuchers auf der Stelle heiß laufen. Sie hätten es hierbei nämlich nicht nur mit denglischen Begriffen und semantisch fortgeschrittenen Erweiterungen von spezifischen Kategorien zu tun, sondern auch mit kausal stark ausgeprägter Abstraktion. Bei einem Erklärungsversuch dieses Satzes dürfte ein heftig blinkendes Error-Symbol auf dem Bildschirm erscheinen, selbst wenn der Rechner sein gesamtes lexikalisches Wissen abrufen würde. Doch selbst wenn er die einzelnen Bedeutungen der Wörter entschlüsseln könnte, hätte er mit folgenden Fragen zu kämpfen: Wo steckt man *Sneakers* (Turnschuhe) hinein? Steckt man Turnschuhe überhaupt irgendwo hinein? Und selbst wenn, wie kann das dazugehörige Behältnis dann eine *Olle* (Ehefrau, Freundin) sein?

Der Satz unseres Cluburlaubers beweist folglich a) eine unfassbare, Computern unmögliche Vorstellungskraft sowie b) eine enorme hohe sprachliche Leistungsfähigkeit. Wie durchtrieben dieser Satz wirklich ist, begreifen wir jedoch erst, wenn wir uns auch noch die Verben genauer anschauen. Sie haben nämlich nicht nur die Eigenschaft, eine Aktion, eine Bewegung zu präzisieren, sondern können gleichzeitig die Beschaffenheit des Zielobjekts charakterisieren.

Anschaulich gesagt: Wir *stellen* Schuhe in ein *Regal* (offene Fläche, meist horizontal; dient zur Ausstellung oder zum Abstellen). Wir *legen* Schuhe in einen *Karton* (offenes leeres, eher kleineres Behältnis mit Boden; dient zur Aufbewahrung). Wir *schmeißen* Schuhe in die *Mülltonne* (größeres Objekt, Hohlraum, mit Boden; dient zur Entsorgung). Wir *stopfen* Schuhe in einen *Koffer* (mit Gegenständen gefülltes Behältnis, verschließbar; dient zum Transport).

Nun, auch das Verb, also die Aktion des *Hineinsteckens*, legt eine Beschaffenheit des Zielobjekts bereits zugrunde. Doch soll das nicht weiter ausgeführt werden, denn spätestens jetzt, denke ich, ist die Grenze des Druckbaren erreicht. Allerdings erkennen wir deutlich, welche komplizierten Prozesse in unseren Gehirnen ablaufen – und was ein einziges Verb anzurichten vermag.

Lediglich eines sei dazu noch gesagt: Niemand *steckt* Schuhe normalerweise irgendwo hinein, schon gar nicht in ein menschliches Zielbehältnis. Es sei denn, es handelt sich um Urlauber in All-inclusive-Clubs, die Fußballtrikots tragen, deren Hirnmasse aus Wodka-Fanta besteht und die man kopfüber ins nächste Blumenbeet stecken, stopfen und rammen sollte. Einerseits. Andererseits sollte man sie hier und da gewähren lassen, eignen sie sich doch mit fortschreitender Stunde hervorragend als Studienobjekte.

Denn: Es kam noch viel besser.

Stellen wir uns nun folgende Situation vor: Eine auffallend hübsche junge Dame betritt nachts um zwei die Clubdisco. Genau das passierte tatsächlich. Ich saß noch immer neben dem Wodka-Fanta-Hirn und seinen Kumpels und hörte tapfer zu. Der Goldkettchenträger hatte zwischenzeitlich noch zwei, drei Männergedecke geordert (zum Glück nur noch per Fingerzeig), zehn Zigaretten geraucht und sich auf einem Barhocker am Tresen häuslich niedergelassen.

Welche (vorstellbaren) Formulierungen könnten leicht angeheiterten Männern in einer solchen Situation einfallen? Etwa: »Hoppla, die Kleine da vorn sieht ja toll aus.« Etwas schmissiger wäre da schon: »Sieh dir das heiße Mäuschen mal an!« Bereits weitaus verschärfter ist eine Variante, die mir im Handwerkermilieu einmal zu Ohren kam: »Hallo, hallo! Das Püppchen sollte man sich mal gepflegt über 'n Dorn spannen.«

Die Liste der möglichen situativen Sprachwendungen kann ins Unendliche fortgesetzt werden. Gerade bei der Bezeichnung von Frauen hat man in der Umgangssprache ein Vokabular entwickelt, das deutlich artfremde Substantive aufweist. So titulieren manche eine Frau etwa als *Biene, Chassis, Schachtel, Zicke, Mietze, Tussnelda* oder *Drone.* Seefahrer haben ebenfalls ein besonderes Repertoire an Wörtern, um Frauen nicht als Frauen beschreiben zu müssen, etwa *Fregatte* oder *Schlachtschiff.* Nachvollziehbar ist vielleicht noch die Formulierung *Panzerkreuzer.* Doch wie schöpferisch, aber auch unsäglich Sprache sein kann, zeigt nun jener Satz, den der Cluburlauber am Ende tatsächlich und ungelogen von sich gab.

Als also jene Frau die Disco in dem All-inclusive-Club betrat, stellte das Wodka-Fanta-Hirn sein Getränk ab, blickte der Blondine auf den Po und sagte zu seinen Kumpels: »Jetzt guckt euch das Bettgestell an! Alter, ich glaub, ich piss aus 'm Arsch!«

Spätestens jetzt klappte mir die Kinnlade runter, denn ich realisierte: In den Ferieneldorados lauern linguistische Sprengsätze, Bomben, nahezu unfassbare Experimente mit sprachlichen Kategorien. Da geht es nicht nur um Rutschen, die aus einem explosiven Gemisch von Wodka und gelber Limonade bestehen, sondern auch um Frauen, die zu Bettgestellen werden. Und hinzu kommen Cluburlauber, die schon aus ihren Hinterteilen urinieren.

Solche ordinären verbalen Spielereien sind natürlich nichts Neues. Seit es die Sprache gibt, verleitet sie die Menschen zu obszönen Redewendungen. Doch so testosterongeladen sich solche Äußerungen anhören, so simpel und schlapp ist das

Rezept, nach dem sie funktionieren. Wobei dafür nicht einmal vulgäre Ausdrücke nötig sind. Es müssen lediglich hier und da situationsfremde Wörter eingestreut werden, und schon können auf diese Weise völlig neue Bilder im Kopf entstehen.

Vor allem das Austauschen von Substantiven und Verben kann dabei zu äußerst bitteren Entgleisungen führen. Doch genau dies ist die entscheidende Basis für Kneipendeutsch, Ballermannsprache und Co. Das Resultat: Völlig harmlose Wörter werden in einem bestimmten Bedeutungsumfeld plötzlich zu bösen Geschossen. Zum Beispiel dann, wenn die Discobesucherinnen von unseren Cluburlaubern nicht nur als *Bettgestelle*, sondern weiterhin als *Klappliegen* und *Sexpritschen* bezeichnet wurden (alles O-Töne, Hand aufs Herz!). Kurz darauf vernahm ich obendrein, wie sie die *Atomhupen* einer gut gebauten Dame am Nachbartisch bewunderten, diese Frau abschließend als *spaltbares Material* klassifizierten, einen entdeckten Ehering als *Sarg* einstuften und bei der nächsten weiblichen Erscheinung am liebsten sofort ihre *Mixer aktiviert* hätten.

Auch recht unverfängliche Verben können durch derartige Sprachakrobatik völlig neue Bedeutungen annehmen, wie ich dem Gespräch der Männer an der Bar weiter entnehmen durfte. So dachten die inzwischen stark angeschlagenen Herren beim *Bürsten*, *Bügeln* und *Hacken* keineswegs an Tätigkeiten häuslicher Natur, sondern an das Einzige, was sie bei geschätzten 1,5 bis 3,0 Promille noch interessierte.

All das zeigt, was man eigentlich schon immer ahnte: Das bierumwehte Machodeutsch ist reichlich schlicht gebaut. Tauschen Sie hier und da einfach ein paar Substantive und Verben aus – und schon bringen Sie die Ballermannfraktion zum Brüllen. Wer Pech hat, gewinnt dabei sogar Freunde fürs Leben.

Gegen drei Uhr nachts hatten die männlichen All-inclusive-Cluburlauber ihre letzten Drinks bestellt, schmiedeten aber noch bis zum Schluss großartige Pläne. Nummer eins wollte unbedingt noch seinen *Lachs baden* und eine *Alte blödmachen*, während Nummer zwei beteuerte, er hätte schon seit Tagen *Temperatur in der Hose* und müsste dringend *eine Henne schlachten*. Nummer drei lallte derweil ziemlich stark, aber presste gerade noch so heraus, dass seine Freundin eine *Inge* (Spießerin) sei und er demnächst mal zurück auf die *Stoßbude* sollte, sonst wäre morgen wieder *Zoff schieben* angesagt.

Der Oberboss, also Urlauber Nummer eins, konnte sich noch erstaunlich klar artikulieren. Jedenfalls meinte er beim Verlassen der Vergnügungsstätte, er hätte einen *Flammenwerfer im Arsch* und müsste jetzt erst mal seinen *Docht anne Palme halten*. Mit diesen Worten wankte das Wodka-Fanta-Hirn endgültig aus der Disco.

Nachdem die Jungs weg waren, bestellte ich mir abschließend ein eiskaltes Glas Wasser und schluckte dazu nach fast vier Stunden Feldforschung vorbeugend zwei Aspirin. Auf dem Weg ins Hotelbett schoss mir aus heiterem Himmel dieser Satz des Schriftstellers Peter Hille in den Kopf: »Die Sprache ist der Frühling des Geistes.«

Nur gut, dass Hille sicher unter der Erde liegt.

Möge er in Frieden ruhen.

23
Bullenmist

Träume im rosaroten Sparpaket: Die kleinen Lügen der Sprachakrobaten sind lustig – nur wenn Sie keine Kreditkarte haben, hört der Spaß auf

Mit dem Glauben ist es so eine Sache. Glauben sollen wir viel. Aber manchmal sollten wir nicht alles glauben, was einige uns glauben machen wollen. Der Glaube kann zwar keine Berge versetzen, aber ein falscher Glaube kann uns immer wieder das Geld aus der Tasche ziehen. Und manchmal glaubt man fast, dass all die Abowerber und Dienstleister tatsächlich glauben, dass wir alles glauben, was sie uns glauben machen wollen. Glaubt man's?

Manchmal sollten wir uns, gewisse Wörter betreffend, eines praktischen Vorgangs bedienen. Dieser Vorgang heißt: »semantische Entleerung«. Sie kennen das bestimmt. Es geht so: Man sagt sich ein ausgewähltes Wort zehn-, zwanzig-, dreißigmal laut vor, bis etwas Seltsames passiert. Plötzlich nehmen wir seine Bedeutung nicht mehr wahr. Wir hören es nur noch in seiner sinnentleerten, ursprünglichen Lautform.

Versuchen Sie dies einmal etwa mit dem Begriff *Labskaus*. Labskaus war ursprünglich eine Speise für Seefahrer, jetzt ist sie hauptsächlich unter Festländern verbreitet, eine norddeutsche Spezialität aus zerdrücktem Pökelfleisch, Kartoffeln, Speck, Matjes, Zwiebeln und Roter Bete. Weiterhin kommen auf den Teller meist noch eine dicke Gurke, ein Spiegelei und ein aufgespießter Rollmops.

Sprechen Sie sich *Labskaus* nun mindestens dreißigmal hintereinander laut vor. Merken Sie es? Sie denken irgendwann nicht mehr an das meist rötlich breiige Gericht – Sie hören einzig ein sonderbares Gemansche aus Lauten. Das nackte Wort in seiner Lautform. Semantisch entleert, also ohne Bedeutung. *Labskaus*, oft genug formuliert, hört sich auf einmal an wie eine Vokabel eines Außerirdischen. Kinder kennen das Spiel. Sie lieben es.

Diesen eben beschriebenen Vorgang sollten Sie regelmäßig bei bestimmten Wörtern (und Sätzen) ausprobieren. Sie sollten diese sozusagen auf ihren semantischen Nullpegel justieren. Wenn das geschehen ist, aber erst dann, sollte man sich überlegen, was diese Wörter (und Sätze) einem eigentlich sagen wollen.

Wofür das gut ist? Einige Dienstleister, Aboeinfänger und andere teuflische Anbieter haben sich nämlich skrupellos der Bedeutung vieler Wörter angenommen und diesen Bedeutungen kurzerhand den Hals umgedreht, damit wir am Ende alles glauben, was sie uns glauben machen wollen. Und in nicht wenigen Fällen glauben wir ihnen sogar wirklich.

Die Hamburger Sparkasse wirbt mit der Zeile: »Meine Bank heißt Haspa.« Meine Bank heißt aber nicht Haspa – denn ich bin bei einem ganz anderen Geldinstitut. Wenn ich mir den Slogan der Haspa also genau anschaue und ihn auf mich beziehe, dann lügt mich die Sparkasse an. Und zwar wie gedruckt.

Nun sind solche Aussagen sprachlicher Alltag, Mogelpackungen der Werbung, nicht weiter ernst zu nehmen und gelegentlich sogar ganz lustig. Hier und da aber wundert man sich, welche Behauptungen letztlich aufgestellt werden. Und bisweilen sind sie sogar richtig dreist.

Bleiben wir bei der Hamburger Sparkasse. Auf einer Broschüre des Geldinstituts sind zwei glücklich aussehende Menschen abgebildet, hellauf begeistert blicken sie in ein Schaufenster. Unter diesem Foto befinden sich Abbilder zweier Kreditkarten, und zwar das Haspa-Kartendoppel *SILBER* und *GOLD*. Die Unterschrift dazu: »So bezahlt man im 21. Jahrhundert.«

Das hört sich erst einmal nicht verkehrt an, selbst wenn man in seiner Geldbörse eine ganz andere Kreditkarte stecken hat. Doch was mag ein Hartz-IV-Empfänger denken, der womöglich gar keine Kreditkarte besitzt, sondern so plemplem ist, dass er immer noch ausschließlich mit Bargeld zahlt? Es gibt von solchen Mitmenschen bekanntlich nicht wenige im Land. Unter anderem deshalb, weil manche Banken sich weigern, Bürgern mit geringem oder keinem Einkommen die eben beschriebenen Kreditkarten auszuhändigen – obwohl »man« angeblich genau damit im 21. Jahrhundert bezahlt.

Wer also kein Kreditkartendoppel im Portemonnaie vorweisen kann, hat jetzt drei Alternativen. Erstens: Das 21. Jahrhundert hat noch nicht begonnen. Zweitens: Man selbst ist noch nicht im 21. Jahrhundert angekommen, kann folglich nur ein Ignorant, Kaffer oder Hillbilly sein. Oder drittens: Man gehört einfach nicht zur normalen Masse, also zu jenen Menschen, die allgemein mit eben jenem »man« bezeichnet werden. Eigentlich ist nur zu hoffen, dass Menschen ohne Kreditkarte nicht dem unsäglichen Spruch der Haspa-Bank begegnen – und sich womöglich als Ausgegrenzte fühlen. Als Verlierer.

Sprachliche Plattitüden dieser Art, die man nur noch als *Labskaus* bezeichnen kann, entdeckte ich auch in einer Abonnementwerbung des *Spiegels*. Auf einer im Nachrichtenmagazin platzierten Eigenanzeige stand zu lesen: »Ja, ich bin Student und möchte mein SPIEGEL-Sparpaket!« – und zwar ohne einen abgebildeten Menschen, auf den sich der Spruch beziehen könnte. Dem konnte ich nur entgegnen: »Nein, ich bin kein Student und möchte folglich kein SPIEGEL-Sparpaket!« Dafür verzichte ich auch gern auf die Umhängetasche oder das Thermo-Set, das ich mir sonst als *Wunschgeschenk* hätte aussuchen können.

Die Fitnessfirma Kieser, die ein *gesundheitsorientiertes* Krafttraining anbietet, wirbt mit dem Slogan: »2008 wird Ihr Trennungsjahr.« Natürlich denke ich bei diesem Satz zwangsläufig daran, dass ich in dem Kieser-Prospekt erfahre, wie ich mich von meiner offenbar lästigen Freundin trennen soll. Lese ich jedoch weiter, lerne ich, dass ich einem Kieser-Studio beitreten – und mich von meinen Rückenschmerzen trennen soll. Angesichts eines derart gelungenen Witzes kann ich mich kaum noch halten vor Lachen. Und nur erwidern: »2008 wird bestimmt *nicht* mein Trennungsjahr!« Und schon gar nicht bei Kieser. Dafür hänge ich zu sehr an meiner Freundin, und zum Glück habe ich auch keine Rückenschmerzen. Von flachen Falschaussagen der eben beschriebenen Sorte hingegen würde ich mich sofort trennen. Denn wenn man mich schon hinters Licht führen will, dann bitte schön richtig. Zum Beispiel mit einem Satz wie diesem: »2008 werden Sie ein Adonis. Mindestens!«

Die Firma Volkswagen formuliert ebenfalls Dinge, die ich nicht glauben kann, glauben will, aber glauben soll. So steht in einer doppelseitigen Anzeige für die Modelle Touran, Golf und Polo: »Ein Angebot, das alle begeistert. Die ›Fan-Pakete‹ für die United-Sondermodelle.« Darunter ist zu entziffern: »Bei diesem Angebot jubeln alle!«

Haben Sie schon mal jemanden losjubeln sehen, nachdem er eine Anzeige gelesen oder von einem *Fan-Paket* für VW-Modelle erfahren hat? Ich nicht.

Dafür kann BMW in meinen Träumen lesen. Eine ebenfalls doppelseitige Werbekampagne für das M6 Coupé besticht durch den anmaßenden Satz: »Sie haben schon immer von so einem Automobil geträumt.« Ach ja? Wenn ich schon von Dingen träume, die ich mir nie werde leisten können, dann sind es große Segelschiffe. Und selbst wenn ich jemals von einem Auto geträumt hätte, dann wäre es garantiert kein rotes gewesen wie in der Anzeige abgebildet. Die Behauptung in der BMW-Werbung aber kommt erst mal prominent daher, tarnt sich als felsenfeste Überzeugung. Dabei steht die Aussage wohl eher exemplarisch für die Wunschvorstellungen des Vorstands dieser Automarke. Wahrscheinlich hoffen die Herren, dass wir bald alle einzig und allein BMW fahren, damit sie sich noch ein paar Sommerhäuschen in Südafrika zulegen können.

Ähnliche Träume scheinen viele zu haben. Allen voran jene, die uns alles gleich im Paket andrehen wollen. Den *Spiegel* im *Sparpaket*, Volkswagen-Modelle in *Fan-Paketen*, Versicherungen in *Rundum-sorglos-Paketen*, Massagen in *Wellnesspackages*, USA-Rundreisen in *Travel-Paketen* oder MP3-Player in sensationellen *Weihnachtspaketen*. Das Wort *Paket* hört sich gut an. Womöglich nach einem Geschenk. Vor allem aber danach, dass man das Gewünschte schön günstig und gebündelt bekommt – man muss es nur glauben. Sprachlich erhalten wir dabei die volle Packung. Und ich wette, wenn Sie das nächste Mal mit offenen Augen durch Deutschland spazieren, fliegen Ihnen die *Pakete* nur so um die Ohren. Mein Rat zwischendurch: Das Wort *Paket* mindestens zwanzigmal laut aufsagen, um es semantisch mal kurz zu entleeren. Das macht Kopf und Ohren frei. Und wirkt äußerst erfrischend.

Doch nun zu weiteren Behauptungen, die einfach aufgestellt werden und anschließend mit dickbäuchiger Überzeugung die Republik garnieren. So sucht ganz Deutschland angeblich den Superstar – dabei sind es nicht über 80 Millionen Menschen, sondern nur ein paar Millionen Hörgeschädigte, die das tun.

Den Bürgern vermeintliche Tatsachen vor den Bug zu knallen, scheint hierzulande Tradition zu haben. Schon 1949 erfand die Sozialdemokratische Partei Deutschlands den Slogan »Alle wählen SPD«. Kann das stimmen? Wieso wurde dann bei der Wahl Konrad Adenauer (CDU) Kanzler? Der Ferienclub Aldiana warb 1983 mit der Feststellung: »Wo die Glücklichen Urlaub machen.« Pech gehabt, ihr armen Rucksackreisenden, ihr konntet da wohl nur traurig durch die Welt stiefeln. Und der KarstadtQuelle Finanz Service wollte die Menschen im Jahr 2004, allen Buddhisten zum Trotz, mit diesem Befund beseelen: »Geld macht glücklich.«

Strategisch sind solche Aussagen raffiniert. Sie funktionieren meistens nach dem Schema Subjekt, Prädikat, Objekt. Das Motto: »Wir behaupten einfach mal etwas, wir schreiben es einfach mal so dahin. Vielleicht glauben es die Konsumenten ja wirklich.« Die Frage ist nur: Wenn das Land mit solchen Aussagen durchzogen ist, warum dürfen nicht auch wir einfach Behauptungen aufstellen? Ich sollte das einmal versuchen. Ich werde demnächst zur Haspa gehen und sagen: »Ich will ein Konto eröffnen. Ich bin Millionär.« An der Theaterkasse: »Ich bin Student, ich will jetzt mein Sparpaket!« Oder ich sollte den nächsten VW-Händler besuchen, mich vor den Kundenberater stellen und vor Freude anfangen zu schreien.

Über die Sprache und die durch sie beschriebene Welt haben sich schon viele Menschen Gedanken gemacht. Auch sie sind zu dem Schluss gekommen, dass wir nicht alles schlucken sollten, was uns vorgekaut wird. Umberto Eco, italienischer Zeichentheoretiker und Autor des Romans *Im Namen der Rose*, kam nach langen Überlegungen darüber, was Sprache denn überhaupt sei, zu dem Schluss: »Sprache ist alles, womit man lügen kann.«

Der amerikanische Philosoph Harry Gordon Frankfurt formulierte das Phänomen anders: »Zu den auffälligsten Merkmalen unserer Kultur gehört die Tatsache, dass es so viel Bullshit gibt. Jeder kennt Bullshit. Jeder trägt sein Scherflein dazu bei. Und doch neigen wir dazu, uns damit abzufinden. Die meisten Menschen meinen, sie seien in der Lage, Bullshit zu erkennen und sich vor ihm zu schützen, weshalb dieses Phänomen bislang wenig ernsthafte Aufmerksamkeit gefunden hat und nur unzulänglich erforscht worden ist. Das hat zur Folge, dass wir nicht sonderlich genau wissen, was Bullshit ist, warum es so viel davon gibt und welchen Zwecken er dient.«

Das hört sich alarmierend an und ein wenig danach, als seien wir von Hohlsinn und Lügen umzingelt. Übertrieben? Vielleicht sollten wir uns lediglich angewöhnen, ein wenig aufmerksamer zu lesen und auf den Schmu der Sprachverwurster ein wenig konsequenter zu reagieren. Dann nämlich würden wir nicht mehr nur glauben, was wir glauben sollen, sondern vieles sogar hinterfragen. Anschließend dürften wir einfach mal die Behauptung aufstellen: »Das Leben ist schön!«

Oder ist das jetzt schon wieder Bullenmist?

24

Die Poesie des Slangs

*Gibt es eine Jugend-
sprache? Wie sieht sie aus?
Was kann sie, was das
normale Deutsch nicht
vermag? Fünf Jugendliche
reden über Sprache*

Hamburg. Ein dunkler Dezembertag, es ist Regen angesagt. Gleich um die Ecke liegt das Schanzenviertel, eine hippe Gegend, wie einige sagen. Es gibt dort Clubs, Lounges, Döner-buden, Sushi-Imbisse und schicke Restaurants. Acht Uhr abends. Zweite Etage in einem schlichten Backsteinhaus. Um einen Tisch herum sitzen fünf Leute. Sie sind jung genug, um die Sprache der Jugend zu sprechen und zu kennen. Alt genug, um sich mit Sprache beschäftigt zu haben. Anwesend ist Paul, 25, gebürtiger Pole. Seit 1989 arbeitet er in Deutschland, im Vertrieb, IT-Branche. Früher hat er viel gerappt, hin und wieder macht er es noch heute. Inzwischen hört er auch Jazz. Paul mag Sprache. Er hat viele eigene Texte geschrieben und ist schon als Sänger im Millerntor-Stadion aufgetreten, da, wo sonst der Zweitligist FC St. Pauli Fußball spielt.

Neben ihm sitzt Patricia, 21. Sie studiert Sozialökonomie und jobbt bei einem Online-Radiosender. Fragt man sie nach ihrem späteren Berufswunsch, antwortet sie: »Noch keinen Plan.« Über sich selbst sagt sie, dass sie eine Liebhaberin der deutschen Sprache sei.

Patricia gegenüber hat Paula, 23, Platz genommen. Sie ist Chinesin (ihre Eltern stammen aus Hongkong), kam aber in

Deutschland zur Welt. Mit 18 Jahren ging sie nach England, um dort ihr Abitur zu machen und zu studieren. Paula hört Metal und Punk aus den Siebzigerjahren, möchte später schreiben, Kurzgeschichten und Romane.

Links neben Paula sitzt Julia, sie ist 27 Jahre alt und Informatikerin. Für längere Zeit lebte sie in Peru, Argentinien und Indonesien. Sie spricht Englisch und Spanisch perfekt und denkt viel über Sprache nach.

Am hinteren Tischende hat sich David, 20, niedergelassen. Er macht gerade eine Ausbildung zum Veranstaltungstechniker. David ist Metalfan, spielt Hardrock-Gitarre und hört den anderen gern beim Sprechen zu.

Das andere Kopfende des Tisches ist von Metall-Joe belegt. Er ist jemand, der sein Alter partout nicht verraten will. Geboren ist er im Sudan, seine Eltern sind Diplomaten. Metall-Joe lebt schon lange in Hamburg und macht gelegentlich die Nachtszene unsicher. Es gibt nur wenige Läden, aus denen er nicht rausgeflogen ist. Er trägt einen weißen Turban auf dem Kopf, dazu ein weißes T-Shirt. Bis hoch in den Nacken ist er tätowiert. Auf seinem Rücken speien Dämonen Feuer, auf seinem linken Arm steht *Fuck you* auf Chinesisch. Er hat sich zwei Zahnstocher durch die Ohrläppchen gebohrt und ist an den Fingern mit mehreren Totenköpfen beringt. Seinen Gürtel sichert ein Vorhängeschloss. Der Typ mag Metalmusik, sehr hart, sehr laut, aber auch Klassik und Rockabilly. Genau betrachtet, sieht er aus wie Jimi Hendrix, allerdings wie einer, der knüppelhartes Norddeutsch spricht.

Das Gespräch beginnt gegen acht Uhr abends, ich versuche mich als Moderator. Draußen hat es angefangen, zu regnen.

Es gibt jede Menge Bücher, die sich mit dem Thema Jugendsprache befassen. Gibt es das überhaupt – eine Jugendsprache?

PAUL: Klar, aber sie kommt in hundert verschiedenen Varianten daher. Jede Clique redet verschieden. Ein Hip-Hopper spricht mehr Slang als ein Rocker. Die Hip-Hopper können drei Sätze sagen, ohne ein deutsches Wort zu benutzen. Sie kneten die Sprache regelrecht. Das hat viel mit Poesie und Verarbeitung von Gefühlen zu tun, ähnlich wie in der Musik. Die Rocker halten sich eher an den Duden. Und dann wären da noch die Techno-Jungs.

PAULA: Jeder spricht heute seine eigene Sprache. Schon mein Freund redet ganz anders als ich, obwohl wir uns oft sehen. Er hört andere Musik und hat sich mit seinen Jungs einen eigenen Slang ausgedacht.

METALL-JOE: Ihr sprecht nicht miteinander, eher bellt ihr euch an.

Benutzt ihr andere Wörter, wenn ihr mit euren Freunden zusammen seid?

PAUL: Defintiv. Wir switchen sofort um, das passiert meist automatisch. Doch manchmal ist es nicht so einfach, zwischen unserem Slang und dem Normaldeutsch hin- und herzuspringen. Heute zum Beispiel hatte ich ein Vorstellungsgespräch vor IT-lern, also Leuten aus der IT-Branche. Die sprechen eher Business-Sprache, und denen gegenüber muss man sich eloquent ausdrücken, aber trotzdem locker bleiben. Drei Stunden später ging ich mit meiner Freundin spazieren und wollte ihr alles erzählen. Da war ich noch immer in dieser Business-Sprache drin. Meine Freundin musste mich erst einmal davon runterholen. Ein anderes Beispiel für dieses Spiel mit Slang: Nehmen wir an, jemand erzählt mir eine interessante Geschichte. Wäre dies eine ältere oder unbekannte Person, würde ich eher sagen: »Ach, was?«, oder: »Das ist ja spannend«. Hätte mir ein Freund die Story berichtet, würde ich sie vielleicht mit den Worten »*What the funk!*« kommentieren.

What the funk?

PAUL: Ja, *funk*. Aber das ist sehr inoffiziell. Das Wort benutzen nur ich und ein Freund von mir. Ich versuche nämlich gerade, mir das Wort *fuck* abzugewöhnen. Also sage ich stattdessen *funk*.

METALL-JOE: Aber denken tust du immer noch *fuck*. *Never fuck a Fucker!* (lacht sich krank)

Wie wichtig ist es, sich harten Slang abzugewöhnen oder dosiert damit umzugehen?

PAUL: Früher war ich mir diesbezüglich ziemlich selbstsicher, sagte mir: »Hey, du kannst jederzeit switchen.« Heute stelle ich fest, dass ich tatsächlich öfter ins Stocken gerate und nach einem »ordentlichen« Wort suche, wenn ich beispielsweise mit Freunden über komplexere Dinge rede. Sonst sprechen wir ja nur mit Slangwörtern, Manchmal wird das problematisch. Es kann auch schon mal vorkommen, dass ich einem Chef gegenüber Wörter wie *chillen* oder *krass* verwende. Dann versuche ich das lapsig unter den Tisch zu kehren.

Sagt ihr heute noch das Wort cool?

PATRICIA: Ja, oft. Manche sagen sogar *cooling*.

METALL-JOE: Tschakalacka, Alter! War's heute oder gestern, war's ein Krimi oder Western? (Lacht sich wieder schief, will noch einen *Voddie*, ein Glas Wodka.)

Tschakalacka? Was, bitte, bedeutet das?

METALL-JOE: Tschakalacka. Hör mal hin! Das bedeutet, wonach es klingt. Das kann heißen: Egal, leck mich, so viel dazu, was soll's, wird schon, nicht so wichtig, pluster dich mal nicht auf! Das Wort macht die Musik. Es hat viele Bedeutungen.

PAUL: Aber zurück zum Begriff *cool*. Ja, der geht immer noch. Aber das Wort wird jetzt anders geschrieben. *Cool* mit einem *c* ist Standard. Manche schreiben jetzt *kewl*. Wir hingegen folgen der Hip-Hop-Szene, verwenden es mit einem *k* – *kool*. Dazu gibt es noch eine neue, eingedeutschte Schreibweise: *kuhl*.

Warum diese seltsamen Schreibweisen?

PAUL: Wir wollen das Wort verfremden oder bewusst deutsch machen, aber seinen Klang behalten. Dieses Verfremden ist eine Form von Spaß, von Kreativität. Wir benutzen die Slangwörter, weil das normale Deutsch oft ziemlich hochgestochen daherkommt. Das fängt schon beim »Sie« an. Diese Anredeform klingt sehr konservativ und oberflächlich. Mit dem normalen Deutsch kann man nicht genug Gefühl zum Ausdruck bringen. Ich meine damit nicht das Deutsch in der Poesie und Literatur, sondern das, welches man im Alltag spricht.

Kommen Empfindungen in eurer eigenen Sprache besser rüber?

PAUL: Auf jeden Fall. Besonders bei Freunden. Die wissen genau, wie ein Wort meint ist und was speziell damit gesagt werden soll. Mit Slang, also mit ungewöhnlichen Worten, kann man ein Gespräch viel spannender und vielschichtiger gestalten. Das Reden wird nicht so absehbar. Man kann viel mehr improvisieren, wenn man coolen Slang benutzt. Die Sprache ist wie ein verrücktes Instrument. In der Kunst, in der Musik geht es ständig darum, etwas neu zu machen, etwas neu zu erfinden. Das versuchen wir in der Sprache auch. Man kann sich auf diese Weise beliebter machen, interessanter. Mit cooler Sprache lernt man eher jemanden kennen. Aber natürlich gibt es auch hier die Kehrseite der Medaille. Während meiner Ausbildung – ich habe Kaufmann für audiovisuelle Medien gelernt – saßen in der Berufsschule lauter Papasöhnchen und brave Töchterchen herum, die sonst nichts gebacken kriegten. Durch meinen Slang bin ich da schnell als so eine Art Gettokind abgestempelt worden.

Bist du ein Gettokind?

PAUL (überlegt kurz): Nein. Schon deshalb nicht, weil es meiner Meinung nach in Europa keine Gettos gibt. Zumindest seit 1945 nicht mehr.

METALL-JOE (lacht sehr laut und spricht plötzlich Französisch): Aaaaaah! *Dis-moi, mon chi-chi. Mon petit chou-chou.* Der war nicht schlecht!

Ständig hört man das Wort Dicker, *gesprochen wie* Digger. *Benutzt ihr es? Und wenn ja, warum?*

(Es folgt ein wildes Durcheinander, alle reden auf einmal: Was heißt *Digger* mit Doppel-g eigentlich? Graber? Schaufler? Aber eigentlich soll es ja *Dicker* heißen. *Dicker,* wie der Dicke.)

METALL-JOE: Du könntest auch *Buddy* statt *Dicker* benutzen.

PAUL: Wenn ich zu jemandem *Dicker* sage, ist er meist ein Guter, mein Freund. Ich kann das Wort aber auch ganz anders einsetzen. Wenn ich es zum Beispiel aggressiv verwende, weiß der andere, dass Stress angesagt ist. Oder ich verwende es mit einer total lang gezogen Betonung, dann bin ich gelangweilt. Vielleicht ist das Wort derart verbreitet, weil man mit ihm durch die Betonung so viel sagen kann. Kommt das Wort eigentlich überall in Deutschland vor?

PATRICIA: In Baden-Württemberg benutzt man es nicht, soviel ich weiß. Da sagen die eher *Alter.* In München, glaube ich, benutzen es auch nicht viele. Aber das ist eh ein anderes Klientel. Da herrschen die bayerischen Spießer.

DAVID: *Dicker* wird in verschiedensten Formen gebraucht, fast als eine Art Satz: »Dicker, Alter. Ey, Alter, Dicker.« Viele verwenden es auch kombiniert: *Digger, Alder,* wobei es auch hier ganz auf die Betonung ankommt, ob es freundlich oder stressig gemeint ist. Man kann damit ziemlich gut *rumspacken* (dumm rumalbern). Oft werden diese Worte ans Satzende gesetzt. Aber das Wort *Dicker* ist längst zum Klischee verkommen.

PAUL: Es stimmt, man kann mit dem Wort viel machen. Ich habe mir heute zum Beispiel ein neues Web-Synonym gegeben, einen neuen Usernamen. Und zwar *Dicker-Alter-Dicker.* Man muss das in kleinen Buchstaben geschrieben sehen, das sieht total hübsch aus. Nämlich so: *diggaalladigga.*

Such misch Internet, findest misch da drunter (imitiert türkisches Deutsch). Man kann das Wort aber auch total abstrahieren. Wenn ich mit meinem Freund einen kiffen will, sage ich: »Ey, Diggi, lass mal einen smoken gehen.« Wenn ich es aggressiv sagen will, betone ich das D und sage das Wort schnell und hart.

DAVID: *Dicker* ist auch ein guter Lückenfüller wie *äh* oder *ehm*. Es gibt Leute, bei denen ist jedes zweite Worte *Dicker* oder *Alter*.

PAUL: Die sprechen dann so: »Ey, Dicker, Alter, ich bin gestern zu Karstadt rein, das ist voll krass, voll heftigst, Dicker. Ich hab gestern diese Hose gezogen, Alter, für derbe günstig, Dicker. Sooo den lone Preis. Mann, ich schwör, Alter. Ich bin dann zur Kassiererin hin, Alter, ich schwör dir, die Alte war die übelste Sau.«

Die übelste Sau?

PAUL: Ja, das ist natürlich Interpretation. Wenn man die Sprache kennt, weiß man, dass ich damit eine wunderschöne Frau meine.

DAVID: Die Worte werden aus ihrer Bedeutung gelöst. Sie werden befreit, wenn du willst. *Übelst* ist ja eigentlich etwas ziemlich Schlechtes.

Was ist das für ein Mechanismus? Ihr sagt übelst, endkrass, voll daneben *oder* heftigst – *und meint etwas Positives. Warum diese Verdrehungen?*

PATRICIA: Das ist Krassomania.

DAVID: Verkehrungen ins Gegenteil schaffen Aufmerksamkeit. Aber sie dienen auch dazu, einen Sachverhalt auf ungewohnte Weise zu steigern. Wenn *super* und *voll geil* zu ausgelutscht sind, muss man sich eben Alternativen überlegen.

PAUL: Ich glaube, es liegt daran, dass man den Dingen mit solchen Wörtern einfach mehr Gewicht verleihen will. »Eine wundervolle Frau« – das hört sich hochgestochen an und klingt nach geschriebener Sprache. Es ist erst mal langweilig. Wenn ich beispielsweise sagen würde: »Ich bin gestern zu Karstadt gegangen, habe dort eine günstige Hose gekauft und danach eine wundervolle Kassiererin getroffen« – da lachen einen alle aus. Da hört keiner hin. *Übelst* und *Sau*, das sind zwei negative Begriffe, die lösen einfach etwas aus. Da denkt der Angesprochene sofort: Alle Mann hinhören, jetzt kommt etwas Krasses, Besonderes!

JULIA: Ganz so einfach sehe ich das nicht. Unsere Sprache ist kontext-sensitiv, tolles Wort, was? (alle grölen) Aber ernsthaft, all das, was ihr sagt, hängt immer vom Kontext ab. Und davon, wie jemand die Sprache versteht. Wenn du zu jemandem *übelste Sau* sagst, kann das den auch umhauen. Es geht doch eher um eure persönliche emotionale Aussage.

PATRICIA: Widerspruch! *Übelste Sau*, dieser harte Begriff bezieht sich doch nur auf das Äußerliche. Wenn man von einer wunderbaren, wunderschönen oder wundervollen Frau spricht, kann alles gemeint sein, auch ihr Charakter. *Übelste Sau* ist gezielter in der Verwendung. Das bedeutet eher: Mit der würde ich gern mal in die Kiste. Die eigene Freundin würde man niemals als *übelste Sau* bezeichnen. Bei der Freundin geht es euch Jungs um mehr.

PAUL: Stimmt. *Übelste Sau* heißt letztlich: Ich fand die Kassiererin sexy. Aber das hört sich altbacken an. Bei meinen Freunden und mir ist es so, dass wir inzwischen so viele Slangbegriffe verwenden, dass sich »normale« deutsche Wörter schon wieder über diese erheben. Wenn ich also sage: »Das ist eine wunderschöne Frau«, dann bekommt der Ausdruck *wunderschön* plötzlich eine höhere Bedeutung. Durch den Slang wird das Normaldeutsch wieder groß.

DAVID: Mit Slangwörtern kann man der deutschen Sprache mehr Abstufungen geben, sich damit auf verschiedenen Ebenen bewegen. Das ist, als würde man auf einem Klavier noch mehr Tasten einbauen, noch mehr Zwischentöne. Das ist keine Versauung, sondern eine Bereicherung der Sprache. Die Bedeutungen der einzelnen Begriffe bestimmt man selbst. Wir legen sie fest, wie wir es wollen.

PATRICIA: Mit Sprache kann man hervorragend spielen. Neulich fragte ich einen Freund, warum er eine Frau, die er eigentlich ganz toll fand, nicht mit nach Hause genommen hat. Der Freund sagte daraufhin: »O Mann, das war sooo ein Schlafloch! Restbuchwert null. Da kann man gleich 'ne Salami in die Turnhalle werfen.«

Eine Salami in die Turnhalle werfen? Ist die Sprache so eine Art Erfindungsmaschine für euch?

PATRICIA: Klar, mit Sprache kann man ad hoc experimentieren, wie es einem gerade in den Sinn kommt. Ich könnte zu meiner Freundin sagen: »Du Trümmertrulla, du Gichtgestrüpp.« Das muss nicht zwingend negativ gemeint sein. Ich könnte ihr auch zurufen: »Du Kalkleiste.« Manchmal benutzen wir die Redewendung, wenn sich mal wieder jemand elegant enthält oder aus der Affäre ziehen will: »Wir spielen jetzt mal die Schweiz.«

PAULA: Es wird zu viel geredet. Ich schreibe lieber.

METALL-JOE: Respekt!

PAUL: Viele Worte, die wir verwenden, stammen letztlich aus der Musik, insbesondere der Hip-Hop hat da viel bewirkt. Es ist ganz wichtig, zu wissen, welche Einflüsse die Musik aus den verschiedenen Städten auf die Sprache hat. 2005, 2006 war Hamburg die Hochburg im Hip-Hop. Superviele der Slangwörter sind über die Hamburger Rapper in die Republik gewandert. Die Band »Blumentopf« kommt aus München, die sagen jetzt auch *Dicker*.

METALL-JOE: Das hat viel mit Gruppenzugehörigkeit zu tun. Viele sprechen ja nur noch so. Die sagen dann Sätze wie: »Ey, Alter, ey, ey, Dicker, Alter, ööh, öh, fett, ey, geh kacken, Alter, voll krass, Dicker.« Die hören sich an, als wären sie angeschossen worden. Die wollen sich mit den amerikanischen Jungs identifizieren.

PAUL: Das würde ich so nicht sagen.

METALL-JOE: Doch, doch, doch. Es gibt Bourgeois-Rap und Proll-Rap. Und es gibt den kack Ami-Rap.

PAUL: Dazu gehört, was zum Beispiel »Samy Deluxe« (eine Rap-Band) zurzeit in Hamburg macht, diese ganze Elektro-Beat-Geschichte, diesen Jiggy-Scheiß …

… *Jiggy-Scheiß?*

Du solltest diesen Sound hören. Jiggy kommt aus den Staaten, von der Ostküste ...

METALL-JOE: ... ist was für Schwuchteln!

PAUL: Viele von diesen harten Jungs haben die Sprache geprägt. Damit meine ich die typischen amerikanischen Rapper, die früher mal im Getto waren. 50 Cent (Name eines berühmten US-Rappers) gehört dazu. »*What the fuck*«, das ist 50 Cent. Die sprechen darüber, wie gefährlich ihr Leben ist. Mafiosi. Endheftigst. Das letzte Wort war jetzt selbst erfunden, 'tschuldigung. Na ja, auf jeden Fall sind jene Typen gemeint, die auf Player machen, Motto: »Ich habe die heißesten Frauen«. Pimpstyle eben. Man muss trennen zwischen dieser ganzen harten Jiggy- und Gettoschiene und jenen Rappern, die versuchen, viel Inhalt in die Texte zu bringen. Eine Message. Das geht schon in Richtung Poesie. Und natürlich findet sich das in der täglichen Sprache wieder.

DAVID: Manche versuchen, eine Kultur rüberzubringen. Manche nur sich selbst.

METALL-JOE: Erstaunlich ist, wie schnell einige Rapper ihre Herkunft vergessen, Ice-T und diese ganzen Schwachmaten. Von Getto ist da nicht mehr viel zu spüren.

PAUL: Die Sprache wird bei denen zum finanziellen Instrument. Getto verkauft sich gut.

METALL-JOE: Ja, das sind diese Suck-my-Dick-Rapper.

Was empfindet ihr Frauen eigentlich bei all dem Slang? Was ist mit euch, wenn ihr Ey, Dicker *zu hören bekommt?*

PATRICIA: Da fühle ich mich erst mal nicht angesprochen. Aber ich verstehe natürlich, was gemeint ist und wie es gemeint ist. Es gibt eine Art universalen Rahmen bei der Jugendsprache, aber danach wird es je nach Gruppe sehr speziell. Die Sprache wird individuell zum Aushängeschild. Sie verrät, wer du bist, wie du drauf bist, was für Freunde du hast und was für eine Bildung du besitzt. In unserer Gesellschaft muss man doch immer Rollen spielen, egal wo. Das ist in der Jugend nicht anders. Die Sprache übernimmt hier diese Rollenfunktion mehr denn je.

PATRICIA: Interessant ist, dass eigentlich jeder durch einen bestimmten Slang zu verbergen versucht, wo er herkommt. Es gibt heute unglaublich viele Situationen, in denen man auf eine bestimmte Weise sprechen soll, sprechen muss. Es ist so, dass in einem Club plötzlich eine ganz andere Sprache geredet wird als in dem, der gleich nebenan ist. Oder ein anderes Beispiel: Wenn ich etwa meinen Dozenten nicht mag, dann hol ich ein, zwei gezielte Wörter aus meinem Slang raus, den ich sonst mit meinen Jungs und Mädels spreche. Da weiß der Dozent sofort, was Sache ist.

Würdet ihr sagen, dass die Sprache lebt?

METALL-JOE: Ja. *Give me danger, little stranger.*

PATRICIA (zu Metall-Joe): Du solltest mal in so einer Kochsendung auftreten, die suchen Typen wie dich. Bei Kerner. Der macht doch nur noch Kochsendungen, oder?

Apropos Prominente. Was haltet ihr eigentlich von der Sprache der Politiker? Haben Kurt Beck oder Angela Merkel euch etwas zu sagen?

PAUL: Sie sind rhethorisch so schwach, dass es schon extrem auffällt.

DAVID: Ich finde, sie achten heute mehr auf ihre Ausdrucksweisen als auf ihre politischen Aufgaben. Das liegt daran, dass Sprache heute äußerst wichtig ist und sehr prominent wahrgenommen wird.

JULIA: Die Politikersprache hat etwas Mechanisches. Die Pausen, die Außenminister Frank-Walter Steinmeier zum Beispiel macht, erfolgen völlig automatisch. Da merke ich genau: Die hat man ihm eingetrichtert und gezielt beigebracht. Das ist nicht mehr natürlich. Schröder konnte das besser.

Ich frage noch einmal nach: Verkaufen sich heutige Politiker mehr über Inhalte oder über ihre Sprache?

PAUL: Zu 80 Prozent Sprache, würde ich schätzen.

JULIA: Man muss schon gut hinhören, um zu erfahren, was sie politisch wirklich wollen. Manchmal denke ich, sie glauben selbst nicht mehr an das, was sie sagen. Wenn man da oben angelangt ist, hat man einen Sprachtrainer. Leute, die die Reden schreiben. Leute, die einem vorschreiben, wie man im Fernsehen auftreten, was man sagen und wie man es sagen soll. Was die Politiker ursprünglich einmal bewegen wollten, davon ist nicht mehr viel übrig. Das geht verloren.

DAVID: Ich bin auch davon überzeugt, dass die Politiker viel mehr Wert auf die sprachliche Verpackung legen.

PAUL: Kein Wunder, dass sie schwer an die Jugend herankommen. Die Jugendlichen verurteilen nämlich gerade jene

Parteien, die ihre Schwächen und Fehler sprachlich am schlechtesten kaschieren. Mit der Sprache behende und clever umzugehen, das ist die Voraussetzung, um die jungen Menschen zu erreichen.

JULIA: So weit sind wir schon. Klartext zählt eh nicht mehr.

METALL-JOE: *Fuck them all.* Scheiße kommt in allen Farben!

Anderes Thema: Viele regen sich darüber auf, dass in der deutschen Sprache zu viele Anglizismen verwendet werden. Sollte man die englischen Wörter abschaffen oder eindämmen?

PAUL: Nein. Unsere Sprache formt sich wieder zu einer Art Esperanto.

PATRICIA: Es gibt Wörter, die sind im Englischen besser, treffender. Aber wo deutsche Wörter benutzt werden können, sollte man das auch tun.

JULIA: Ich würde Anglizismen nicht abschaffen, aber man sollte die deutschen Wörter dabei nicht vergessen. Es wäre wichtig, wenn jeder das Grundvokabular beherrscht. Das Handwerk. Danach kann man anfangen, mit der Sprache zu spielen.

Ist Sprache so etwas wie unsere Kleidung?

PAUL: Leider ist es so. Aber ich kämpfe gegen dieses Vorurteil. Man formt heute seinen Charakter mit vielen Dingen. Musik, Sprache und Klamotten sind da entscheidend. An erster Stelle kommt die Musik. Darüber definierst du dann deine Kleidung, erst danach die eigene Sprache.

PATRICIA: Sprache ist eher ein Werkzeug, ebenso wie die Outfits.

JULIA: Ich finde Sprache sehr wichtig – sie ist in ihrer Funktion wie eine Maske zu sehen, die man aufsetzen kann. Gezielt eine bestimmte Sprache einzusetzen, das ist, als würde man ein Kostüm oder Jeans anziehen. Aber: Man kann Leute mit Sprache aber auch dazu bringen, dich eben *nicht* in eine Schublade zu stecken.

Wenn ihr euch so umschaut: Was zeigt euch Sprache?

PAUL: Sie ist ein Spiegelbild eines jeden selbst und auch eines der Gesellschaft. Und sie ist auf jeden Fall kreativer geworden. Man kann heute einfach Wörter erfinden, sie können sehr schnell bekannt werden und sich verbreiten. Nimm den Ausdruck *chillen*, jetzt sagen es sogar schon Erwachsene.

DAVID: Die Welt ist ziemlich komplex geworden und schwer zu definieren. Alles rast und ändert sich ständig. Die Sprache auch. Sie zeigt diese Entwicklung, passt sich chamäleonartig an.

PATRICIA: Komplex, kreativ – das stimmt nicht immer. Wenn ich zum Beispiel Slogans höre wie »Geiz ist geil« oder »Wir hassen teuer«, dann finde ich das matt. Das sind Billo-Sprüche (billige Sprüche).

JULIA: Ein Spruch wie »Geiz ist geil« ist einerseits gut, weil er funktioniert und Geld macht. Andererseits finde ich ihn zum Kotzen. Und was sagt er über die Welt aus? Dass die Gesellschaft schwer darum kämpft, die Hoffnung nicht zu verlieren.

Hat die Sprache ihren Anstand verloren?

PAUL: Ihren Anstand – ja. Aber nicht ihren Charme. Sie ist wesentlich härter geworden, und vor allem unzensierter. Es gibt heute Serien im Fernsehen, in denen Sätze gesprochen werden, die vor fünf Jahren sich keiner getraut hätte, über die Sender zu jagen.

PATRICIA: Die Sprache will schockieren, auffallen.

JULIA: Genau. Die Leute haben heute kaum Zeit mehr zuzu-hören. Wir müssen darum schockieren. Wir wollen, dass die Leute rote Ohren kriegen. Die Ausdrucksweisen, die Wort-wahl, das alles ist härter geworden, radikaler. Die Welt selbst dreht sich zwar nicht schneller, aber Dinge, die früher weit weg waren, sind plötzlich vor meiner Haustür. Das Absurde ist: Wir bekommen heute immer mehr Informationen, aber wir haben nicht mehr die Zeit, sie aufzunehmen. Auch das spiegelt die Sprache wider.

PAUL: Aber ist das schlecht? Man muss nur mitkommen.

DAVID: Jeder muss sich seinen Teil herauspicken.

Zur härteren Sprache: Seltsamerweise hört man jetzt oft das Wort porno, *doch nicht mehr im Zusammenhang mit Schmud-delfilmen. Was hat es damit auf sich?*

PAUL: Ja, *porno* sagen heute viele: »Das ist total porno, Mann!« *Porno* bedeutet »extrem«, »besonders« oder »erstaunlich« – alles jedoch im positiven Sinn.

DAVID: Das Wort *porno* hat etwas Rebellierendes. Auch hier will man einfach ein neues, auffälliges Wort gebrauchen. Es wird vor allem von den Kids verwendet, weil die ihre Eltern treffen wollen. Dieses Wort hat etwas Schmutziges an sich, und da es sich so krass anhört, haben viele es übernommen.

PAULA: Frauen nutzen *porno* eher als Adjektiv, allerdings schon im Sinn von »dreckig«, »heftig«, »krass«. Es ist eines der Wörter, das man situativ sehr dehnen kann, auch ein Kraftausdruck, weil *mega* und *ultra* völlig ausgenudelt sind.

PAUL: Vor Kurzem habe ich mir mit meiner Freundin eine Wohnung angesehen. Das war ein irrer Turm, gute Lage, super gemacht. Als wir rauskamen, haben wir uns beide angeguckt und meinten nur: »Diese Wohnung, die ist total porno!« Die Wohnung war also genial, total geil. Da würden wir sofort einziehen.

METALL-JOE: Ach, wisst ihr was? Ich glaube, die drehen da draußen langsam alle total durch. Die Politiker, die Pornos, die Werber, all die Elvisse, die gesamte Truppe. Und wisst ihr noch was? Ich sage dazu nur noch eins: Die Lächerlichkeit des Seins ist die Tragik des Ichs. *Fuck you* und guten Tag!

25

Freejazz im Irrenhouse

Bitte anschnallen! Ein Ausflug in die Sprache des deutschen Nacht- und Partylebens

Beginnen wir mit einer in der Regel guten Nachricht: Es ist Wochenende. Es ist Freitagabend, kurz nach acht. Zeit, sich schick zu machen und gezielt ins deutsche Nachtleben zu stürzen. Da draußen wartet ein Angebot der unbegrenzten Möglichkeiten und Unmöglichkeiten auf einen.

Die heutige Party- und Musikszene ist eine Welt für sich. Man könnte fast von einem Nachbarplaneten sprechen, so einer Art Superkosmos der Plateauschuhe, Wollmützen, Totenköpfe, Hirschgeweihe, Lederjäckchen und Adidasanzüge. Diese modische Ausstattung ist wichtig, und bei einem Streifzug durch diese Parallelwelt ist es definitiv von Vorteil, sich etwas Entsprechendes anzuziehen.

Die Partyszene ist dem alltäglichen Leben weit voraus, nicht nur beim Dresscode. Ich wage sogar zu behaupten, dass auch die Sprache hier mit Abstand am fortschrittlichsten gehandhabt wird. Nicht einmal die Telekom mit ihren futuristischen Tarifbezeichnungen kann da mithalten.

Mögen Sie Freejazz? Also jene Musik, bei der die Interpreten mehr oder weniger strukturlos improvisieren und ihren Gefühlen und Inspirationen freien Lauf lassen? Stellen Sie sich auf etwas Derartiges ein, wenn Sie sich in die »Nightlife-

Zone« begeben. Nur geht es in diesem Fall nicht um Musik, sondern um Sprache.

Pazifistisch gesinnte Sprachkritiker und feinsinnige Feuilletonisten sollten diese Zone gar nicht erst betreten, denn wir bewegen uns sozusagen im linguistischen Irak. Am Wegesrand explodieren Bomben, hier und da fliegen uns Schrapnells und Tonscherben um die Ohren. Selbst sämtliche Anglizismen, Computerkürzel, orthografische Absonderlichkeiten, Superlative, Megalative, Versalbuchstaben, X-Buchstaben und @-Zeichen sind vergleichsweise harmlose Waffen und kommen noch nicht einmal in die Nähe dessen, was uns heute in der Sprache der Musik- und Nachtszene um die Ohren saust.

Um sich einen Überblick über das Nachtleben zu verschaffen, ist es ratsam, zuvor einen Blick in sogenannte Bewegungsmelder zu werfen.

Darunter rangieren etwa *City-Mags* (Stadtmagazine), *Party-Ads* (Kleinanzeigen für Szenegänger) sowie, sehr beliebt, diverse *Flyer*.

Flyer (engl.: »Flugblatt«) sind besondere Werbeformate, etwa in Gestalt von Faltblättern oder Postkarten, die die Eingänge zu den Kneipentoiletten verstopfen. Schnappen Sie sich eine Handvoll dieser Blätter, sie sind interessant, denn hier haben sich Grafiker und Sprachakrobaten ausgetobt, um uns in die verschiedenen Clubs, Lounges, Bars und Partytempel zu locken.

Wir könnten beispielsweise auf diese Veranstaltung gehen: Der Flyer von »Hamburgs real alternative Music Club« verspricht uns einen bunten Musikabend unter dem Motto: »Hörsturz.« Das ist noch echtes Deutsch und, wie ich finde, ein recht origineller Einfall. Zumal in dem Club bestimmt mit ohrenbetäubender Musik zu rechnen ist, vermutlich kurz vor oder knapp hinter der Schmerzgrenze.

Wem das zu laut ist, könnte sich eher von diesem Vorschlag angesprochen fühlen: »Schwulissimo presents – be dressed to impress – Polysexuelles Clubbing for Boys & Girls«. Und hier wird endlich auch kein Deutsch mehr gesprochen, sondern ein heißes Mischmasch aus Deutsch, Italienisch und Englisch.

Abgesehen vom völlig unübersichtlichen Design der »Flugreklame«, auf dem sich eine pink-braun-weiße Schrift mit hellblauen Bobbeln mischt und auf der Rückseite zwei halb nackte und sich reibende Muskelmänner abgedruckt sind, besticht die Einladung vor allem durch ihre Preisauslobung. Sagenhafte zwölf Euro an der Abendkasse soll zahlen, wer sich auf das Ganze nicht nur sprachlich einlässt, sondern sich das alles auch noch mit Haut und Haaren antun will. Dafür präsentiert uns »Schwulissimo« später in der Nacht allerdings noch DJ Frau Hoppe, DJ Phazz und DJ Kenny B. Und obendrein ist eine Reise für zwei Personen nach Paris zu gewinnen.

Schnell zum nächsten Flyer, eine Postkarte, die in der Hansestadt Hamburg für eine *Fête en plein air* (auf Denglisch-Neudeutsch zu übersetzen mit »Open-Air-Party«) wirbt. Hier haben wir es plötzlich mit reinem Französisch zu tun, obendrein soll ein DJ von Dessous Records für Stimmung sorgen. Wie dürfen wir uns diese Party vorstellen? Eine französische Fete im Regen, auf der ein denglischer Discjockey in BH und Damenslip Schallplatten auflegt? Möglich ist schließlich alles.

Nun sind dies noch recht schlichte Offerten, und wir wollen kurz einen Abstecher nach Lüneburg wagen. Wenn Sie zurzeit keinen Lebenspartner haben, dürfte vor allem dieses Angebot für Sie besonders interessant sein. Wir gehen nämlich auf eine *Singleparty*. *Singlepartys* sind heute sehr beliebt und in der Regel von Getränkeherstellern gesponsert. Doch

diese Veranstaltung hält einen Extrakracher parat, denn die Party läuft unter dem Motto: *F*** me, I'm from Lüneburg*. Ich habe übrigens dreimal nachgelesen, aber es steht wirklich so da. Ein großes F mit drei Sternchen, und dazu das Sonderangebot aus Lüneburg. Wir ahnen natürlich, wofür die drei Sternchen stehen.

Im *GeburtstagsKlub* des nächsten Partytempels, diesmal in Berlin, treten die Musiker von *Atomic & Funk@Delic* auf, gefolgt von *Biggy van Blond* – das volle Programm sozusagen, präsentiert vom Schwulenmagazin *Blu*. Also *blue* statt *blau*, und auch *blu* statt *blue*. Eingefleischte Sprachhüter verspüren jetzt einen verschärften Blues und sollten sich gleich auch noch dieses Highlight ansehen: eine Künstlerin aus der Berliner Nachtszene, die uns mit lila geschminkten Augen und rosa lackiertem Mund von einem Flyer anschaut. In scharfsinniger Zusammenfassung steht auf dem Flyer:

Sie ist wunderschon.
Popsängerin Nina Queer, 25
IRRENHOUSE

House ist hier natürlich ein bewusster Schreibfehler, der Begriff stammt von der Musikrichtung House. Und ob man
diese Musik nun mag oder nicht, sprachlich reden wir hier

schon mal von einem gewagten Gepansche der zweiten bis dritten Dimension.

Lounge in der Lounge

Das deutsche Nachtleben ist eine prallvolle Wundertüte, man weiß gar nicht, wohin man zuerst gehen soll. Vielleicht zum *Clubbing? Clubbing* ist derzeit bundesweit möglich, wobei Sie niemals vor 23 Uhr zum *Clubbing* gehen sollten. Vor 23 Uhr sind die guten Clubs, Lounges und Bars in der Regel gähnend leer. Was kein Hinderungsgrund war, dass die Clubbingszene in den letzten Jahren größte Verbreitung gefunden hat. In Städten wie Hamburg und Berlin gibt es inzwischen wahrscheinlich mehr Clubs und Lounges als öffentliche Toiletten, wobei vor allem das Wort *Lounge* den Ausdruck *Nachtclub* komplett verdrängt hat.

Heute existieren *Night Lounges, Lounge Clubs, Tiger Lounges, Buddha Lounges* oder *Boogaloo Lounges*, ganz wie es beliebt. Das Wort *Lounge* hört sich gut an. Es klingt irgendwie nach den Siebzigerjahren, nach Ledersesseln und orangefarbenen Plastiklampen. Viele sprechen das Wort stark nasal aus: *Looontsch*, was dann eher einem amerikanischen *launch* entspräche, also einem Raketenstart. Das ist ziemlich eigensinnig, denn eigentlich wird *Lounge* wie *Laundsch* artikuliert. Doch mit der ursprünglich amerikanischen Version dieses Begriffs hat die deutsche Variante sowieso nichts mehr zu tun.

Amerikanische *Lounges* sind nämlich in der Regel keine Nachtclubs, dazu sagen die US-Bürger noch immer *nightclubs. Lounges* findet man in den Vereinigten Staaten hingegen oft auf Flughäfen und in öffentlichen Gebäuden, in denen Geschäftsmänner und -frauen beim *Lounging* ihre Wartezeit gediegen beim Zigarrerauchen oder Lesen von Zeitungen vebringen. Für die deutschen Partymenschen hat der Begriff *Lounge* derweil völlig andere Züge angenommen und klingt schwer nach deutsch-amerikanischem Profi-Denglisch mit leichtem Linksdrall.

In Deutschland geht man aber nicht nur in Lounge-Clubs, man hört in ihnen auch Lounge-Musik. Das ist Jazz plus *Easy Listening*, plus alles, was es so an Musik gibt – dies allerdings sehr loungig abgemixt und lässig durchgestylt.

Was hören Sie eigentlich derzeit für einen *Sound?* Sie könnten jetzt zum Beispiel sagen: *Rap, Fusion, Latin, Death-metal, Psychobilly, Hip-Hop, Electro, Brazilectro, Digilectro, Synthie, EBM, Grunge, Garage, Indie, Spam-Beat, Ambient* oder *Detroit Techno.* Sie könnten natürlich auch *Lounge* nennen oder *Speed-House, Tank-Punk, Gothic, Jiggy.* Das sind alles Musikstile, die es wirklich gibt. Oder besser: die die Leute so nennen. Denn Sie könnten schließlich auch eine Stimmgabel hochhalten und behaupten, Sie hörten *Minimal-Industrial-Punk.* Oder *Metal-Boogie-Redux.* Auf diese Weise erklingen in Deutschland derzeit heiße Mixturen, die bisweilen sogar weit über sprachlichen Freejazz hinausgehen.

So spielen die DJs Joe-D und Smooth-T etwa diesen Sound: *Black-R'n'B-Latin-Reggaeton.* DJ El Mano präsentiert *Emocore-Punkrock-Rock'n'Roll.* Und DJ Bator D-Light hat sogar diese Mischung im Programm: *Black-Latino-Türkish-Pop-R'n'B-Dancehall.* Wenn ich richtig zählen kann, sind dies sechs Musikstile in einem Guss, obendrein fusionieren das deutsche *Türkisch* und das englische *turkish* zu einem bisher nicht klassifizierbaren *Türkish.* Man kann nur beten, dass die Boxen diesen musikalischen Donnerritt mitmachen.

Der Sinn dieses ganzen Unterfangens: Wir sollen nicht mehr exakt verstehen, worum es geht, sondern vielmehr schon beim Lesen zu *grooven* beginnen. Und spätestens dann ist der

Nachtgänger auch kein schlichter Clubber mehr, sondern ein ausgewachsener *Kingsize Boogie Man*.

Wenn Ihnen die bisher aufgeführten Musikstile allesamt nicht zusagen, dann hören Sie vielleicht *Grindcore*. Kennen Sie auch nicht? Grindcore ist eine extreme Form von *Hardcore Punk* und kommt aus dem Englischen (engl.: *to grind*, »mahlen«, »knirschen«). Diese Musik zeichnet sich durch presslufthammerartige Stakkatorhythmen aus, durch leicht chaotische Liedstrukturen sowie durch sehr tiefe Gesänge und äußerst verzerrte Gitarren. Hauptsache extrem. Weiterhin wichtig sind beim Grindcore geschriene Texte, möglichst tief heruntergestimmte Saiteninstrumente sowie die Kürze der Stücke. Die britische Gruppe Napalm Death (»Napalm-Tod«) hat einmal einen Song aufgenommen, der nur eine Sekunde dauerte. Dennoch hieß das Stück trefflich »You Suffer« (»Du leidest«). Es ist vermutlich das kürzeste Stück der Musikgeschichte, weshalb es prompt ins Guinessbuch der Rekorde kam.

Wir müssen aber keinen Grindcore-Club aufsuchen, wenn Sie nicht wollen. Wir können auch woanders hingehen. In Ordnung. Gehen wir besser woanders hin.

Johnny im Kanu legt dann mal auf

Fangen wir mit einem Club in Hamburg an, der sich im zweiten Stock eines Backsteinhauses befindet und *13. Stock* heißt. Das macht Sinn. Allerdings ist nicht immer gesagt, dass man in derart gehobene Clubs so einfach hineinkommt. Denn gegen die Gesichts- und Kleiderkontrollen der Clubbingszene und Türsteher sind die biometrischen Datenerfassungsmethoden von Otto Schily ein Witz.

In dem Club, der im zweiten Stock liegt und sich *13. Stock* nennt, macht an diesem Abend die »Travelogue Soundfiles

Clubtour« Station, und Mr. Laboso & Freunde präsentieren (auf Spanisch-Englisch-Deutsch plus Clubslang): »*All Nations under one Groove.*« Das will uns nichts anderes sagen, als dass an diesem Abend gleich mehrere DJs auflegen werden. *Auflegen* liegt voll im Trend, dieses Wort ist derzeit eine der Zentralvokabeln der Clubszene.

Was bedeutet *auflegen?* Es hat nichts mit der Auflage zu tun, etwa der einer Zeitung, eines Buchverlags oder eines Wickeltischs. Wenn die Aufleger heute *auflegen*, dann legen sie Schallplatten auf und werden zu DJs, also zu Discjockeys.

Man kann durchaus sagen, dass die Discjockeys meistens noch nicht einmal eine Stimmgabel beherrschen, dafür aber eiskalt die Musik anderer Leute nehmen und diese anschließend auf die Plattenteller schmeißen. Wichtig ist, dass die DJs ein gutes Ohr haben und exakt wissen, wann sie welche Platte aufzulegen haben, damit die Stimmung in den Clubs nicht den Bach runtergeht und die Meute sofort in den nächsten Club zieht.

Wenn die DJs diese enorm hohe Kunst des Auflegens allerdings in Perfektion beherrschen und stets die richtige Musik anderer Leute auflegen, können sie Kultstatus erlangen. Und genau dann dürfen sie ein bisschen mit der Sprache spielen und sich fantasievolle Namen ausdenken und hinter die Bezeichung »DJ« hängen. Es könnte natürlich auch sein, dass sie sich erst die fantasievollen Namen ausdenken und anschließend versuchen, damit Kultstatus zu erlangen. Es ist letztlich aber egal, wie herum das alles funktioniert.

Auf jeden Fall gilt: Je irrer der Name des DJs, desto besser. Und im Laufe dieses linguistischen Anrührungsprozesses werden aus den Discjockeys immer schönere Geschöpfe, und genau hier sind wir bei einem der Höhepunkte der virtuosen *Nightlife*-Sprache angelangt.

In einem Club in Hamburg treten etwa die DJs *Unity Vibez und Jahrôme & the Unbelievas* auf. Wir halten kurz fest: Die Mehrzahl von *Vibes* (übersetzt: »Vibrationen«) wird jetzt mit z geschrieben, und die »Ungläubigen« *(Unbelievers)* enden mit karibischem a. Interessant ist auch der Name von *DJ Jonkanoo.* Es ist nicht ganz einfach, diese Bezeichnung zu deuten. Ich denke, es geht hier ganz bewusst ums Raten. Mein Tipp: Da hat sich ein Johnny zu Jon gemacht, der in einem amerikanischen Kanu sitzt und vergessen hat, dass dieses Fortbewegungsmittel *canoe* heißen müsste. Und so sitzt da eben ein Jon im Kanoo und heißt Jonkanoo. Vielleicht soll der Name aber auch nur cool klingen. Und das tut er ja wohl. Auf einer »Bock auf Wa(h)l!-Party«, gesponsert vom Deutschen Gewerkschaftsbund (DGB), waren hingegen diese Discjockeys zu hören: *DJ Selekta Mikula (Juicy Fiah Sound) und DJ Cyclus B.I.G. (Stage Club).*

An letzterem Beispiel ist zu sehen, dass nicht nur c zu k wird *(selekta* statt *select)*, sondern dass wir uns neben beliebig verwendeten Anglizismen auch an gänzlich neue Dimensionen gewöhnen müssen. So wird das englische *big* kurzerhand versal geschrieben *(BIG)*, und weil das anscheinend immer noch zu klein ist, kommen außerdem Punkte hinzu: *B.I.G.* Größer geht es dann nicht mehr.

Die Abstraktionswut geht aber wesentlich weiter, und so können wir auch diese DJs beim nächtlichen Auflegen beobachten, etwa *DJ G-Soul, Gloria von den Game Boyz, Maxxim* sowie *DJ Stylomat.* Bei dem G in *G-Soul* fehlt mir jegliches Hintergrundwissen. Bei der *Gloria von den Game Boyz* mit z hingegen ist eindeutig amerikanischer Gettoslang mit im Spiel. Der Max mit dem Doppel-x in *Maxxim* will nur doppelt auffallen, und bei dem *Stylomat* wurden wahrscheinlich die Wörter *Style, Geilomat, Thermostat* und *Buchstabensalat* geklont. Das toppt nur noch der *DJ Markus Redux. Redux* als

Kurzschluss von Reduktion? Der reduzierte Markus? Mitnichten. Denn hier hat sich gar kein Markus reduziert. *Redux* soll lediglich eine modisch erträgliche Form des lateinischen Wortes *reducere* (»zurückführen«) zum Ausdruck bringen; es könnte also eine Rückkehr zu den Wurzeln von irgendetwas andeuten. Aber was reden wir denn da? Sagen wir besser: *back to the roots*.

Ein ganz anderer Trend wird bei der Namensgebung dieses Discjockeys erkennbar: *DJ Esbee*. Phänomen Nummer eins: Einzelne Buchstaben und Initialen scheinen in dieser Szene inzwischen nicht mehr sehr beliebt zu sein. Phänomen Nummer zwei: Man schreibt den Klang, die Lautform der Einzelbuchstaben einfach aus, und schon entstehen schöne DJ-Namen. Dabei wird das *Es* vermutlich für ein S stehen, und das *Bee* nicht für das englische Wort *bee* (»Biene«), sondern für ein deutsches B. Vielleicht heißt dieser *DJ Esbee* also in Wirklichkeit DJ Stefan Borstelmann. Aber das ginge in der Nachtszene natürlich gar nicht!

Wagen wir zur Abwechslung einen Eigenversuch. Als Marc Bielefeld könnte ich etwa als *DJ EmBee* Kultstatus erlangen. Und Sie, hießen Sie etwa Peter Zartenstein, könnten alsbald als *DJ P-Zee* oder *Dr. Peezee* Furore machen und beispielsweise *Speed-Hip-Hop* auflegen. Mist ist nur, wenn die Erstbuchstaben Ihres Vor- und Nachnamen aus Vokalen statt aus Konsonanten bestehen. Ein Erich Ingolstadt müsste sich schon etwas einfallen lassen, denn ein *DJ EI* sieht etwas dämlich aus. Der könnte sich aber kurzerhand *DJ Erich Deluxe* oder *Boogie Man E-Izy* nennen. Irgendetwas geht immer.

Wohl nirgends wird mit der Sprache mehr experimentiert als in der Musikszene und im Nachtleben. Die wichtigste Regel: Es gibt keine Regel (allen Sprachhütern und Sprachregulierern zum Trotz). Entscheidend ist allein die Lust an der Verfremdung, das Spiel mit Klängen, Kürzeln, Buchstaben. Da werden Wörter abgekürzt und Abkürzungen zu neuen Wörtern. Die deutsche Sprache hat hier kaum eine Chance. Nur gelegentlich blitzt sie noch einmal auf, wird aber sofort schon wieder verbogen, gedehnt, getunt.

Die zunächst kurios wirkende Sprache ist schnell zum Vorbild für die Werbung geworden, für Produktnamen, für die Industrie. Denn wo Musik gespielt wird, da ist die Jugend, da ist die Zukunft. Von dort weht der Wind. Schon daher lohnt es, sich diese Sprache einmal etwas näher anzuschauen. Vielleicht versteht man danach etwas besser (wenn auch nur ansatzweise), warum selbst Firmen wie die Telekom mit der Sprache spielen und einen Tarif *Max M* nennen. Dann ist in dem Tarif wenigstens etwas Musik drin.

Aber gibt es vielleicht doch einige wenige wiederkehrende Merkmale bei dieser Sprache der Clubber und Partygänger? Dazu ein Versuch mit fünf Regeln. Erstens: Vermeide das Normale. Zweitens: Strebe danach, mit dem Wortspiel eine versteckte Bedeutung herauszukitzeln – alles Offensichtliche ist platt und langweilig. Drittens: Setze auf Fantasie. Viertens: Nachts will man Spaß haben, also soll auch die Sprache Spaß machen. Verleihe ihr Spaß! Und fünftens: Liege im Trend! Und sei bei diesem Spiel immer eine Nasenlänge voraus.

Um es noch einmal deutlich zu sagen: Es geht hier nicht etwa um die Sprache vereinzelter Jugendlicher oder verlorener Straßenkinder. Es geht um die Sprache, die das gesamte Musik- und Nachtleben am Swingen hält. Von München bis Timmendorf, von Hamburg bis Berlin, von Boltenhagen bis Pirmasens. Und bei diesen Veranstaltungen handelt es sich auch nicht um *irgendwelche* Partys oder Clubs. Es sind genau jene Partys und Clubs, die von globalen Firmen gesponsert werden. Von jenen Imperien, die Geld und Macht haben.

Coca-Cola, Bacardi, Red Bull, Marlboro, Smirnoff. Kaum ein Flyer, kaum ein Party- und Dancefloor, wo diese Namen nicht auftauchen.

Inzwischen kommuniziert fast die gesamte deutsche Nacht-szene im stilistisch fortgeschrittenen amerikanischen Sprach-gewand. Hinzu kommen all die Jungs und Mädchen *(boyz* und *girlz)*, die sich auch auf *Love Parades, Fusions* und *Bashes* treffen und gemeinsam *slammen* und *grooven* und *dancen* und *chillen.* Sponsored by Holsten-Bier und C&A. Das ist *kool.* Man kann sich eigentlich gar nicht mehr vorstellen, wie ein-tönig unsere Partygalaxie in einem normalen Deutsch wäre. Wo doch schon stinknormales Englisch nicht mehr den Hauch einer Chance hat.

Doch woher stammt diese Sprache? Wo liegen ihre Wur-zeln? Begeben wir uns dafür ins Getto. Mitten ins Herz der Finsternis.

Härter als die Krokodile

Deutschland, so um das Jahr 2008. Wir wollen Musik hören, sozusagen zum Warmwerden. Hören wir ein Stück von K-C Smash Meymo, dann wissen wir in etwa, woran wir sind. Die Jungs sind Deutschrapper, also Jungs, die auf Deutsch rap-pen und beim Singen sprechen. Drehen Sie am besten voll auf. Der Song geht so:

K-C Semmy and Meymo
Wir sind die Typen aus dem Getto
Wenn wir kommen, gibt es Hardcore
Denn wir sind schlimmer
Als 20 Alligator

Yeah, Yeah, Semmy? Klick, klack
Klick Boom! Bin gefährlich, brutal plus aggressiv

Junge, Junge, überleg dir ganz genau,
was du da machst
Denn dies ist kein Spiel
Dies ist Straßenmacht

Hier auf der Straße
hast du deine eigene Sprache
Es gibt keine Regeln
Guck, ich brech dir die Nase

Und ich scheiß immer noch
Auf die Demo-kra-tie

Wie kommen deutsche Musikgruppen dazu, so zu singen? Texte dieser Art sind weiß Gott keine Ausnahme. Semmy, Meymo, klick, klack, klick und boom. Die Devise lautet: Vergiss die Regeln, scheiß auf die Demokratie!

Das ist Pimpstyle, Mann. Ein harter Klang, ein cooler Sound. Mach mich nicht an, Dicker. Sonst mach isch disch Krankenhaus, Alter. Aber warum sprechen die Jungs so? Warum all die seltsamen Schreibweisen in vielen Songtexten oder etwa DJ-Namen?

Washington D. C., New York, Los Angeles, vor zehn, fünfzehn Jahren. In all diesen Städten gab es ziemlich düstere Gegenden und Viertel (nicht, dass es heute anders wäre). Vor allem die schwarzen Jugendgangs waren »hart drauf«. Drogen, Schießereien, Mord, Knast – das übliche Tagesgeschäft. Und dafür musste eine eigene Sprache her: Slang. Black-Talk. Gettosound – eine Sprache, die die Welt erobern sollte. Aus den US-Gettos direkt in die Walkmen und iPods der Generation Hip-Hop und Rap.

Und dieser Gettoslang klingt so: Die harten schwarzen Jugendlichen sagen nicht *that*, sie sagen *dat*. Mit diesem typischem d und dazu ein lang gezogenes a. »*Dig dat, brotha*« (etwa: »Ey, hör da mal hin, Bruder«). Bei dem Wort *brother* fehlt während des Sprechens das *er*, stattdessen formen sie ein cooles *a* mit offen stehenden Lippen. Diese Jugendlichen kämen auch nie auf die Idee, den Ausdruck *shit* mit einem üblichen kurzen *i* zu verwenden. Sie bevorzugen *shiiiit*, und das klingt dann wie lang gezogene Spaghetti.

Die US-Gettojungs beherrschen aber noch weitere Künste, um ihre Sätze zu pfeffern. Keiner von ihnen nimmt ein *what's up* in den Mund, um zu fragen, was denn so los sei. Da heißt es dann: »*Ey, wassup, man?*« Berüchtigt ist auch der Ausdruck *motherfucker*. Die bösen Jungs lieben allerdings die halb verschluckte Version *mo'foer*. Aber auch handelsübliche Wörter wie *nigger, gangster, boys, home boys* oder *son of a bitch* und *sister* haben ihre eigene Klangfärbung erhalten. Buchstaben werden dabei weggelassen, angehängt, Silben verschluckt, wieder andere bewusst betont.

Als dann Rap und Hip-Hop geboren wurden, hörten plötzlich Millionen Menschen dieser Musiksprache zu, ausgerechnet jener eigenwilligen Mundart aus den crackverseuchten, kugelzischenden Straßen und Hinterhöfen der USA. Das hatte aber noch eine andere Folge, denn dieser verbale Slang wurde nicht nur gesprochen, sondern musste auf CDs und in Musikmagazinen auch irgendwie »verschriftlicht« werden. Man musste die Gettosprache sichtbar machen.

Und so wurden die *brothers* zu *brothaz*, die *gangsters* zu *gangstahz*, der *son of a bitch* zum *sunbitch*, *niggers* zu *niggahz*, *vibes* zu *vibez* und *boys* eben zu *boyz*. Niedergeschrieben sah die amerikanische Gettosprache in der Tat ziemlich *kool* aus, wie sie da im Internet, auf CDs und auch bald auf all den Flyern zu lesen war.

All die z und die k waren die Zeichen der Zeit, das sah schwer nach weiten Jeans, Goldketten und dicken Turnschuhen aus. Und klar, was Rap-Stars wie Ice-T sprachlich hinbekamen – das konnten deutsche Jugendliche auch!

Die gefährlichen *ghetto boyz* aus den USA sind selbstverständlich längst knallharte *business boyz* geworden. Sie prägen die MTV- und VIVA-Kanäle. Sie machen Millionen, der Musikbranche haben sie Milliardenumsätze beschert. Die Werbung folgte dem Lebensstil der Gettos bei Fuß, und das ganze Theater um Musik, Mode und Sprache hielt prompt Einzug in die Fashiontempel und Kaufhäuser. Und was als Trend begann, hat sich inzwischen verselbstständigt. Inzwischen zappelt die halbe deutsche Partyszene zum einstigen Gettoslang aus den guten, bösen USA.

Hochinteressant wäre es, einige deutsche Partygänger in einer Chartermaschine mal nach Amerika zu fliegen. Vielleicht in die Southside von Los Angeles oder in den Osten von Washington D. C. Kämen sie auch nur in die Nähe so eines richtigen, waschechten US-Gettos, sie würden die Beine in die Hand nehmen und so schnell wetzen, dass man kaum noch hinterhergucken könnte.

Und dies wäre dann wohl nicht mehr so *kool*. Statt nach bösem Rap würden sich die deutschen Kingsize Boogie Men ganz schnell nach den Psalmen von Xavier Naidoo sehnen. Oder gleich einem Kirchenchor beitreten.

26
Die Zeichen
des Kraken

*Mit Meister Schiller auf
einem klitzekleinen
Horrortrip*

Was würde Schiller wohl sehen, wenn er sich heute noch einmal umschauen dürfte? Auf was für eine Welt würde der Dichter blicken? Er, der sagte, dass die Sprache uns ein trefffliches Bild von uns selbst und unserer Gesellschaft entgegenhalten würde?

Zunächst würde er vieles nicht mehr verstehen, das wäre normal. Doch es würde nicht lange dauern, dann hätte er eine schnelle Sprache, eine aggressive Sprache, eine Explosion der Sprache bemerkt. Er würde sehen, dass Sprache heute überall erzeugt wird, per Tastendruck und leisem Klicken von Mäusen, in Zigtausenden von Büros, auf Milliarden Computern, in die Welt geblasen von Grafikbüros, Marketingabteilungen und Redaktionen, mit einem hohlen Lächeln und einem getriebenen Blick in den Augen.

Er würde sehen, wie die Sprache von Sounddesignern, Drehbuchautoren, PR-Profis und Senior Creative Directors zielgruppengerecht generiert wird. Er würde sehen, wie die Sprache von Moderatoren, Reportern, Redakteuren und Werbetextern erzeugt und in Sekundenschnelle in die Lithoanstalten und danach in die Druckereien gebeamt wird. Er würde beobachten, wie die Sprache dort massenhaft vervielfältigt wird, auch dies in rasender Geschwindigkeit, und er würde sehen, wie sie anschließend auf Lastwagen verladen und in wenigen Stunden und Tagen flächendeckend und mit makelloser Effizienz verbreitet wird.

Er würde »Promis« ins Gesicht blicken und erfahren, wie deren Biografien von Geisterschreibern, die sich Ghostwriter nennen, in zwei, drei Wochen nicht formuliert, sondern zusammengeklatscht werden, weil den Verlagen Drucktermine im Nacken sitzen wie kalte Messer.

Er würde sehen, dass die Menschen im Laufe der Jahrhunderte Maschinen erfunden hatten, um Sprache nicht mehr mit Feder und Tinte aufs Papier zu bringen. Die ersten dieser Geräte nannten sie Schreibmaschinen. Aber diese hatten längst wieder ausgedient, weil sie grausam langsam waren.

Und er würde sehen, wie die Menschen nur vor anderen Apparaten sitzen, Apparaten, die ein blasses Leuchten auf Milliarden von Gesichtern treiben. Man kann dieses Leuchten erkennen, wenn man durch die Städte wandelt, Tag und Nacht. In Häusern, Büros, hinter jedem Fenster flimmert das blasse blaue Leuchten. Und dann würde er sehen, dass die Menschen nunmehr selbst zu Schreibmaschinen geworden sind.

Er würde weiterhin und mit seinem immer besser geschulten Auge beobachten, wie Chefredakteure keine Texte mehr lesen und redigieren, sondern vor Auflagenkurven und Quotentabellen kleben und von ihren Schreibtischen kaum noch auf Gemälde oder Bäume blicken, sondern auf die an der Wand versammelten *Headlines* und *Cover* der letzten Wochen, Monate, Jahre.

Die Redakteure, Schreiber und Texter, all die Verfasser der heutigen Sprache, würden ihm bald leidtun, weil Schiller begreifen würde, dass ihnen nicht mehr das kostbare Gut der Zeit vergönnt ist. Er würde sehen, dass die Spracharbeiter heute Texte, Meldungen, Slogans, Mottos und Überschriften aus den Tastaturen schaufeln und prügeln müssen, schnell, immer schneller, damit der Krake gesättigt wird.

Und dann würde er bemerken, dass nicht mehr Inhalte zählen, sondern die Form alles diktiert. Schriftgrößen, Schriftarten, Bilder, Nackte, Promis, Titelzeilen und Revenue Charts – und immer wieder die sehr gezielte Ansprache der Kunden, der Klientel, der Käufer, der Leser, der Konsumenten. Und nach einem weiteren Blick hinter die Kulissen würde er zudem ein seltsames Wort hören und lernen, dass nun und weithin und allerorten eine Kaste regiert, die sie *Controller* nennen. Und schließlich, nach der einen oder anderen weiteren stillen Betrachtung, würde er überlegen, ob sein Schaffen für die Katz gewesen sei. Und dann würde er sehen, dass die Sprache zu einem gehetzten Tier geworden ist.

Und vielleicht auch die Welt, die sie spricht.

Die Sprache würde ihm dies durch ihre schiere Geschwindigkeit offenbaren, durch ihre Allgegenwärtigkeit. Er würde sehen, wie sie als Reklame in Zügen widerhallt, die unter der Erde fahren, und in Fahrstühlen, die die Häuser erklimmen. Beobachtete er die Menschen, würde er sehen, wie sie in den Händen oder an den Ohren kleine Geräte hielten, mit denen sie die Sprache durch den Weltraum und über die Meere jagten. Die Geräte waren überall. Auf der Straße, im Auto, im Flugzeug. Es würde ihm vorkommen, als hielte die Sprache die ganze Welt im Griff.

Und so würde Schiller sehen und sehen. Und dann, vielleicht, würde er sich die eine Frage stellen, die ihn schon immer beschäftigte. Wie wichtig war es, die Sprache im rechten Maß zu benutzen? Sie mit Mut und Vorsicht zu locken und im selben Zug zu zähmen – auf dass sie die wahren und nötigen Gedanken ergreife und packe, und nur sie?

In diesem Augenblick würde Schiller wahrscheinlich kalt werden.

Und dann? Dann würde er zwischen die Walzen des neuen Millenniums geraten und von den Konsumspulen der Zukunft abtransportiert werden. Wohin des Weges, Herr Schiller? Schiller? Sind Sie noch da? Kaufen Sie jetzt! *Order now! Make the most of now!* McDonald's. Ich liebe es. Nun kommen Sie schon, Schiller, Sie sind doch nicht blöd! Los, auf geht's. Nicht durchatmen, hecheln! Weiter! Nun machen Sie schon. *Just do it!* Bauchmuskeln? Können Sie sich da vorn abholen. Bauchmuskeln in zwei Tagen! Die besten Diäten aller Zeiten gibt's links, neue Handys rechts. Los jetzt, rein in den Kiosk, denn da steht es gedruckt und geschrieben, dazu auch auf den Plakaten und auf den Bildschirmen, hundertfach, tausendfach, in Rot, Grün, Schwarz, Blau und Gold.

Und danach? Danach würde Schiller erkennen, dass die Sprache vielerorts zu einem *Tool* geworden ist. Dass sie perfide und auf gezielte Weise gedrillt wurde, nur noch ein nüchtern zu verwendendes Instrument ist. Dass ein Großteil der Sprache danach giert, Geld zu scheffeln. Zielgruppen zu erreichen. Marktanteile zu sichern. Gewinne zu optimieren. Auflagen zu retten. Quoten zu steigern. Segmente zu erobern. Und *Future Markets* zu generieren.

Kaufen Sie jetzt! Rufen Sie jetzt an! Geiz ist geil. *Get the Spirit of Tomorrow. Designed for excellence. Buy now, Deutschland!*

Gut was los bei uns an der Front heute, was, Schiller?

Inhalte? Nein, es geht um *Content*, mein Lieber! *Content*, verstehen Sie, Schiller! *Content* ist eigentlich Englisch und heißt »Inhalt«, auch »Gehalt«. Nein, nein, das ist nicht das, was Sie unter »Gehalt« verstehen, Sie Poet. Nein, es geht um einen anderen *Content*, schneller, griffiger, absichtlicher, zielstrebiger und weniger träge, aber viel raffinierter und, ja, viel, viel interessanter, man könnte fast sagen: rassiger!

Wir haben heute *Paid Content, Audio Content, Video Content* und *TV-* und *Screen Content*. Wir haben sogar *Open Content*, den Begriff gibt's wirklich bei uns, und die entsprechende Welt gleich dazu. Wir können auch noch mehr vorweisen, *User Generated Content* zum Beispiel, den nennen sie UGC. Oder *Content Creator, Content Manager* und *Content Analysts*. Dies sind alles gute Leute, die die Inhalte erzeugen, managen und überwachen.

Und die lassen wir dann aufeinander los. Sie verstehen, Schiller?

Und um auf Ihre Frage zurückzukommen, Sie verstehen doch jetzt, was mit der Sprache geschehen ist, oder? Die Sprache muss das Spiel mitspielen. Denn wenn die Sprache das Spiel nicht mitspielt, gehen die Quoten runter und die Verkaufszahlen und die Revenues und die Launen. Dann zieht Novemberregen in die Seelen ein. Das wurde gemessen. Der Krake will den *Content*, er braucht ihn. Aus Meinungsumfragen, betrieben von Marktforschungsinstituten, wissen wir das. Diese haben dazu Zahlen veröffentlicht, und harte Fakten. Fakten, Fakten, Fakten. Nein, wenn die Sprache nicht mitspielt, dann ist dies gar nicht gut. Dann geht das Geld, und das Brachland kommt.

Verstehen Sie? Sie, mein lieber Schiller, Sie sind tot. Mausetot.

Sind solche Szenarien Fiktion? Gehören sie zu einem Gruselfilm, in dem es einzig um die Macht des Geldes geht und um eine gnadenlos instrumentalisierte Sprache? Oder sind dies nur Spinnereien Ihres Autors? Lesen wir die Worte von Robert Reich, einem der einflussreichsten Wirtschaftswissenschaftler der USA, darf man all dies nicht ganz verwerfen. Reich hat den Begriff »Superkapitalismus« geprägt. Er behauptet, dass wir selbst dieses Monster Superkapitalismus genährt hätten, weil wir als Bürger träge geworden sind. Weil wir immer billiger einkaufen wollen. Weil wir einen Teufelspakt eingegangen sind. Weil wir als Verbraucher den Wettkampf wollten – und nun ein Opfer von diesem sind.

Man kann diesen Wettkampf sehen. Er herrscht da draußen, allerorten, und es ist, als hielten ihn uns die Buchstaben regelrecht vor Augen. Dieser Wettkampf herrscht im Fernsehen, im Radio, auf den Magazintiteln. Er wütet in der Werbung und im Internet, in den Geschäften und auf den Straßen. In den U-Bahnen, an den Tankstellen, in den Supermärkten. Auf den von rechts nach links hetzenden Tickerbalken der Nachrichtensender und selbst noch auf den mit Aufschriften versehenen Zeppelinen, die über unsere Köpfe fliegen.

Und was, wenn die Sprache, wie Schiller glaubte, uns tatsächlich einen Spiegel vor Augen hält? Ein Bild von uns selbst?

Vielleicht erkennen wir in ihrer Vervielfältigung, in ihrer Geschwindigkeit und in ihrer rasenden Wut des Auftretens exakt jene Welt, die Mister Robert Reich mit diesem einen Wort zu umreißen versucht: Superkapitalismus.

Ist es das, was wir vernehmen? Ist es das, was die Sprache uns *wirklich* zeigt?

Blühende Landschaften, grüne Wälder, blinkende Botschaften.

Darin – die Wölfe.

Hallo? Schiller? Wo sind Sie? Sind Sie noch da?

Und nun rekelt sich der Poet und meldet sich zu Wort und wird nun auf einmal selbst laut: Ja! Und ob ich noch da bin!

Und ich will Ihnen jetzt mal etwas sagen, Sie nörgelnder Schwarzseher, Sie Duckmäuser, Sie Jammerlappen! Sie, *Sie* sind mausetot! Ich will jetzt mein Brot. Ich will eines von diesen Handys, ich will ein Radio, einen Fernseher, einen MP3-Player, die neuesten Zeitungen, und wo, bitte sehr, geht es in den nächsten Buchladen? Fantastisch! Ach ja, und wo wir schon dabei sind: Ich will eines von diesen Dingern, die blau auf die Fratzen leuchten und die Sie Computer nennen! Und verschaffen Sie mir Zugang zu diesem weltweiten Netz. Ich kann da wirklich alles von dem irren Goethe bestellen? Und alles von dem Engländer, diesem Shakespeare? Alles von den Alten und den Neuen? Die ganze Literatur? Die ganze Musik? Die ganze Kunst und Nichtkunst? Per Druck auf ein paar Tasten? Alles, einfach so? Unglaublich! Unfassbar! Ich komme noch von Sinnen! Und Sie, mein Guter aus dem dritten Jahrtausend – Sie leben im Schlaraffenland!

Doch bedenken Sie ausnahmsweise das Wort, denn ich habe es mit Absicht gewählt. Der Brueghel, der alte Drollige, der hat das Schlaraffenland schon mal gemalt, und vielleicht sehen Sie sich, mein Wicht, dieses außerordentlich hübsche Gemälde beizeiten einmal an. Es liegen dort die Satten rum. Es leben dort die Dicken und die Faulen, denen das Fett schon aus den Mündern quillt.

Und jetzt wünsche ich Papier und Tinte!

Ich habe zu dichten! Ich habe sehr, sehr viel zu dichten!

Literatur

Classen, Veronika, und Armin Reins: *Deutsch für Inländer. Die 15 neuen Deutschs*. Frankfurt am Main 2007

Ehmann, Hermann: *Endgeil. Das voll korrekte Lexikon der Jugendsprache*. München 2005

Eppler, Erhard: *Kavalleriepferde beim Hornsignal. Die Krise der Politik im Spiegel der Sprache*. Frankfurt am Main 1992

Frankfurt, Harry G.: *Bullshit*. Frankfurt am Main 2006

Hansen, Eric T.: *Planet Germany. Eine Expedition in die Heimat des Hawaii-Toasts*. Frankfurt am Main 2006

Lakoff, George, und Elisabeth Wehling: *Auf leisen Sohlen ins Gehirn. Politische Sprache und ihre heimliche Macht*. Heidelberg 2008

Lemnitzer, Lothar: *Von Aldianer bis Zauselquote. Neue deutsche Wörter, woher sie kommen und wofür wir sie brauchen*. Tübingen 2007

Reiter, Markus: *Die Phrasendrescher: Wie unsere Eliten uns sprachlich verblöden*. Gütersloh 2007

Thalmayr, Andreas: *Heraus mit der Sprache: Ein bisschen Deutsch für Deutsche, Österreicher, Schweizer und andere Aus- und Inländer*. München 2008

Lehrreiche Deutschstunden der anderen Art

»Mehr als 200 ebenso lehrreiche wie amüsante Seiten.«
Bild am Sonntag zu »Die döfsten Deutschfehler«

»Ein gelungenes Buch, das auch eingefleischte Grammatik-muffel sicher durch den Regel-Dschungel der deutschen Sprache führt.«
Die Rheinpfalz zu »Die döfsten Deutschfehler«

978-3-453-60032-4

Angela Troni
Die döfsten Deutschfehler
Sprachliche Stolperfallen und
wie man sie umgeht
978-3-453-60032-4

Angela Troni
Spaß beiseite
Deutschland für Anfänger
978-3-453-60033-1